【学者文库】

公安高等教育创新与优化

李锦奇　何　平◎著

中国社会出版社
国家一级出版社 · 全国百佳图书出版单位

图书在版编目（CIP）数据

公安高等教育创新与优化 / 李锦奇，何平著．--北京：中国社会出版社，2021.2

ISBN 978－7－5087－6492－4

Ⅰ.①公… Ⅱ.①李… ②何… Ⅲ.①公安工作—教育工作—研究—高等学校 Ⅳ.①D631.15

中国版本图书馆 CIP 数据核字（2021）第 006004 号

书　　名： 公安高等教育创新与优化

著　　者： 李锦奇　何　平

出 版 人： 浦善新

终 审 人： 尤永弘

责任编辑： 陈贵红

出版发行： 中国社会出版社　　**邮政编码：** 100032

通联方式： 北京市西城区二龙路甲 33 号

电　　话： 编辑部：（010）58124828

邮购部：（010）58124848

销售部：（010）58124845

传　真：（010）58124856

网　　址： www.shcbs.com.cm

shcbs.mca.gov.cn

经　　销： 各地新华书店

中国社会出版社天猫旗舰店

印刷装订： 三河市华东印刷有限公司

开　　本： 170mm×240mm　1/16

印　　张： 17.5

字　　数： 314 千字

版　　次： 2021 年 3 月第 1 版

印　　次： 2021 年 3 月第 1 次印刷

定　　价： 95.00 元

中国社会出版社微信公众号

前　言

改革开放40多年来，我国高等教育得到了深入和飞速的发展，对促进科技进步、人才培养和实现社会功能等方面作出了非常巨大的贡献。在普通高等教育发展的牵引下，公安高等教育的发展成绩也非常显著，这体现在办学规模的合理性、办学质量的可信性和办学效果的可接受性上，也就是说，公安高等教育“量质效”基本达到了目标要求。但是，伴随着新时代中国特色社会主义对高等教育发展的新需求，公安高等教育面临着严峻的挑战，即公安高等教育能否符合我国公安工作的发展要求，能否适应我国公安现代化在警务科技、管理、基层社会治理，以及人才培养方面的需求，这些都是公安高等教育亟待解决的问题。

从公安高等教育的研究现状和自身实践特点来看，为适应新时代高等教育的发展趋势，公安高等教育必须创新与优化。我们论及的创新体现在理论与实践两方面，在理论创新方面主要反映公安高等教育的问题导向，体现对公安高等教育认知体系的完备性、系统性和可实现性；在实践创新方面注重公安高等教育要素的实践意义，从公安实践智慧角度创新公安高等教育的理论应用模式。公安高等教育优化是一个面向对象的教育系统优化，是一种具有系统思维的教育工程。因此在具体的优化研究中，涉及教育内容的选择、教育教学方法的实验、教育信息的挖掘、教育属性的评价以及教育目标设计。

本书研究主题是公安高等教育创新与优化，主要研究特点是从系统角度探讨公安高等教育结构、功能的合理设计和运行问题，克服传统高等教育研究从现象描述现象、从论述到论述的单纯思辨分析的局限性。本书的主要特色是注重运用模型表达教育要素和运行模式，具有可理解性和可操作性。本书在撰写过程中参阅了许多研究者的文献和一些作者提供的学术成果，在此一并致谢，同时感谢北京东方毅拓展文化发展集团对本书出版提供的资助。

作者

目　录
CONTENTS

第一章

导 论

第一节 高等教育研究与发展

不论是哪种行业领域的学科性、专业化的教育，都是以普通高等教育的理论为基础。21 世纪以来，高等教育得到了前所未有的发展，开展高等教育的科学研究，深入探讨高等教育的运行规律与特点，从系统的角度构建高等教育系统的理论与实践模式，已成为高等教育研究与发展的必然趋势。实际上，对于中国高等教育研究来说，基本上是沿着两条并行而又有所交叉的轨道发展的。首先是高等教育学及其分支学科的建设，从而逐步形成一个系统的高等教育科学的学科群；其次是结合新时代中国特色社会主义对高等教育改革与创新的实际需求，为解决高等教育实践中亟待解决的问题而进行的应用性研究。如果说，前者属于高等教育基本理论或应用理论的创新研究，那么，后者则相当于应用性或开发性的优化研究。

一、高等教育学科研究

在把高等教育研究作为一门学科开展研究的历史过程中，不少学者对高等教育学科的研究对象进行了探讨。例如，潘懋元主编的《高等教育学》(1984 年)：“高等教育学是一门以高等教育为研究对象，以揭示高等专业教育的特殊规律，论述培养专门人才的理论与方法为研究任务的高等教育学新学科。”①田建国著的《高等教育学》(1990 年)：“高等教育学是研究高等教育规律的一门科学，是研究高级专门人才培养的科学。”②

正如潘懋元在《21 世纪初我国高等教育研究的进展与问题》(2008 年)一文中

---

① 潘懋元：《高等教育学》，北京：人民教育出版社、福州：福建教育出版社，1984 年版。
② 田建国：《高等教育学》，济南：山东教育出版社，1990 年版。

所分析的那样："我国的高等教育研究从一开始就以两条并行而有所交叉的轨道发展：一条以基本理论和学科建设为主；另一条以解决现实问题为主，开展应用性、开发性研究。在后者中，又可根据现实问题的面向分为两个方面：一方面是宏观的现实问题研究，如高等教育大众化、高等教育体制、高职教育问题、民办高等教育问题等；另一方面是微观的（也有人认为是中观与微观的）校本研究（或称院校研究），如学校的发展战略规划、课程与教学、师资队伍建设等。"在《中国高等教育科学：世纪末的回顾与展望》（潘懋元，2001 年）一文中，把 20 年左右高等教育学学科建设主要研究范围概括为如下七个方面：一是高等教育概念内涵与外延的界定；二是高等教育的本质、特点、结构、功能、规律及规律的运用；三是高等学校的社会职能；四是高等教育课程理论；五是高等教育产学研结合的理论与实践；六是高等教育的价值观、质量观、人才观、发展观；七是高等教育学的理论体系及其逻辑起点。

在以往高等教育理论体系的构建上，薛天祥主编的《高等教育学》（2001 年）在这方面进行了一次尝试，即把高深知识的教与学作为逻辑起点，依次建立了高等教育的逻辑框架。① 如图 1－1 所示：

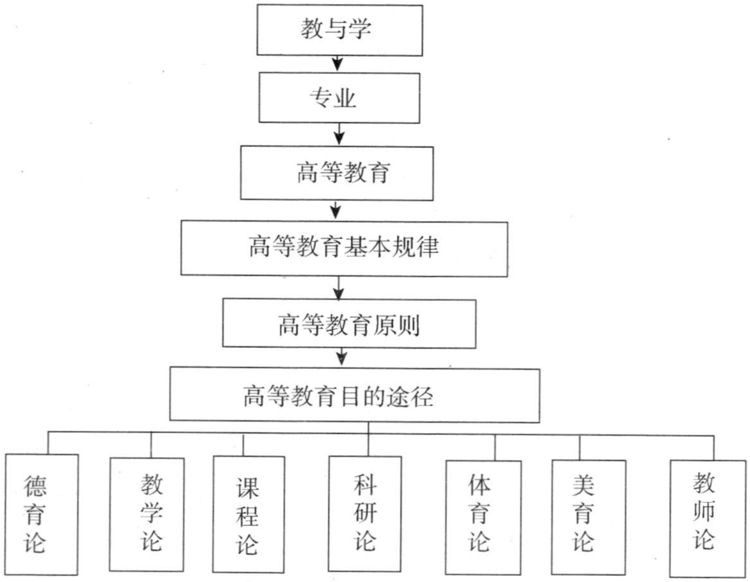

图 1－1　高等教育的逻辑框架

① 薛天祥：《高等教育学》，桂林：广西师范大学出版社，2001 年版。

例如，关于高等教育课程理论，在国外就很重视。不难发现，课程原理、课程编制的理论和原则、课程编制的技术是我国高等教育研究最薄弱的部分。高等教育课程理论是与高等教育中的教学工作密切相关的部分，而教学工作是高等学校的主要工作，对课程理论的忽视从一定程度上可以说是对高等教育中最为基础的、最大量的教学活动研究的忽视。其原因主要在于，我国高等教育研究者对其研究对象的范围及性质缺乏学科专业的特色研究，缺乏相关学科背景知识的系统化研究，缺乏对学科专业构成因素的优化研究。

一般来说，普通高等教育是建立在基础教育上的专业教育，对于高等教育学来说，是以接受普通本科教育的大学生作为主要研究对象，以探讨普通高等教育的特殊规律为主要任务。也就是说，这种高等教育学学科对象观，已经在我国高等教育研究发展过程中得到了普遍认同，高等教育研究作为一门独立的学科已经被教育研究领域接受。但是，从高等教育研究对象的角度仍然存在着一定的局限性。

其一，从高等教育学学科角度探讨的多，对高等教育系统的研究角度少。例如，现有高等教育研究包括高等教育学及其分支学科建设研究，以及为解决高等教育实践所提出的问题而进行的应用性研究。因此除了对前者的研究对象进行探讨外，还应该对后者(应用性问题研究)的范围、类型、性质、任务及其方法论特征等展开多角度、多层次的探讨。

其二，对高等教育研究对象的探讨还不够深入。一方面，既然高等教育是建立在基础教育上的专业教育，那么就应该探讨专业教育有哪些类型、特点、规律，专业教育研究对方法论有何要求等问题；另一方面，不仅在应用性问题研究的范围、类型、性质、任务及其方法论特征等探讨的少，而且就是少量的研究也不够深入。简言之，对于高等教育研究对象的现有研究只能说是初步限定了高等教育研究对象的范围，只有对各个研究对象的范围、类型、结构、特性等作进一步的深入分析，才能满足对高等教育研究的需要。

另外，对于我国高等教育研究性质的问题还面临着以下困境：我国高等教育学界对高等教育研究性质的探索，长期以来一直遵循着从学科属性到研究性质的思维路径，把高等教育学定位于教育学下的二级学科，从而认定，“高等教育学从总体上是应用教育学的基础理论，来认识和解决高等教育中的各种现象和问题，基本上属于应用性学科，但是由于当前教育基础学科本身的不成熟性和不完善性，它目前还必须承担一定的基础理论的研究任务，以指导自身领域的研究和丰富教育基础科学学科的理论。”这种从学科角度对高等教育研究(学科)性质的界定，在不同历史时期以不同的表现方式，深刻地影响着我国高等教育研究的路径。例如，在我国高等教育学科建设伊始至20世纪90年代中期，学科建设与现实问题的应用研究并行发展，甚至把学科建设作为专业研究者的主要任务，但是从20世纪90年代中后期至今，“高等教育研究者面向大量重大的、急于解决的现实问题，无暇顾及基本理论研究，学科建设更是‘门前冷落车马稀’”，因此，有人呼吁：“从高等教育学的未来发展来看，理论研究和现实问题研究应该保持一定的平衡，两者应该相互促进，不可偏废。”

这种从学科属性到研究性质的论证路径存在的缺陷在于，把高等教育研究中理论研究的必要性归结为教育基础学科本身的不成熟性和不完善性，而不是高等教育研究自身的需要或逻辑。

二、高等教育内涵式发展①

（一）高等教育发展与政策概念释义

所谓发展是指事物的行进状态，例如由小到大、由简到繁、由低级到高级、由旧到新的运动变化过程，既包含了量的变化，又包含了质的变化。高等教育是一种培养高级专门人才的事业或活动，从国家或社会范畴看，它是一种事业；从高校看，它是一种职能活动。因此，高等教育发展便是高等教育系统或高校职能活动由小到大、由简到繁、由低级到高级、由旧到新的量变和质变过程。就高等教育系统而言，发展是指培养高级专门人才的事业规模、范围、形式、结构、内容、效益、效率以及适应性、满意度等的量与质的积极变化；就高校职能活动而言，发展是指高校培养高级专门人才的活动覆盖面、受益人群、方式方法、内容、标准、效果、水平、质量和特点等的积极变化。前者着眼于高等教育整体，后者着眼于高校个体组织，但都指向培养高级专门人才。也就是说，不是培养高级专门人才的事物或活动，不应纳入高等教育发展范畴，一些与高等教育发展有关的事物或活动，如高等教育拨款或筹资、高校的科学研究、行政管理等，是高等教育发展的支持或保障要素，它们本身的发展不是高等教育发展。高等教育系统的发展和高校人才培养的发展有很多方式。按速度分，有快速发展、稳步发展等；按品质分，有特色发展、高质量发展、高水平发展等；按要素范畴分，有外延式发展、内涵式发展、转型发展等。就高等教育发展动力来源而言，有自然延伸发展，也有主体选择性发展。前者是高等教育发展不受外力影响，甚至高等教育内部动力也是一种自发的，有一种顺其自然的

① 别敦荣：《论高等教育内涵式发展》，载《中国高教研究》，2018年第6期。

意味；后者则是国家、社会组织或高校对高等教育发展方式的主动选择，追求一种目标导向明确的发展。

因此，高等教育发展政策是政府、社会组织或高校根据宏观或微观高等教育发展状况，从满足经济社会发展需要和人民群众的高等教育要求出发所选择的高等教育发展方式。影响政府、社会组织和高校作出选择的因素很多，如经济社会发展水平和需要，以及经济社会发展能够为高等教育发展提供的保障和支持；科技进步和产业升级改造的需要；国际化、全球化发展与国家和企业核心竞争力提高的要求；职业分化、升级及其对从业者素质和能力的要求；民众接受高等教育动机的激发以及家庭和个人经济能力的增强；高等教育自身扩张的要求；等等。从一些国家和高校的高等教育发展政策看，在国家高等教育发展的不同历史阶段和学校生命周期的不同时段，政策往往有很大差别。这说明高等教育发展政策不可能脱离时代要求，把握时代脉搏、紧扣现实发展的需要是高等教育发展政策的着力点和生命力之所在。

（二）高等教育内涵式发展概念释义

什么是内涵式发展？就内涵的本义而言，它有两重意思：一是指事物的本质，二是指事物的内容。事物本质的发展主要表现为坚持与弘扬，事物内容的发展可以表现为增加，也可以表现为加强。对高等教育内涵发展而言，内涵的两重意思是不能分离的，只有二者的结合方能体现发展的意义。也就是说，高等教育内涵发展是指体现高等教育本质内容的增加或加强，即缺少的要补充或充实，已有的要加强或提升。那么如何理解高等教育内涵式发展呢？根据汉语表述习惯，内涵式发展的“式”本身有多种含义，如物体外形的样子、特定的规格、典礼或有特定内容的仪式、自然科学中表明某些关系或规律的一组符号、一种语法范畴，表示说话者对所说事情的主观态度，等等。

在内涵式发展这个语词中，“式”的含义可以理解为“以某种方式”的意思，但即便如此，要将内涵式发展的意思解释清楚，还需要补充为了简化语言表达而省略了的语词，这里被省略的语词是“重视、加强、充实、增加或升华”等。所以，内涵式发展的完整表述应当是“以增加或充实内涵的方式发展”，当然，也可以是“以加强或重视内涵建设的方式发展”。由此可见，高等教育内涵式发展是“以增加或充实内涵的方式发展高等教育”，或者“以加强或重视内涵建设的方式发展高等教育”的缩略语。这里所说的是内涵式发展是政策言明了的，还有没有言明的，即内涵式发展的目的，就是通过内涵式发展要达到的实现特定的高等教育功能的目的。内涵式发展所要实现的高等教育功能，就是现在的发展还没有实现，或实现的还不是很充分的。具体来讲，提升高等教育品质，使同样规模、相似结构的高等教育能发挥更大的作用，产生更大的影响力，包括对完善学生人格、素养发挥更积极的作用，对社会文明进步发挥更大的推动作用，甚至对开辟新时代发挥引领作用。

如上所述，高等教育可以从宏观和微观两个维度来考察，高等教育内涵式发展需要从宏观和微观两个维度来解释。所谓宏观的高等教育内涵式发展是指在保持高等教育系统规模稳定或小幅增长的背景下，通过调整或优化结构、提高水平和质量的方式，使高等教育发挥更大更好的功能。宏观的高等教育发展主要涉及高等教育结构、高等教育与人的社会化发展以及高等教育与经济社会的相互适应和互动等，就是说不仅涉及高等教育系统内部，而且涉及高等教育系统外部，因此，宏观的高等教育内涵式发展主要关注的是高等教育系统结构的改善和优化、高等教育系统运行效率和效益的提高，高等教育系统办学能力和办学质量的提升，以及高等教育所发挥的社会功能等。

微观的高等教育内涵式发展主要涉及高校的教育教学及其功能的发挥。有人将微观的高等教育内涵式发展等同于高校内涵式发展，实际上二者之间是既相互联系又相互区别的关系。微观的高等教育内涵式发展着眼于高校的教育教学，也就是人才培养职能，但高校还承担了科学研究、社会服务等职能，如果这些职能与人才培养相结合、为人才培养服务就是内涵式发展所关注的；如果是单纯地发展科学研究和社会服务，就不能归入高等教育内涵式发展的范畴。因此，微观的高等教育内涵式发展是指高校以提高人才培养水平和质量为目的，所采取的加强人才培养能力，优化人才培养环境，改善人才培养条件，提高人才培养成效的举措及其所产生的效果。很显然，微观的高等教育内涵式发展可以有多种方式，比如，树立或强化以学生为中心的教育理念，提高教师的教学能力，丰富和扩大优质教学资源，建立健全个性化、更有效的教学运行机制，培育优良的教学文化，等等，以达到提高人才培养水平和质量的目的。

概而言之，就我国高等教育发展的内在需求而言，内涵式发展的根本意旨在于从提高高等教育整体办学水平和办学质量出发，改革宏观和微观层面制约高校提高人才培养水平和质量的各种体制机制，加强高校教育教学条件和环境建设，不断优化人才培养过程，建构与各级各类高等教育功能相适应的人才培养模式，保证各级各类高校人才培养不仅与自身办学定位相吻合，而且能够很好地满足受教育者的高等教育意愿，适应国家和地方经济社会发展需要，对促进国民素质提高和社会文明进步发挥更大的作用。

三、人才培养研究

21 世纪以来，基于人才培养的高等教育研究气氛表现得格外活跃，突出表现在高等教育的研究能够紧密联系高教改革与创新的实际，面对可能出现的新情况和新问题，为人才培养的改革与创新提供理论依据，研究工作较多地集中在如何建立全面素质教育，如何建立新时代社会主义高等教育与社会职能的关系，教育教学改革，创新与优化，以及新时代思想政治教育等方面。

全面素质教育

近些年来，高等院校在深刻的历史反思中，愈益感到教育观念在引导和推进高等教育改革与创新中的重要性。许多高校都在总结历史经验并结合教育改革实践基础上先后开展了教育思想讨论活动，在这些讨论中，素质教育是最热门的话题之一。教育理论界对素质教育进行了广泛的讨论，一时间，素质教育成了当今占主流地位的教育观。归纳起来看，主要有如下一些角度和观点：

(1)基于教育学角度的研究。素质教育首先针对基础教育中的应试教育的弊端提出来，似乎已成了不争的事实。在高等教育领域，人们反思以往过于狭隘的专业教育，也越来越多地用到素质教育这个词。高等教育研究中有关素质教育的讨论，大致是从以下三种层面来看问题。其一是指人文素质教育，认为人文科学对学生人格形成具有极为重要的作用，因此应该大力加强人文素质教育。其二是指文化素质教育，接近或借鉴了西方通才教育或我国港台通识教育的意义；认为学理工的应学点人文，学人文的应学点理工知识，扩展学生的知识面和视野。但这种观点并不认为大学教育应走向通才教育，而认为应该是素质教育或通识教育与专业教育的结合。其三是从更广的角度用到素质教育这个词，例如认为素质教育应该包括政治思想素质、文化素质、业务素质及身心素质的教育。根据这种理解，素质教育涵盖了专业教育，是对专业教育的拓宽和深化。

(2)基于心理学角度的研究。从心理学的角度考察素质问题，较有代表性的观点有：一是认为按构成一个事物主要成分的质量来看，人的素质包括先天素质(指个体与生俱有的解剖生理特点，具有发展的可能性和个体差异性)和后天所形成的身心素质(在先天素质基础上，在后天环境影响和教育、训练下，通过个体的认识、实践，养成的比较稳定的身心发展水平和基础品质)；按照心理内容或心理的社会属性来说，包括文化素质和道德素质。二是认为教育从重知识到重能力再到更重素质这一重心的转移，是教育更接近其本质的观念性变革。认为“应该注重整体的人格修养……让学生学会学习、学会思考、学会做人，使他们所学的知识得以更高程度地内化，身心潜能得以更好地发展，人格整体水平得到进一步升华”。

(3)基于人才学角度的研究。也有许多人从21世纪对人才的新需求谈到素质教育。一些研究者认为，科学技术的飞速发展，对21世纪人才素质提出了新的要求，这些素质要求概括起来是两种态度和两种能力，即积极学习和正确做人的态度，独立学习和表达交流的能力。这是21世纪人才的重要素质，这些素质包含了德与才的要求，也是培养创造力的基础。

也有的研究者认为，21世纪人才面临如下三个方面的矛盾：第一是知识的渊博性要求与精深性要求之间的矛盾；第二是科学的统一性要求与人文知识的失重性趋势之间的矛盾；第三是文化的趋同性要求与文化的多元化要求之间的矛盾。与之相适应，21世纪人才素质应强调：知识和能力的协同发展，科学素质和人文素质的和谐发展，个性的发展等方面。可见，从未来对人才素质的要求看，学会做事与学会做人、科学教育与人文教育将得到同样的强调，并应该在实践中有机结合起来。素质教育或素质培养观的确立，从教育目标上看，可以使我们更加重视学生主体性的构建与人格的塑造，纠正以前社会本位教育目标观的“只见森林，不见树木”和外在性的弊端；从教育过程看，可以使我们不但关注知识和能力教育，而且更加关注健全人格的陶冶；不但关注课内，而且关注课外。

实际上，确立素质教育观念，可以使我们的教育更加有效，更加符合培养跨世纪高质量人才的需要。此外，一些学者撰文认为，素质教育不是一种教育分类而是一种教育思想。素质教育是有层次的，大学的素质教育不同于中小学素质，其思想是全面实现大学生的教育价值，其实践要点在于价值的引导和培植，其最高目标是使受教育者具备新的人文精神。在素质教育的讨论中，对素质教育的内涵还有许多不同的看法，有的认为有三种素质，有的认为有四种，甚至有的认为分为八种或者更多。在素质教育与全面发展教育的关系上，也有许多不同的看法。有人认为素质教育是更深刻意义上的全面发展教育，两者意思相同，不过是换个说法。还有人认为素质教育的提法没有超出德智体全面发展教育的理论，还不如全面发展教育的提法好，也许在教育理论上，素质教育的提法只不过是个昙花一现的东西，过不了几年就会烟消云散。

总之，关于素质教育的问题受到高教界的广泛重视，并进行了许多有益的探讨，对教育思想观念的变革起到了重要的导向作用。

四、教育教学改革研究

(一)高等教育培养目标的研究

教育教学改革必须围绕培养目标进行，因此，高等教育培养目标的变革引起了高教学术界的注意。

一种观点认为，我国高等教育的培养目标应该坚持毛泽东同志提出的民族的、科学的、大众的三个标准，其中特别应该强调的是大众性即人民性。与此同时，应体现人才培养的时代性，反映邓小平同志三个面向的指导思想的要求。另一种观点认为，在社会政治、经济、文化、科技及教育本身的种种背景下，中国高等教育导向上出现了以下值得注意的问题：其一，过弱的文化陶冶，使学生的人文素质和思想底蕴不够；其二，过窄的专业教育，使学生的学科视野和学术氛围局限；其三，过重的功利导向，使学生的全面素质培养和扎实的基础训练受到影响和抑制。有鉴于此，我国本科教育目标应当作战略性调整。调整的主要战略是实施科学教育和人文教育并重的教育，根本目标是培养既具有较高科技水平，又具有较高文化素养的人才。

有研究则探讨了高校培养目标的来源及其相互关系。所谓培养目标的来源，即高等学校在确定某类人才的培养目标时，目标的出处。综观世界高教发展的历史和现状，通常可把各种目标划归三个基本来源：学科专家的建议、学习者的个体发展需要和社会发展的需要。即知识、个人、社会。它们之间既相互矛盾，又相互统一。在两个方面相互借助或结合时，必须以第三个方面为中介，不然就往往会削弱本来想要强调的两个方面。另有学者研究认为，世界一流理工大学以培养能够影响科学技术和社会发展的杰出人才为己任；为杰出人才的成长奠定坚实的基础；为此，应从如下四个方面努力：必须培养知识能力素质协调发展的人才；必须着重培养高层次人才；必须以理工为主多科类培养人才；培养国际型人才等。

某大学在“怎样培养面向 21 世纪的人才?”的大讨论中指出，我们所说的跨世纪人才，应当是能够迎接新技术革命挑战的新人，应当是能够参与全球性竞争与合作的新人，应当是能够主动适应、积极推进甚至引导一系列社会变革的新人。为此，要处理好三个关系：一是专才、通才和复合型人才的关系；二是知识传播、能力培养和全面素质教育的关系；三是一般人才培养与杰出人才培养的关系。

另一所大学在“大学生创新精神培养”的大讨论中指出，学生的创造性是全面素质培养中的突出课题；他们不少人提出了很有见地的看法；例如有的人认为：首先要坚持通才教育的方针；其次要培养学生敏锐的观察力和丰富的想象力；最后要培养创造性思维能力。还有人认为，创新精神的培养需要以创新意识为前提；以全面素质和创造能力为基础；以良好的环境为基础。为此应从四方面努力：第一是尽早让学生进入科研课题和生产实际；第二是使学生具有广博的科学文化知识；第三是加强国内外合作与交流；第四是营造民主自由的学术环境和氛围。

（二）关于人才培养模式的研究

与高校教育培养目标紧密相关的一个论题是人才培养模式问题。许多学者认为，应该把专业教育与通识教育结合起来，这是因为高等教育培养的人不应该仅仅只是具有某种专业知识技能，能在该领域工作的专业化的人。高等教育培养的人，首先应该是对社会和国家负责的合格的“社会的人”和公民，一个能突破专业职业限制的“自由人”。

有研究指出，21世纪末可能出现的人才培养模式是一个知识、能力、素质并进的培养模式，即KAQ模式。其中，知识分为基础知识、前沿知识、交叉知识；能力包括自主扩展知识的能力、表达能力、动手能力、创新能力、组织能力；素质包括思想素质、文化素质和心理素质。这一模式吸收了近年来高教学术界的思想，概括全面而简洁，但其内涵有待深化，且有些方面也不能遗漏，如“素质”一项中“身体素质”是不可或缺的。

有研究具体探讨了工程人才培养模式问题。研究认为，从我国实际出发，是否可以设想有三种不同的人才培养模式：一是少数基础好的全国重点工科大学，试行6年制本、硕打通的培养工程硕士的模式，主要培养工业企业需要的高素质的设计、研究、开发营销人才；二是大多数四年制工科院校和少数基础好的高等工业专科学校调整教学计划，在一定的科学教育（包括自然科学、工程技术科学、人文社会科学、管理科学）的基础上加强现代工程技术教育和训练，重点培养第一线的工程技术应用人才或实践工程师；三是积极探索以工程为背景的高等职业教育和社会教育的培养模式，打通人才通向中小型和乡镇企业的渠道。

（三）关于高校教学改革、课程设置与教学方法的研究

一些学者认为要搞好系列课程改革，必须首先面对大大小小的各种问题，诸如内容更新会不会影响以至削弱基础，怎样才能做到既能使优秀人才脱颖而出，又不致扩大淘汰率；如何处理好教师的主导作用与学生自主学习之间的关

系，培养学生的主动学习和创新精神；怎样认识各个不同教学环节在课程内容更新与体系改造中的作用，并使之相互协调；怎样改革考核和考试制度与方法，使之适应创造性人才的培养过程，如何评价课程的教学效果与教学质量，特别是如何评优，等等。有研究采用定性研究方法考察人才素质与课程体系的关系。结果表明：一是教师群体（包括行政管理人员）与学生群体之间在价值观念上存在差异：代表着老一辈理想的教师们似乎更重视学生的道德修养和科学精神，而学生们更关心自己的就业能力、社会适应性和自我发展。但双方无原则性冲突，在一定条件下可以有机整合。课程应该是一个发展的过程。应该由师生共同参与和创造。二是在综合大学的本科教育阶段，尤其是一、二年级，可以考虑适当扩大专业范围，实行和完善选课制、学分制、双学位制、主辅修制。宽松的学术气氛非常重要，一定的指导和限制对学生的培养也是必需的。

另一研究探讨了大学通识教育课程体系的构建和实施问题。研究指出，大学通识教育的目标有三：提高文化素质、促进个性发展、培养合格公民（此可以与前述高等教育培养目标的研究相对照）。为此，大学通识教育可以相应设置三类显性课程：一是文化类课程；二是个性发展类课程；三是公民教育类课程。除了这三类显性课程，大学通识教育隐性课程包括规划性隐性课程（或规划性课外活动）和自发性隐性课程（或自发性课外活动）等内容，还包括校园环境的建设，学风、教风、校风的建设等。

高校课程变革以培养目标的调整为转移。培养目标受制于知识、个人、社会（包括人才市场）等，因此，相应的课程也应受制于上述三个方面。有研究指出，目前高教改革的主要方向是如何协调知识与社会这两个方面，在此前提下，再考虑个性方面。在课程组织方面，就宜在现有“知识三层楼”（基础课、专业基础课、专业课）课程结构基础上，适当渗入若干以社会生产、生产中实际问题为经纬的课程组织和以个体身心发展为经纬的课程组织。在此基础上，再逐步根据各校、各专业的具体情况，形成各自独具特色的最佳课程结构。

第二节 公安高等教育形成与发展

一、公安高等教育

从教育的自身类型而言，高等教育被界定为第二级教育（基础教育后教育）。在联合国教科文组织 1997 年批准的《国际教育标准分类法》中将高等教育分为两个阶段，第一阶段相当于专科、本科和硕士生教育；第二阶段相当于博士生教育。第一阶段分为理论型和实用技术型两类，理论型又分为为研究做准备的和从事高科技要求的专业教育培养目标，而实用技术型是让学生获得从事某类职业或行业所需的实际技能和知识。实际上，这种高等教育类型仅仅是一种传统的教育模式，它并没有体现高等教育的全部类型和教育属性。

诚然，几乎所有与社会职业或行业对应的高等教育都是基于这种类型，当然，我国的公安高等教育也不例外。实际上，现行的高等教育体现的是一种在应试教育体制下的学历教育，也就是说，学历的高低决定了高等教育的程度。但是，在现实社会的职业或行业中，人的属性和作用并不完全决定于高等教育的程度。因此，现行高等教育是一种基于专业知识学习时间、知识深度和广度的狭义教育类型和属性。随着信息化、现代化社会对高等教育属性的扩展，高等教育的属性不仅仅体现教育的学历属性，而且要体现职业需要的个体属性、经济属性和社会属性。

我国公安高等教育是高等教育的重要组成部分，也是公安工作与建设的重要组成部分。我国公安高等教育也分为两个阶段，第一阶段称为职业资格学历阶段，四年本科教育(职前学历教育阶段)，从而完成普通公安高等教育的过程。第二阶段体现了研究型高等教育的层次，其理论依据根据警察这种社会治理性专业与行业的特点，专业的研究方向来自对警务知识、警务技术和警务流程的理解、深入和创新。另外，我国公安高等教育形态不仅仅局限在普通高等教育的模式上，还具有职业前职业后一体化警察职业教育形式。从世界高等教育发展趋势来看，学历教育与职业训练的相互融合是未来公安高等教育的发展模式。

二、公安高等教育的发展历程

我国公安高等教育是基于中华人民共和国成立前高等警察教育的有益成分和办学模式逐渐发展起来的。旧中国的高等警察教育实际上是一种高等职业教育，由于警察职业的特殊性，高等警察教育受到政治、军事、社会等多方面因素的综合影响，经过半个世纪的曲折发展，最终形成了受到历届政府高度重视的强调警察专业化建设和军事化管理的办学模式。各高等警察教育机构在努力与普通学校教育体系接轨的过程中，在办学宗旨、专业及课程设置、教学实践与管理等方面进行了一系列有益的探索和尝试，丰富了高等职业教育的内涵，也在一定程度上为中华人民共和国成立后的公安高等教育发展积累了经验。由于历届政府无一例外地把高等警察教育视为培养独裁工具的重要场所，因此十分强调对统治者的效忠，重视对学生的思想控制，这暴露出旧中国高等警察教育浓厚的半封建色彩。

中华人民共和国成立后在党和政府的领导、关怀下，在传统高等警察教育的办学模式基础上，经过了不同时期的调整改革后，形成了具有中国特色的，不同规模和类型的公安高等教育模式，为维护社会稳定、保障国家经济建设培养出优秀的人才，为我国公安队伍建设作出了巨大贡献。总体上讲，我国公安高等教育历经了三个重要发展阶段：全面恢复期、繁荣发展期、改革起步期。

(1)全面恢复期(1976—1984)。自中华人民共和国成立至20世纪70年代中期，我国大陆中、高等警察专业教育基本上处于空白状态，警察教育以短期在职培训为主。20世纪70年代末，在改革开放大潮推动下，我国公安机关开始在原公安干部学校(简称公安干校)基础上兴办中等警察学历教育，统称“人民警察学校”。1978年招收的首届中专生，被称为公安院校的“黄埔一期”。20世纪70年代末80年代初，公安部在原有基础上先后成立了包括中国人民公安大学、中国人民警官大学、中国刑事警察学院和中国人民武装警察部队学院在内的首批部属本科院校。

(2)繁荣发展期(1984—20世纪末)。1984年11月召开的全国公安教育工作会议提出了建立中央、省、地(市)三级管理的公安教育体制。这一时期的公安高等教育以中等普通学历教育、高等普通学历教育及在职民警培训并存发展。20世纪80年代中期部分省、市相继成立公安(高等)专科学校，90年代中期逐步取消中专或进行转制，同时中国人民公安大学、中国人民警官大学、中国刑事警察学院相继招收本科生，1998年公安大学和警官大学合并，进一步优化、整合资源。恢复高考后的各警校和地方大学毕业生逐渐加入公安教育队伍行列，师资力量不断加强，学科、专业逐步细化，公安高等教育规模伴随着国家高等教育大众化脚步渐趋壮大。

1999年11月召开的全国公安教育工作会议，在重视加快发展民警培训教育的同时，提出扩大本科学历教育规模，巩固和发展大专学历教育，逐步取消中专学历教育。同时提出加快发展研究生、尽快开展博士生学历教育。这一指导思想有力地推动了全国公安教育的快速发展。其后，部分省份开始在原中等警察专业教育基础上兴办大专学历教育；个别发达省份公安专科学校开始探索专升本的路径；中国人民公安大学、中国刑事警察学院等部属本科院校开始兴办硕士研究生教育。2003年11月召开的“二十公”会议提出构建公安特色教育训练体系，强调提高公安高等教育水平，稳定本科学历教育，适度发展研究生教育，探索公安专科教育改革，加强实战教学训练，加速培养后备力量。此间，少数省属公安专科学校开始实施专升本的发展战略，部分省份公安专科教育改革为公安高等职业教育，而不论何种层次的公安教育都更加重视实战教学训练，并一直强调至今。

(3)改革起步期(21世纪以来)。进入21世纪以来，省属公安院校纷纷实施专升本战略，公安本科教育在曲折中异军突起。早在20世纪二三十年代，美国警察专业化运动的领导人就倡导警察要接受本科教育，应具备本科学历。习近平总书记指出："高等教育发展水平是一个国家发展水平和发展潜力的重要标志。"同样，公安高等教育发展水平也是我国公安队伍建设水平和建设潜力的重要标志。

改革开放40多年来，我国公安教育特别是公安高等教育事业，在党和国家的高度重视下，从无到有、由弱到强，走过了一条非凡的发展道路，取得了举世瞩目的成就，为全国公安队伍建设作出了巨大贡献。我国公安学历教育经过改革开放40多年的发展取得了巨大成就，但在新时代也进入了一个改革发展的深水区和攻坚期。这就需要我们准确判断具有中国特色的社会主义新时代公安高等教育的历史定位。

三、公安高等教育现代化

(一)教育现代化

教育现代化是新时代公安高等教育的历史必然和发展趋势。邓小平同志指出："教育要面向现代化，面向世界，面向未来。"这是我国教育现代化的指导思想。习近平总书记在党的十九大报告中提出了"加快推进教育现代化、建设教育强国"的新要求。目前现代化已成为一个多学科研究的对象，不同学科对"现代化"的理解各有不同，主要有以下几种观点：现代化是工业化的过程；现代化是由传统的农业社会向现代工业社会的转变过程；现代化是科学技术在生产过程中得到广泛运用，以及由此导致的经济、社会和政治结构的根本性变革过程等。从社会发展的角度，教育现代化的核心就是实现人的现代化。教育现代化是与社会现代化、人的现代化过程紧密相连的，既不能局限也不能脱离当前的需要来讲现代化。从不同的视角出发，理解也是不同的，有三种主要观点：

第一是过程论，把教育现代化看作是一种"运动"过程，即"教育的现代化，就是传统教育向现代教育转化的过程"(顾明远)。所谓的"转化"并不是把传统教育抛弃掉去构建一个现代教育，而是通过对传统教育的选择、改造、继承、创新与发展来实现的。传统教育中有许多优秀的东西，需要继承和发扬，同时对与新时代不相适应的东西，要改造和创新，构建有中国特色的现代教育。

第二是作为一种理想目标的教育现代化概念，认为“教育现代化不仅是教育现代性的实现，更重要的是与教育形态的不断变迁相伴随的教育现代性不断增长的过程，教育现代性的增长是其根本特征”。

第三是从内涵的角度来界定的，代表性的观点是：“教育现代化是用现代教育思想和科学技术武装所有的教育部门，不仅注重物资设备的提高，更注重教育观念、教育内容、教育方法的不断进步，进而培养出有能力参与国际竞争与综合国力竞争的新型劳动者和高素质人才。”

（二）高等教育现代化

所谓高等教育现代化是一个目标和过程的统一体。作为目标，现代化的高等教育实质上是促进人的价值实现和人的自由而全面发展的教育；作为过程，它是以各国传统文化和教育传统为基础的，向这一远大目标发展的过程。在这个过程中，科学技术教育先进的教学手段的采用，各种教育形式的拓展等都是为实现最终目标服务的。教育要适应社会主义现代化建设的需要，改变旧的教育思想、教育制度、教育内容和教育方法，达到现代教育的基本特性和基本要求。我国现代高等教育具有如下基本特征：

(1)受教育者的广泛性和平等性。我国社会经济的发展要求劳动者具备一定的科学文化知识，义务教育的普及和高等教育的大众化使全体社会成员都有享受教育的权利，从而在相当程度上实现了高等教育的广泛性和平等性。

(2)教育内容、教育方法的多样化和个性化。现代教育的目标是培养有创新能力的人才，创造性正是个性的核心，因此要培养有个性的、创造能力的人就必须发展个性教育。相应地，教育的个性必然要求教育的多样性，要求教育体系的完整，教育结构的多样化，教育目标、教育内容、教育方法的多样化等。以人为本，促进人的全面发展，各展才华，各具特色。

(3)交流合作的国际性和开放性。现代社会是一个开放的社会，国际间密切交流的社会。现代教育要不断获得更多的教育资源和信息，也需要不断地交流与学习。不同国家高校间的国际交流合作日益频繁，相互学习借鉴，促进发展，共同提高现代化水平。

（三）公安高等教育现代化

我国公安高等教育将由学校升格、规模扩张阶段转向高等教育现代化，创新与优化是公安高等教育的时代主题。公安人才的现代化、社会治理的现代化是公安高等教育的核心任务，提高人才培养的“量质效”(数量、质量、效果)是高等院校的生命线。

1. 实现公安人才现代化

公安高等教育现代化的本质是实现公安人才的现代化、社会治理的现代化。自高等教育产生至今，人们在高等教育的本质问题上一直争议不断。无论是国外的“认识论”与“政治论”，还是国内的“三论”（社会本位、个人本位和知识本位）之争，体现的都是人们对“高等教育是什么”“高等教育区别于其他教育的核心特质是什么”等本体性问题的探讨与回答。虽然答案有所不同，但其共同点是：“高等教育与人的紧密联系，高等教育活动是属人的活动。”在高等教育中，人才是真正的主体，只有人才是教育的出发点和最终归宿，真正的教育应是促进人全面、完整地获得人之为人本质特性的教育，是一种自我适应或自我超越的教育。

公安高等教育作为我国公安人才培养的重要组成部分，具有普通高等教育和公安教育的双重属性，还要实现文化与人的双向建构。实际上，公安高等教育与普通高等教育一样，其本质含义是人通过高等教育这种文化与人的双向建构活动，在追求人的价值理想和本质特性的过程中，实现人类个体心智能力的现代性增长，它最终的价值衡量标准应是人的现代化发展程度，人的现代化理应处于高等教育现代化理论认识和实践选择的核心地位。

高等教育现代化之所以被人们寄予厚望，一是因为高等教育是整个社会大系统中最重要的“知识、人才”输出系统，在以知识和科技为动力中心的现代世界，它已成为国家现代化建设进程的动力中枢；二是因为人们坚信高等教育现代化能够提高人的现代性，培养出现代科学精神和民族人文素养兼具的时代新人，从而实现人的全面发展。

2. 实现社会治理现代化

在“教育·人·社会”的框架内，高等教育具有对人和对社会两种功能向度。但长期以来，在经济增长和科技进步的裹挟下，从决策管理者到大众个体都把高等教育简化为“人力教育”，人力资本理论的形成与发展更是让人们坚定了高等教育对人、对社会的巨大功效或作用。据此认识，决策管理者在实践选择中过度重视高等教育的各种衍生功能，如经济功能、政治功能、文化功能、社会分层功能等。对于公安高等教育来说，在公安人才培养的同时，通过公安科学研究与警务服务可以促进社会治理现代化进程。

四、公安高等教育的发展模式

（一）创新发展

创新是人类文明的源泉，高等教育也是在创新过程中不断发展的。在我国经济进入由要素驱动向创新驱动转变、由规模速度向质量效益转型的历史时期，高等教育肩负培养造就一大批具有国际水平的战略科技人才、科技领军人才、青年科技人才、社会管理与服务人才，以及高水平创新团队的重任，其自身也应加快创新。

公安高等教育创新是将高等教育的新思想或新理论等因素发展成为有用并得到社会承认的成果的一系列活动组合的复杂过程，必须应对公安高等教育方面观念陈旧、思想保守、惯性约束等挑战。要贯彻科教兴警、人才强警、创新驱动公安工作发展等战略方针，系统推进公安院校的育人方式、办学模式、管理体制、保障机制等改革。一要深化公安高等教育改革，全面提高公安应用型人才培养的能力，构建学习共同体和“双创”平台；二要加快科研体制改革，坚持以高水平的科研支撑高质量的人才培养，不断提高服务公共安全与社会治理的能力；三要培育警察创新文化，激发内生动力，使创新成为公安院校的价值追求；四要推进制度创新，遵循公安高等教育规律，推进公安院校治理体系和治理能力现代化。

（二）协同优化发展

协同发展是国家经济社会发展到一定阶段后，关注系统整体效能的内在要求。我国公安高等教育发展进入新阶段，也应更加重视质量提升、结构优化、效益提高、公平推进，统筹不同区域的协同发展及不同层次类型公安院校的协同发展。因此，新时代公安高等教育的基本特征是多种形式的协同性，经济社会的发展对于人才的需求也日益呈现出多样协同性，公安院校人才培养具有分地区、分类型、分层次的特点。生源质量、培养方向、课程设置等应有所差异，采取不同的人才培养模式，有不同侧重的质量要求和标准，克服同质化倾向，合理定位，各展所长，突出特色。

（三）绿色发展

新时代我国高等教育的发展，应与加快生态文明体制改革、推进绿色发展、建设美丽中国的战略部署相一致，开展创建“绿色学校”行动，教育和培养师生的绿色发展意识，努力节约资源和保护环境。同时，要“构建大学生可持续发展的良好教育生态”，促使公安高等教育更加符合教育规律、更加符合人才成长规律，营造良好的舆论环境，加大对公安高等教育质量观的多元化宣传和解释力度，形成中国特色公安高等教育质量文化。同时公安高等院校要加强师德建设，重视提升教师能力，不断改革和完善课程体系建设，重视和把握学生的入学动机、学习目标和教育需求，因材施教，促进德智体美劳全面发展。

（四）开放发展

我国高等教育在世界多极化、经济全球化、社会信息化、文化多样化深入发展的背景下推进，必须加强国际科技合作和人文交流，充分发挥人才制度优势，重视培养国际化人才或具有国际视野的创新型人才，更好地开发利用国际人才资源，主动参与国际人才竞争，积极服务“一带一路”国际合作。由于公安高等教育是一个开放、复杂、非线性的动态系统，与外界有着千丝万缕的联系。开放带来进步，封闭必然落后，公安高等教育应具备国际视野和世界眼光，既要比较和借鉴世界高等教育与警察教育的成功经验，也不能丢掉自己的传统、优势和特色；既不要盲目自大，也不可妄自菲薄，坚持扎根中国大地，着力构建具有中国特色社会主义公安高等教育的话语体系。

第二章

公安高等教育研究方法论

第一节　基于教育理论的研究方法

一、教育基础理论的认识

在许多教育理论文献中都有对教育研究对象的论述，比较早期的研究并且具有一定代表性的是《教育研究及其方法》（叶澜，1991 年）一书，该书对教育研究对象认识给出了五种具有代表性的观点：第一，以教育现象为研究对象；第二，以教育问题为研究对象；第三，以教育现象及其规律为研究对象；第四，以“人”为研究对象；第五，凡是对人的身心产生影响的活动都是教育研究的对象。

不难发现，前三种观点实际上把教育研究的对象“窄化”了，后两种观点把教育研究的对象“泛化”了。由此，从研究实践及其逻辑的角度提出：教育研究的对象应当是“教育存在”，并把教育存在分为理论形态和实践形态两种类型。

实际上，在《教育研究方法论初探》（叶澜，1999 年）一书中①，从形态上把“教育存在”划分为教育活动性存在、教育观念性存在和教育研究反思性存在三大类型。第一类为“教育活动性存在”，包括一切以影响人的身心发展为直接目标的人类实践活动。它是教育中最生动、丰富、多变和基本的存在，是后面两种类型存在的基础。第二类为“教育观念性存在”，是指各种在教育的认识活动中形成的有关教育的意见、观点、思想、理论、学科等。第三类为“教育研究反思性存在”，是指发现问题与寻找生长点。“反思”是基础与起点，要把反思集中在教育研究中有关方法论的认识与实际状态上，从历史和理论两个维度展开。

① 叶澜：《教育研究方法论初探》，上海：上海教育出版社，1999 年版。

二、研究对象的确定

高等教育学属于应用学科，它的任务在于应用教育学的基础理论和教育科学中的技术理论以及相应的方法和技术，来认识和解决高等教育中的各种问题。也就是说，教育学的基础理论是高等教育理论研究中的重要理论资源。因此，高等教育研究的对象也应是高等教育存在，它也可以分为高等教育活动性存在、观念性存在和研究反思性存在三大类型。

第一类为高等教育活动性存在，它包括一切以影响大学生的身心发展为直接目标的人类实践活动。它是高等教育中最生动、丰富、多变和基本的存在，是后两类高等教育存在的基础。

第二类为高等教育观念性存在，是指各种在高等教育的认识活动中形成的有关高等教育的意见、观点、思想、理论、学科等。这些认识不但有程度上的差异，如有粗浅的、常识性的、零散的认识，也可以是深刻的、科学的、系统的认识。前者如某一大学教师对某一课程的讲授初步心得，一般的大学校长的治校经验，公众对高等学校的看法等；后者如薛天祥主编的《高等教育学》可以称得上是对建构理论体系的高等教育学的可贵探索，刘献君的《大学之思与大学之治》等，这些都是高等教育认识活动的直接产物。

第三类为高等教育研究反思性存在，是对高等教育研究活动及高等教育学科本身在发展过程中的经验与存在问题进行研究的产物。它虽然与高等教育观念性存在物化形态上有诸多共同之处，但是在内容上存在着层次的差别。高等教育观念性存在是对高等教育实践活动的认识，而高等教育反思性存在是对高等教育研究活动及其系统化成果的再认识，虽然不直接与高等教育实践活动发生关系，但为提高人们对高等教育实践活动认识的质量、水平与能力服务，是在间接的意义上为高等教育实践服务的。例如，张应强的《高等教育现代化的反思与建构》(2000 年)，潘懋元的《中国高等教育科学：世纪末的回顾与展望》(2001 年)、《21 世纪初我国高等教育研究的进展与问题》(2006 年)等都是对我国高等教育或高等教育研究中重大问题的再认识，是更自觉、有效地开展高等教育活动或高等教育研究的需要。以上三种高等教育存在与三种类型的高等教育研究相对应，即高等教育活动研究、高等教育观念研究、高等教育研究之研究。

三、研究性质的确定

教育理论研究者所从事的理论研究，是以对实践状态的认识与把握为条件的，需要与实践者接触、了解乃至合作；实践人员从事教育研究是由教育实践的生成性特征决定的，因为再为具体的教育理论也不可能代替教师对进行中的教育活动的主动判断和策略选择，从而要求教师必须创造性地进行工作，正是教育实践对教师修养与创造力的要求，使得教师和教育管理人员有可能不仅成为教育的应用研究者，而且可能成为教育的理论研究者。

高等教育活动性存在按照由表层到深层、由感性具体到抽象具体依次具有如下特殊性：第一，高等教育活动是人为的社会实践活动；第二，高等教育活动是以大学生为直接对象，以影响大学生的发展为直接目的的；第三，高等教育活动具有双边、共时、交互作用性和要素关系的复合性；第四，高等教育活动具有预测性与活动过程中的动态生成性；第五，高等教育活动的本质是在特殊的交往活动中有目的地使社会对大学生的发展要求，向大学生的现实发展转化，使大学生的多种潜在发展可能向现实转化。

高等教育研究主体的特殊性同样体现为研究主体的复合性，它包括专业背景的复合性、理论和实践人员的复合性两个方面。高等教育研究中主体与对象关系的特殊性同样表现为三点：在高等教育研究中，主体与对象的关系呈现出双重的主客体关系，主体与对象的关系呈现出“反思性”“解放性”“同一性”，研究要具有伦理性。

目前我国高等教育研究性质问题之研究面临着困境。面对着这样的困境，出路究竟何在？我国著名教育家叶澜教授从教育研究对象的性质和教育研究的目的与任务出发，把教育研究性质定性为事理研究，不但对高等教育研究性质问题的研究提供了一种新的思维路径，而且可能为我们重新解释该问题提供了一种新的比较理想的答案。我们常说，教育是一种有目的、有计划、有组织的培养人的社会实践活动，高等教育也是如此。这就是说，高等教育也是一种人为的特殊社会实践活动。因此，高等教育研究也是一种“事理研究”，是探究人所做事情的行事依据和有效性、合理性的研究，是为办好此事而开展的研究。它必须包含行事依据的研究、行事有效性和合理性改进的研究；前者属于基本理论研究，后者属于应用研究。这就是事理研究的基本内涵。

高等教育研究作为一种事理研究，具有综合性和动态性两大特征。就其研究的综合性而言，它以人类自己所创造、从事的高等教育活动为研究对象，既研究其事由与事态、结构与过程、目标与结果等一系列与其本身直接相关的方面，也研究如何提高高等教育活动的合理性、效率、质量与水平。其研究的目的是如何使高等教育活动更富有理性，如何通过高等教育活动更好地满足人们对从事该项活动的需要。它不但要说明是什么，又要解释为什么，还要讲出如何做，既包含事实、价值和行为三大方面，且三大方面呈现出三种时态，涉及活动主体与对象、工具与方法等多方面错综复杂的关系。因此，高等教育研究中理论与实践之间具有从对象到目的的直接关联性，它的研究领域的变化常与高等教育实践的需求与进展直接相关。正是由于高等教育研究与高等教育实践的这一特殊关系，从而使得高等教育研究不同于其他任何物质研究和精神研究，成为以综合研究为特征的一种特殊的研究形态。就高等教育研究的动态性而言，它主要指高等教育研究要关注对人作用下的转化。它不仅要关注形态的、结构的转化，还要关注物质与精神间、不同主体间、实践阶段与水平间、人所在的外部世界与内部世界、社会与个体间等多方面、多形态、多时态、多主体的多重多次转化，这些都是我国当前高等教育研究中的薄弱环节。

总之，高等教育研究的性质属于事理研究，它是一种高级的特殊的事理研究。它以研究高等教育的综合生成和动态转化过程为出发点和立足点，以揭示这一生成和转化过程的一般规律为其理论研究的目的。把高等教育理论研究所揭示的一般规律运用于对高等教育实践的直接认识及其合理性、有效性的研究，构成了高等教育的应用研究。同时，事理研究的含义表明，理论研究和应用研究是其研究不可缺少的组成部分。这样就较好地解决了高等教育研究中理论研究与应用研究之间的关系问题，使两者能够成为一个连续的整体，避免在一定历史时期由于某些原因而忽视乃至否定高等教育研究中理论研究或应用研究的现象发生。

四、理性与实践的研究

（一）理性学识的研究范式

回顾人类的理性研究，康德将人类理性分为理论理性和实践理性，并且强调了理论在实践中生成，又以实践为根本目的。在高等教育的研究中，我们所看到的是研究者对教育“规律”的把握，看到的是各种抽象的一般性原理，看到的是教师和基层教育管理者对各种抽象原理的被动应用。这些倾向不仅否定了教师和基层教育管理者的研究权利，而且片面地理解了人类的理性。

我们知道，实践理性作为人类对自身与世界的关系“应如何”和人“应当怎么做”问题的观念掌握与解答，它高于仅以对象规律为根本标准、仅以认识事物的“本来面目”、回答人与世界的关系“是如何”为主要目的的理论理性，它是主体观念掌握外在世界、观念处理人与世界关系的最高形式。在康德看来，理论理性是机械的、必然的、因果的世界，实践理性是目的论的、自由的世界。不是在理论理性那里，而是在实践理性那里，才能达到对自由概念的确立。实践理性之所以高于理论理性，根本原因在于实践理性把“改变世界”作为自己的根本任务，在于将理论理性包含于自身之中并作为自己的前提，在理论理性所提供的“是什么”和“怎么样”的知识基础上，进一步解决“应如何”和“怎么做”的问题。马克思认为，传统哲学只是用不同的方式“解释世界”，问题在于“改变世界”，而“解释世界”归根结底也是为着“改变世界”。

(二)实践性学识的研究范式

教育研究从理论理性转向实践理性，寻求如何改变教育的方法，表达的意义正是教育研究目的的转换。在实践取向的教育研究中，研究主体不是单纯地抽取纯粹的理论，不是单纯地应用别人的理论，不是简单地把具体事例归于普遍规则，而是在具体的实际情况中进行探索，增进实践性知识。当然，这种实践性知识概括起来有两种类型。

第一种类型是理论研究者的实践性知识。所谓理论研究者的实践性知识，主要是指对实践解释力强的系统理论知识。教育研究是应用性研究，是为了解决现实教育问题，但是为了更深入地认识现实问题，更有效地解决问题，研究者必须对现实问题形成的原因进行分析，找出更恰当的解决问题的策略，为这个策略的实施提供令人信服的解决方案。这个时候教育应用性研究就是一种理论研究，也就是潘懋元教授所说要遵循“教育实践→经验总结→应用性理论→基本理论”的研究逻辑。

第二种类型是广大实践工作者(主要是教师和教育管理人员)的实践性知识。这种知识显示出不同于研究者的“理论知识”的若干不同性质：其一，它是依存于特定背景的经验性知识；其二，它是特定的教师和教育管理人员，在特定的课堂和管理情境下，以特定的教材、特定的学生为对象或特定的管理情景为对象形成的知识；其三，它是综合多种学术领域的知识所获得的知识，是超越已知学术知识的框架，深入探究不确定的状况，求得未知问题解决的知识；其四，它不仅是意识化、显性化了的知识，而且也包含了无意识的“默会知识”；其五，它是基于每一个教师和基层教育管理人员的个性经验与反思而形成的知识。

总之，在教育研究中，理论研究和应用研究很难分开，理论问题和实践问题很难分开，能够为解决现实问题提供有充分说服力的论述或描述就是深刻的理论。实践性学识是一种独特的知识形态，第一种类型的实践性知识，虽然是由理论研究者经过研究以理论形态的知识出现，但是对其研究要采取不同于自然科学理论知识获得的不同的研究范式。第二种类型的实践性知识是广大实践工作者的知识，它在很大程度上不以语言的方式加以陈述和传递，因而它不能在纯粹的教育理论中找到，也不可能经由理论的演绎获得，具有内隐性、非系统性和缄默性等特征，因而一般情况下其发现和提取只能在行动中才能得以完成。

五、“求真”与“求用”的研究

高等教育是一个新兴的学科，为了巩固高等教育的学科地位，完善高等教育学的学科体系，近年来，许多研究工作者围绕高等教育学科建设问题，对高等教育学的学科性质、研究对象、概念体系、逻辑体系、学科结构、研究方法等展开讨论和争鸣。近年来，高等教育研究者围绕着“高等教育理论研究如何更好地为高等教育发展与实践服务”这一主题进行了广泛深入的讨论，进一步提出了理论工作的两项主要任务，一是促进高等教育学的学科建设，二是促进高等教育理论研究的实践服务。从而进一步明确了高等教育理论研究要“求真”，又要“求用”，求真与求用要结合起来，在求真的前提下求用；单纯求真不用，片面求用而放弃求真的倾向都将有害于高等教育理论研究，都应当予以克服。

许多学者就高等教育理论研究与实践需要两方面存在的问题阐述了自己的意见，他们认为：

(1)高等教育决策尚未完全走上科学化、民主化的轨道，在很大程度上还停留在长官意志和经验决策的阶段，大大抑制了高等教育实践对高等教育理论的需求。

(2)高教理论研究不受重视，在不少高校中地位很低，高教研究机构存在“科研项目难上，工作设备难添，技术职称难评，高层次人才难进”的现象。

(3)高教理论研究存在某些先天不足，主要表现为学科基础薄弱，缺乏独立意识及面对高等教育实践中的问题深入探究、敢于直言的学术风气，研究成果的价值对实践的影响十分有限。

(4)高教理论研究滞后于实践，跟不上高教改革与发展的需要。部分理论研究的“学究气”浓厚，有些研究人员基本上是关在书斋里搞研究，选题盲目性大，研究方法重逻辑推理，轻视实证分析，重视第二手资料，轻视实际调查，造成重复研究多，缺乏针对性及对实践的指导作用；有些研究工作则过分重视“创收”。

(5)高教理论研究与高教实践之间缺少沟通，中介机制不畅，理论研究与实践需要脱节。事实上，理论研究与实践之间是一种相互促进的关系。理论研究有赖于实践的激发和检验，实践需要理论研究的推动和指导。在高等教育大变革的今天，高等教育理论研究者更要有强烈的使命感，勇敢地面对现实的挑战，走出书斋，走向高等教育的实际，研究新情况、新问题，提出新思想、新理论和新思路，让高等教育发展与改革走上理性化的轨道。

第二节 系统论研究方法

一、系统的概念与基本思想

（一）系统的概念

在人类思想史上，早已有关于系统的观念。古希腊思想家已提出“秩序”“组织”“整体”“部分”等概念来认识世界。中国古代阴阳五行学说把事物看成相生相克的整体。但作为研究各种系统一般原则的系统论则是 20 世纪 20—30 年代，由美籍奥地利生物学家贝塔朗菲提出的。贝塔朗菲和一些科学家在 20 世纪 20 年代中期提出了机体论，创立了机体系统论的生物学研究方法，把协调、秩序和目的性等概念和数学模型应用于有机体的研究，主张把有机体作为一个整体或系统，用生物与环境相互关系的观点来说明生命现象的本质，从而解释以往机械论所无法解释的生命现象。贝塔朗菲机体论的基本思想：一是整体观点；二是动态结构与能动观点；三是组织等级性观点。这些基本思想已包含了贝塔朗菲后来提出的一般系统论的基本内容。他先后发表了《理论生物学》《现代发展理论》《关于一般系统论》等著作，对系统概念、整体性、集中性、终极性以及封闭系统、开放系统等都作了深刻论述，从而奠定了现代系统论的基础。

一般系统论则试图给一个能描述各种系统共同特征的一般的系统定义，通常把系统定义为：由若干要素以一定结构形式联结构成的具有某种功能的有机整体。在这个定义中包括了系统、要素、结构、功能四个概念，表明了要素与要素、要素与系统、系统与环境三方面的关系。

（二）系统论的主要思想

系统论认为，整体性、关联性、层次结构性、动态平衡性、时序性等是所有系统的共同的基本特征。这些既是系统所具有的基本思想观点，而且它也是系统方法的基本原则，表现了系统论不仅是反映客观规律的科学理论，具有科学方法论的含义，这也正是系统论这门科学的特点。

系统论的核心思想是系统的整体观念。一般系统论认为，任何系统都是一个有机的整体，它不是各个部分的机械组合或简单相加，系统的整体功能是各要素在孤立状态下所没有的新质。他用亚里士多德的“整体大于部分之和”的名言来说明系统的整体性，反对那种认为要素性能好，整体性能一定好，以局部说明整体的机械论的观点。同时认为，系统中各要素不是孤立地存在着，每个要素在系统中都处于一定的位置上，起着特定的作用。要素之间相互关联，构成了一个不可分割的整体。

要素是整体中的要素，如果将要素从系统整体中割离出来，它将失去要素的作用。系统论的基本思想方法，就是把所研究和处理的对象当作一个系统，分析系统的结构和功能，研究系统、要素、环境三者的相互关系和变动的规律性，并优化系统观点看问题，世界上任何事物都可以看成是一个系统，系统是普遍存在的。系统论的任务，不仅在于认识系统的特点和规律，更重要的还在于利用这些特点和规律去控制、管理、改造或创造系统，使它的存在与发展合乎人的目的需要。也就是说，研究系统的目的在于调整系统结构，使系统达到优化目标。

系统论的出现，使人类的思维方式发生了深刻的变化。以往研究问题，一般是把事物分解成若干部分，抽象出最简单的因素来，然后再以部分的性质去说明复杂事物。这种方法的着眼点在局部或要素，遵循的是单项因果决定论，虽然这是几百年来在特定范围内行之有效、人们最熟悉的思维方法。但是它不能如实地说明事物的整体性，不能反映事物之间的联系和相互作用，它只适应认识较为简单的事物，而不胜任对复杂问题的研究。在现代科学的整体化和高度综合化发展的趋势下，在人类面临许多规模巨大、关系复杂、参数众多的复杂问题面前，就显得无能为力了。正当传统分析方法束手无策的时候，系统分析方法却能站在时代前列，别开生面地为现代复杂问题提供了有效的思维方式。所以系统论，连同控制论、信息论等其他横断科学一起所提供的新思路和新方法，为人类的思维开拓新路，它们作为现代科学的新潮流，促进着各门学科的发展。

系统论反映了现代科学发展的趋势，反映了现代社会化大生产的特点，反映了现代社会生活的复杂性，所以它的理论和方法能够得到广泛的应用。系统论不仅为现代科学的发展提供了理论和方法，而且也为解决现代社会中的政治、经济、军事、科学、文化等方面的各种复杂问题提供了方法论的基础。时下，系统观念已经渗透到每个领域。

当前系统论发展的趋势和方向是朝着统一各种各样的系统理论，建立统一的系统科学体系的目标前进着。有的学者认为，随着系统运动产生了各种各样的系统理论，而对系统理论的统一已成为重大的科学问题和哲学问题。系统理论目前已经显现出几个值得注意的趋势和特点。第一，系统论与控制论、信息论、运筹学、系统工程、电子计算机和现代通信技术等新兴学科呈现相互渗透、紧密结合的趋势；第二，系统论、控制论、信息论，正朝着“三归一”的方向发展，现已明确系统论是其他两论的基础；第三，耗散结构论、协同学、突变论、模糊系统理论等新的科学理论，从各方面丰富发展了系统论的内容，有必要概括出一门系统学作为系统科学的基础科学理论；第四，系统科学的哲学和方法论问题日益引起人们的重视。在系统科学的这些发展形势下，国内外许多学者致力于综合各种系统理论的研究，探索建立统一的系统科学体系的途径。

二、系统的基本原理

（一）整体性原理

系统整体性原理指的是，系统是由若干要素组成的具有一定新功能的有机整体，各个作为系统子单元的要素一旦组成系统整体，就具有独立要素所不具有的性质之和的功能，形成了新的系统的质的规定性，从而表现出整体的性质和功能不等于各个要素的性质和功能的简单和。整体性是系统的最为鲜明、最为基本的特征之一，系统之所以成为系统，首先就必须要有整体性。我们置身于其中的世界是一个系统的多层次的世界，同时也是一个表现出多层次整体性的世界。

首先，种种无机系统体现着整体性原理。宇宙学中，观测宇宙作为一个整体来加以研究。地学中，地球作为一个整体来加以把握。化学中，分子作为整体则已经不等同于原子和原子的简单和。物理学中，也必须从整体上把握种种物理运动。

其次，对于有机系统，同样如此。生物学中，生命体首先是作为一个有机整体，各种生命体的差别，最主要的并非由于组成要素成分不同，而是由于组成要素的结合方式不同。一个生产组织不但具有其中每一个劳动者在单独劳动时所不具有的分工协作的功能，而且整个生产组织的劳动效率也具有整体性，不等同于各个劳动者的简单和。从事物存在的方面看，一个系统具有的整体性，是这一系统区别于其他系统的一种规定性。反过来说，一个系统之所以区别于另一系统，只是因为系统都是作为具有整体性的东西而存在。如果没有整体性的系统是可以想象的，那么这个世界实际上就是没有区别的一团乱麻，世界上的万事万物就是乱七八糟、混乱不堪的，实际上也就成了一个没有差别的世界。

种种系统之所以可以区别开是因为各自具有相对独立性，就必须各自具有一定的整体性，有了这样的整体性，才有相对的差别性，才是具有质的多样性的世界。一个没有差别的世界，也就至多是一个量的世界，一个丧失了质的规定性的世界，就不是一个现实的世界。总之，如果系统不能作为整体事物而存在，系统也就不复存在了，系统整体也就不存在了。从事物演化的过程来看，一个系统具有整体性，也就成为这一系统能在运动中得以保持的一种规定性。一个系统，只有得以保持，才有这一系统的演化。如果在演化之中这一系统的整体性消失了，等于说这一系统在演化之中走向了消亡、走向了崩溃。

（二）相关性原理

系统相关性原理揭示了系统各要素（事物的一种形式）之间以及系统与外部环境的关系。系统内部各要素（事物的一种形式）之间的相互联系是有机的，它们相互关联、相互作用、共同构成系统的整体；系统同外部环境的相关性，与外部环境有紧密联系的系统叫开放系统，一般系统论涉及的都是开放系统，因为事实上与外界毫无关联的封闭系统是不存在的。一个系统总要与外界发生物质、能量和信息的交换。

（三）层次性原理

系统层次性是系统的一种基本特征。我们的世界是一个多层次的世界。社会系统也是一个多层次系统。个体、群体、单位、社区，直到省市、国家，就是这个系统中的一个层次序列。历史上官分八品，爵分五等，现代学校分为小学、中学和大学，也都是社会系统中的不同层次。精神系统也有其层次性。首先其物质载体——人的大脑是一个多层次的系统，古皮层、旧皮层和新皮层，就是三个主要的层次。人的认知有感觉、感知、悟性、理性的不同认识层次。方法论有工艺方法、技术方法、经验方法、理论方法、哲学方法，逐步由具体进入抽象、由个别上升为一般，形成了有差异的等级。

系统的层次性犹如套箱，这里的一个最直接的结论是，系统和要素、高层系统和低层系统具有相对性。我们知道，系统是由要素组成的。但是，一方面，这一系统又只是上一级系统的子系统——要素，而这上一级系统又只是更大系统的要素。另一方面，这一系统的要素却又是由低一层的要素组成的，这一系统的要素就是这些低一层次要素组成的系统，再向下，这低一层的要素又是由更低一层的要素组成的，这低一层的要素就是这更低一层要素所组成的系统。

一个系统被称之为系统，实际上只是相对于它的子系统即要素而言的，而它自身则是上级系统的子系统即要素。客观世界是无限的，因此系统层次也是不可穷尽的。科学史上，人们一再以为向外到达了天际，达到了最外层系统，又以为向内到达了终极之石，达到了最内层系统；在认识史上，也经常可以听见有人宣称获得了最终真理，穷尽了人们的认识，但无论是在主观领域还是客观领域，新的发现却又使得界限一再被打破，人们又认识了更大的、更深的系统层次。客观世界是不可穷尽的，人们对于系统层次性的认识，无论是深度上，还是广度上，都是没有尽头的。

（四）开放性原理

我们生活的世界是一个系统的世界，现实的系统都是开放的系统。我们所面对的世界是一个开放的世界，形形色色的各种系统，无论它是物理的、化学的，还是生物的，乃至是社会的，都处在开放之中。不与环境接触的、不向环境开放的系统是不存在的。事实上，因为客观世界是一个多层次的世界，任何系统都是相对的，即系统都是具有环境的，因而也就都是按一定程度向环境作某种开放。即使是我们的主观世界，也必须是对环境即客观世界开放，暂且不论如果这个主观世界的物质载体不向环境开放就不能够生存下去，离开了对于环境的开放，主观世界的认识就如同无源之水是不可想象的一样，主观认识本身也是不可想象的，实际上也就根本没有了主观认识。退一步说，一个已经形成一定思想观念的人，一个已经具有一定知识水平的人，如果他从此闭目塞听，不与外界接触，把自己与外界封闭起来，思想就会僵化，知识也会老化，最终也因跟不上历史的发展而在精神上先行死亡，纵然他的肉体还可以生活更长时间。

一个系统如果处于封闭状态，与外界全然没有任何交换，那么这个系统就只会自发地走向混乱无序，或迟或早总会走向“死亡”。只有开放，系统才可能自发组织起来，系统才有可能向更有序的状态发展。现实的系统都是开放系统，因而也就是具有发展潜力的系统，真正孤立的封闭的系统只存在于人们的理论抽象之中，虽然这种抽象对于科学研究是具有重要意义的，但是我们却不能将其作为绝对的东西来理解，不能将其作为全然现实的东西来理解，我们要切实记住它们仅仅是某种近似。不过在实践上，在一定的条件下，我们可以人为地造成近似封闭的条件，得到近似封闭的系统。这时，我们切实不要忘记所谓的封闭是相对的，而不是绝对的。完全不开放的系统，也就是封闭系统，必定走向无序的热混沌状态，即退化为平衡态，当然也就无远离平衡可言。

系统处于这样的平衡态时就不可能重新自发地自组织。即使系统处于近平衡状态时，系统与外界的种种交换也会逐渐减少，因而也就是开放程度的逐步降低，最终使得系统内的熵产生大于从环境之中引入的负熵，从而导致系统内部自发地趋于无序无组织。

（五）目的性原理

系统目的性原理指的是，组织系统在与环境的相互作用中，在一定的范围内其发展变化不受或少受条件变化或途径经历的影响，坚持表现出某种趋向预先确定的状态的特性。系统的目的性是组织系统发展变化时表现出来的一个鲜明的特点。目的性是一个古老的长期引起争论的概念。亚里士多德认为，事物的存在和变化有四种原因：质料因、形式因、动力因和目的因。其中，质料因是指事物由什么构成，形式因是指事物具有什么样的形式，动力因是指什么力量推动质料变成它的形式，目的因是指事物的形成是为了什么目的。

三、系统协同论

（一）协同论的概念

协同论（synergetics）亦称"协同学"或"协和学"，是20世纪70年代以来在多学科研究基础上逐渐形成和发展起来的一门新兴学科，是系统科学的重要的理论。其创立者是当时联邦德国斯图加特大学教授、著名物理学家哈肯（Hermann Haken）。1971年他提出协同的概念，1976年系统地论述了协同理论，发表了《协同学导论》，还著有《高等协同学》等。

协同论主要研究远离平衡态的开放系统在与外界有物质或能量交换的情况下，如何通过自己内部的协同作用，自发地出现时间、空间和功能上的有序结构。协同论以现代科学的最新成果——系统论、信息论、控制论、突变论等为基础，吸取了耗散结构理论的大量营养，采用统计学和动力学相结合的方法，通过对不同领域的分析，提出了多维相空间理论，建立了一整套的数学模型和处理方案，在微观到宏观的过渡上，描述了各种系统和现象中从无序到有序转变的共同规律。

协同论是研究不同事物共同特征及其协同机理的新兴学科，是一个得到飞速发展，并被广泛应用的综合性方法论。它着重探讨各种系统从无序变为有序时的相似性。协同论的创始人哈肯把这个学科称为"协同学"，一方面，是由于我们所研究的对象是许多子系统的联合作用，以产生宏观尺度上的结构和功能；另一方面，它又是由许多不同的学科进行合作，来发现自组织系统的一般原理。

（二）协同论的主要思想

协同论认为，千差万别的系统，尽管其属性不同，但在整个环境中，各个系统间存在着相互影响而又相互合作的关系。其中也包括通常的社会现象，如不同单位间的相互配合与协作，部门间关系的协调，企业间相互竞争的作用，以及系统中的相互干扰和制约等。

协同论指出，一方面，对于一种模型，随着参数、边界条件的不同以及涨落的作用，所得到的图样可能很不相同；但另一方面，对于一些很不相同的系统，却可以产生相同的图样。由此可以得出一个结论：形态发生过程的不同模型可以导致相同的图样。在每一种情况下，都可能存在生成同样图样的一大类模型。

协同论揭示了物态变化的普遍程式："旧结构不稳定性新结构"，即随机"力"和决定论性"力"之间的相互作用把系统从它们的旧状态驱动到新组态，并且确定应实现的那个新组态。由于协同论把它的研究领域扩展到许多学科，并且试图对似乎完全不同的学科之间增进"相互了解"和"相互促进"，这样，协同论就自然成为软科学研究的重要工具和方法。

协同论具有广阔的应用范围，它在物理学、化学、生物学、天文学、经济学、社会学、教育学以及管理科学等许多方面都取得了重要的应用成果。比如我们常常无法描述一个个体的命运，但却能够通过协同论去探求群体的"客观"性质。又如，针对合作效应和组织现象能够解决一些系统的复杂性问题，可以应用协同论去建立一个协调的组织系统以实现工作的目标。

此外，哈肯提出了"功能结构"的概念。认为功能和结构是互相依存的，当能流或物质流被切断的时候，所考虑的物理和化学系统要失去自己的结构；但是大多数生物系统的结构却能保持一个相当长的时间，这样生物系统颇像是把无耗散结构和耗散结构组合起来了。他还进一步提出，生物系统是有一定的"目的"的，所以把它看作"功能结构"更为合适。

自然，协同论的领域与许多学科有关，它的一些理论是建立在多学科联系的基础上的(如动力系统理论和统计物理学之间的联系)，因此，协同论的发展与许多学科的发展紧密相关，并且正在形成自己的跨学科框架。协同论还是一门很年轻的学科，尽管它已经取得许多重大应用研究成果，但是有时所应用的还只是一些定性的现象，处理方法也较粗糙。但毫无疑问，协同论的出现是现代系统思想的发展，它为我们处理复杂问题提供了新的思路。

第三节 定量与定性的研究方法

21世纪以来教育研究方法的长足发展，使各种方法层出不穷。综观教育研究的整个历程，我们可以发现，定量研究与定性研究是贯穿教育研究的两条主线。瑞典教育学家胡森早在20世纪初就提出了教育研究中存在两种主要的研究方法：一是模仿自然科学，强调适合于用数学工具来分析的、经验的、可定量化的研究，研究的目的在于确定因果关系，并作出解释；二是从人文科学推演而来的，所注重的是整体和定性的信息分析方法。这就是定性研究方法与定量研究方法。

通过对这两种研究方法进行比较，厘清这两种研究方法的区别与联系，以使我们能更深刻地了解这两种研究方法，准确地把握其各自的优势及局限性，从而促进高等教育研究向更深层次发展。

一、两种方法的意义

定量研究是对事物的量的方面的分析和研究，研究者事先建立假设并确定具有因果关系的各种变量，然后使用某些经过检测的工具对这些变量进行测量和分析，从而验证研究者预定的假设。而定性研究是对事物的质的方面的分析和研究，国外学术界一般认为："在自然环境中，使用实地体验、开放性访谈、参与性与非参与性观察、文献分析、个案调查等方法对社会现象进行深入细致和长期的研究；分析方式以归纳为主，在当时当地收集第一手资料，从当事人的视角理解他们行为的意义和他们对事物的看法，然后在这一基础上建立假设和理论，通过证伪法和相关检验等方法对研究结果进行检验；研究者本人是主要的研究工具，其个人背景以及和被研究者之间的关系对研究过程和结果的影响必须加以考虑；研究过程是研究结果中一个必不可少的部分，必须详细记载和报道。"定量研究与定性研究尽管各有自己的研究方法和步骤，但它们不是对立的，而是相互联系和补充的。这两种方法并存，有着重要的理论和实践意义。

1. 提供了两种哲学的思考方式

定量研究与定性研究的哲学基础源于辩证唯物主义的质与量统一理论。辩证唯物主义告诉我们，在现实世界中不存在无质的量，也不存在无量的质，质与量紧密结合构成了完整的事物。我们对事物的质进行研究的同时，也必须重视对事物的量的研究。在教育科学研究中，定量研究与定性研究是两种哲学意义上的思考方式，只有把二者结合起来才能较为完整地研究教育现象。

2. 丰富了教育研究的操作方法

定量研究与定性研究各有自己的方法论体系。定量研究与演绎法更为接近，是从一般的情景中推广到特殊的情景中，属于定量研究范畴的方法包括实验法、准实验法、调查法、文献法等；定性研究基于描述性分析，本质是一个归纳过程，即从特殊的情景中得出一般的结论，属于定性研究范畴的方法有文学法、历史法、比较研究法和人类学方法等。

3. 为现代教育技术的发展奠定方法论基础

以微电子技术和计算机技术为基础，以信息处理为核心的现代教育技术的兴起与迅速发展，在很大程度上是定量研究与定性研究相互补充和相互渗透的结果。定量研究与定性研究为现代教育技术奠定方法论基础，同时现代教育技术又为二者的结合提供技术条件和基础。

4. 有利于促进现代教育研究中科学技术与人文精神的结合

定量研究源于经验主义和实证主义，重视事实，讲求科学范式、科学方法和科学精神；定性研究源于人本主义和结构主义，重视人性，注重人文精神和人文关怀。只有把二者有机地结合起来，我们的教育研究才既能体现科学精神，又能重视人文关怀。

二、两种方法的比较

1. 理论基础不同

定性研究与定量研究理论基础不同。定量研究的理论基础是西方哲学史上发展了一百多年的实证主义哲学。实证主义源于经验主义哲学，它的主要观点是：主体和客体是相互孤立的实体，社会现象是客观存在的，不受主观价值因素的影响；事物内部和事物之间必然存在逻辑因果关系，定量研究就是要找到和确定、验证这些关系。实证主义在方法论上要求教育研究追随自然科学研究的模式，而定性研究则是解释主义科学方法论具体化的产物。解释主义源于象征互动主义和现象学，它的主要观点是：主体和客体不是截然分开的，主体对客体的认识实际上是在主体和客体的互动关系中，对客体的重新构建。人们看待事物的方式决定事物的性质，主客体的关系是一个互为主体、相互渗透的过程。定性研究就是了解对象的行为及其原因和意义。解释主义在方法论上要求教育研究者把自己作为主要的研究工具，深入到研究现场，再现当事人的视角。

2. 研究目的不同

定量研究的目的在于把握事物量的规定性，即通过具体的数学统计、运算和定量分析，揭示研究对象的数量关系，从量的关系上发现教育活动的本质联系及其发展变化的内在规律。定性研究的目的在于把握事物质的规定性，通过对研究对象进行广泛细致的研究，深刻地理解研究对象，进一步从当事人的角度描述问题，从而为相类情景的教育活动起到一种参照作用，定性研究不追求找到一个可以推广的普遍规律。

3. 适用范围不同

从哲学上讲，任何事物都存在量的方面，但每种事物的量的“显易”程度不同，能够量化的程度也不同。一般来说，物质现象的量比较“外显”，而精神现象的量“外显”不明显。在教育领域中，属于物质现象的，如教材与教学质量、学生的身体状况等，一般可以尝试定量研究法。而属于精神现象的，如学生的焦虑心理、教师的师德状况等，则可以尝试定性研究法。从方法特点上讲，由于定量研究不考虑研究者对研究过程和结果的影响，只对操作工具的科学性和规范性十分重视，适合对研究者不熟悉的以及较大样本的对象进行研究。定性研究由于充分考虑研究者对研究过程和结果的影响，要求客观地认识研究对象的心理状态和意义构建，分析有关观念意识方面的材料，探讨的是过程而不是结果，适合对研究者熟悉的以及小样本的对象进行研究。

4. 研究者与被研究者关系不同

在定量研究中，为了对教育现象进行客观公正的研究，强调研究者必须与研究完全分开，以避免偏见。而事实上，在教育研究者对教育现象进行定量研究之前，他所提出的研究问题、建立假设的理论基础及其对教育事实的抽取和分析，都隐含着他的价值倾向。所以，试图把研究者与研究分开是不可能的。研究者无法把教育现象与自然孤立起来，他是参与在教育情境之中的，无论是有意识的还是无意识的。定性研究注重从研究者本人内在的观点去了解他们所看到的世界。它强调在自然情境中作自然式探究，在自然的情境中收集现场发生的事件的资料，最主要的研究工具是研究者本人。他们在自然的情况下通过和参加者交谈，和被研究者作长期的接触，观看他们的日常生活，自然地、直接地接触被研究对象的内心世界，以期获得被研究者在自然情境中的第一手研究资料。

5. 研究操作形式不同

定量研究主要用观察、实验、调查、统计等方法研究教育现象，对研究的严密性、客观性、价值中立都提出了严格的要求，以求得到客观事实。定量研究通常采用数据的形式，对教育现象进行说明，通过演绎的方法来预见理论，然后通过收集资料和证据来评估或验证在研究之前预想的模型、假设或理论。

定量研究是基于一种称为“先在理论”的基础研究，这种理论以研究者的先验想法为开端，这是一个自上而下的过程。定性研究大多是采用参与观察和深度访谈而获得第一手资料，具体的方法主要有参与观察、行动研究、历史研究法、人类学分析方法。其中参与观察，是定性研究中经常用到的一种方法。参与观察的优势在于，不仅能观察到被观察者采取行动的原因、态度、努力程度、行动决策依据，通过参与，研究者还能获得一个特定研究情景的自身感受，因而能更全面地理解行动。然后通过对观察和访谈法等所获得的资料，采用归纳法，使其逐步由具体向抽象转化，以至形成理论。与定量研究相反，定性研究是基于“有根据的理论”为基础的。这种方式形成的理论，是从收集到的许多不同的证据之间相互联系中产生的，这是一个自下而上的过程。

6. 取得效果不同

定量研究分析的对象是具有数量关系的资料，包括数字、文字、图形或声音等，主要是运用数学分析的方法，对大量的可能是杂乱无章的数据进行算术或逻辑运算，抽取并推导出对某些特定问题具有价值、有意义的数据，经过解释并赋予一定意义，成为教育研究的重要结论。所以定量研究的结果是将文字的、非定量的信息转化为定量的数据，常常通过统计检验来解释和鉴别研究的结果，从局部去推断总体的情况。与定量研究效果不同，定性研究关注事物发展过程以及相互关系，主要是立足从哲学、心理学、伦理学、历史学、社会学、经济学、政治学、人类学和语言学等层次上探讨，从而整体地、发展地、反思地、综合地把握研究对象质的特征，因此定性研究注重全面性地把握信息，揭示信息之间的逻辑关系，往往取得对研究对象的整体分析，获得对研究对象的完整透视。

三、定性与定量相结合

教育活动属于人类实践的领域，实践是人类教育产生和发展的源泉，人类的生活是由个体丰富而又独特的不同经验和多种因素交织在一起而呈现的一种复杂的人文现象。教育是这种复杂的社会人文现象的一个部分，既包含着客观事实，又包含有人文价值和意义。以自然科学所特有的方法来把握教育，使对教育活动的描述达到数学化和精确化，无疑是把教育活动等同于自然的物质现象，把人的实践方式等同于自然的物理的运动方式，而无法把握教育这种人文现象的独特性。因此，用定量研究方法来研究教育，局限性是显而易见的，在对许多问题的研究中时常无用武之地，并且因为囿于教育浅层次的现象，而对深层次的理论问题一筹莫展，用数据等资料是难以揭示教育活动内在的交互作用关系的。并且由于教育现象是多层次的、复杂的，当人们力求做到客观、精确而从某一角度对它进行有限的研究，必然带有某种主观性，不可能是纯客观的。值得注意的是，定性研究是在对定量研究的反思与批判中成长起来的。运用定性研究方法，一方面有利于从整体上把握教育活动；另一方面有利于对教育现象作比较全面和正确的认识。但定性研究的局限性也是显而易见的：首先，定性研究对研究者的要求过高，不是一般的研究人员所能达到的；其次，定性研究的主观性也的确存在，研究者的参与会导致角色和情感冲突也是一个应该考虑的因素；最后，定性研究必须经历一个相当长的时间，而且需要大量的资金投入。因此，在教育研究领域中单独使用定量研究和定性研究，都无法解释或回答所有的问题。不同的研究方法是互为补充的、互相支持的。定量研究与定性研究只是从不同的侧面，用不同的方法对同一事物进行的研究。“定性研究为定量研究提供框架，而定量研究又为进一步的定性研究创造条件”。整合定量研究与定性研究，有以下几个途径可以思考：

1. 有利于对高等教育进行系统的研究

首先，辩证唯物主义是定量研究与定性研究相结合的哲学基础。辩证唯物主义告诉我们，客观存在的一切事物都是质与量的统一体；通过对事物质的研究，掌握事物与事物之间的内在规定性，而通过研究事物的量，来掌握事物存在和发展的规模、程度、速度及其他方面可以用数量方式来表示的规定性。教育研究中不仅存在质的研究即定性研究，也存在量的研究即定量研究，要想全面准确、系统深刻地揭示、掌握和沿用教育规律，提高教育的科学化水平，这两方面的研究都不容忽视。

其次，系统科学为定性研究和定量研究相结合提供了理论依据和方法论基础。系统整体功能等于每个孤立部分功能的总和，这是系统科学的基本原理和宗旨。其原理在方法论上强调从系统观点出发，着眼于整体，统筹全局，把研究对象放于系统之中综合地考察。所以系统方法本身就是定量与定性兼备的方法。系统科学对教育科学最重要的一点启示就是，在教育科学研究中，对教育教学过程既要进行质的研究，又要进行量的研究，把定性研究和定量研究结合起来。

2. 能够实现优势互补

对于定量研究与定性研究如何整合，学术界有着不同的观点：有的把二者看成并列的互补关系，提倡对教育研究进行多元化研究，分别解释教育教学现象的不同本体层面；有的把二者看作是交叉关系，主张价值取向的研究要渗透科学分析实证的精神，科学研究中也要贯穿价值指导原则；也有人把二者看作是包容关系，应当把价值取向的研究包括进科学研究中去，是科学研究成为兼容事实描述与价值规范的综合体。借鉴上述观点，研究表明，综合运用定量研究与定性研究的整合研究模式，不是通过二者研究性质的同化来实现的，而是在严格限制各自适用的本体层面基础上，充分加强各自的研究个性和特色，形成巨大的张力，为实现二者的平等对话创造条件，使事实研究与价值评判真正地处于动态的相互作用之中，真正做到定量研究与定性研究各自优势互补。

3. 能够实现现代教育技术

在科学技术的高度发展对教育所产生的影响日益广泛和深刻的情况下，教育技术获得了突飞猛进的发展。现代教育技术的发展和广泛应用，在其方法论基础上源于定量研究与定性研究的整合。如果没有高效准确的电子计算机，大量的浩繁复杂的数据和资料就得不到科学的处理和应用，教育科学研究就难以达到精确可靠的程度。随着软件系统的开发，SAS 和 SPSS 等软件包在教育科学研究领域被广泛应用，这些新技术的出现和应用，使定量研究和定性研究的整合有了新的进展。对计算机处理定性资料的软件的研制和开发，从而创造系列的新技术，为教育科学研究中定量研究和定性研究相结合提供了一条新的途径。所以，我们应该克服那种非此即彼的做法，把定性研究与定量研究结合起来，互相取长补短，使教育研究方法从对立走向统一与多元，这应该成为我们进行教育研究必须遵循的基本原则，也是教育教学研究方法发展的方向。

第四节 公安高等教育系统

一、公安高等教育系统的基本结构

高等教育一出现便形成教师群体和学生群体，他们为着相对一致的目标，按一些专门的学科领域聚集在一起，于是就形成了一个特殊的系统即高等教育系统。就这个系统来说，由于系统要素之间、要素与系统以及系统与其外部环境之间将不可避免地出现认识、感情和利益的矛盾和冲突，因此，为了这个系统的稳定、和谐、发展，协调即管理也就成为必然要求。薛天祥在《高等教育管理学》一书中指出："高等教育系统主要分为行政系统和实施系统；每个系统的管理都可能由特定的若干个组织来进行，以实现其特定的功能。"在高等教育系统研究中，无论是国内还是国外的学者都强调高等教育系统具有统一的特性，是一种有机整体，它们的内容丰富，在组织和管理上都是按照一定的功能和目的进行的，是一个既有结构又具特定功能的整体。

根据不同的研究角度，公安高等教育系统有许多的划分形式，如果从教育形式上来研究，公安高等教育系统是由全日制公安高等教育、公安成人高等教育、岗前警务技能教育、职业技能终身教育四个子系统组成的（如图 2－1 所示）。

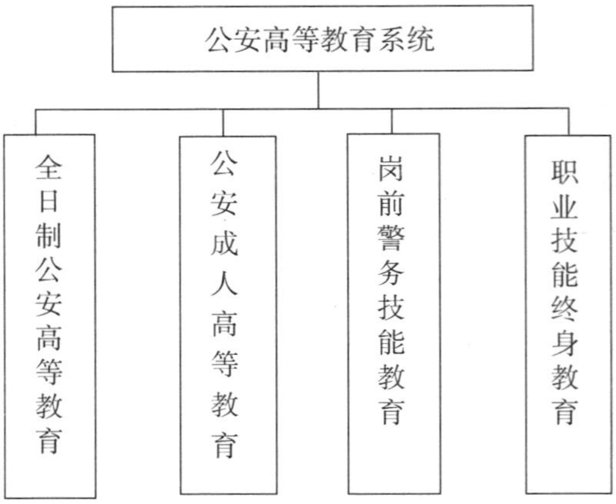

图 2－1　公安高等教育系统的构成

公安高等教育系统是上述四个子系统相互适应与相互作用的结果。在公安高等教育系统中，全日制公安高等教育处于主导地位，这种主导地位是建立在与公安教育资源和社会需求相互适应和协调发展基础上的。教育资源的系统优化，对公安人才培养以及对社会的贡献起基础性的决定作用。这里的社会贡献是指，受过公安高等教育的人民警察在警务工作和社会治理中所发挥的作用。当然，公安成人高等教育、岗前警务技能教育和职业技能终身教育这三个子系统是公安高等教育不可缺少的，它与全日制公安高等教育相互影响，对发挥高等教育的社会功能起到重要的促进作用。

不论从哪个公安高等教育子系统来讲，人才培养都是目标，知识创新都是公安高等教育发展的动力。同时，高投入、高效益的公安高等教育必须以公安科学技术的不断进步为前提条件。即在这个统一体中，是以公安教育资源的系统优化为前提，人才培养为主导，科技进步为动力，社会治理功能实现为目的的四个子系统的高度统一与协调发展。

另外，这些系统与子系统之间是关联互动而不可分割的。如果公安人才培养系统离开公安教育资源的依托，培养质量和数量都将下降；如果离开人才培养的支撑，会不同程度地影响现实警务工作和社会治理的效果。同样，公安教育资源系统离开高质量的人才培养和可信的社会治理功能实现，公安教育资源也将不能体现自身的价值；没有警务知识系统就没有其他系统的协调发展。

公安高等教育系统作为一个以公安教育、科研、资源等组成的复合系统，还可以看成是一个包含社会治理因素、经济因素和公安活动的有目的的人工系统。基于本书的研究角度，可以认为公安高等教育系统是一个由公安人才培养、警务知识创新、警务工作服务和社会治理功能实现等各子系统组成，各子系统又由更低级的子系统组成的多因素、多层次的复杂系统，系统的基本组成如图 2 –2 所示。

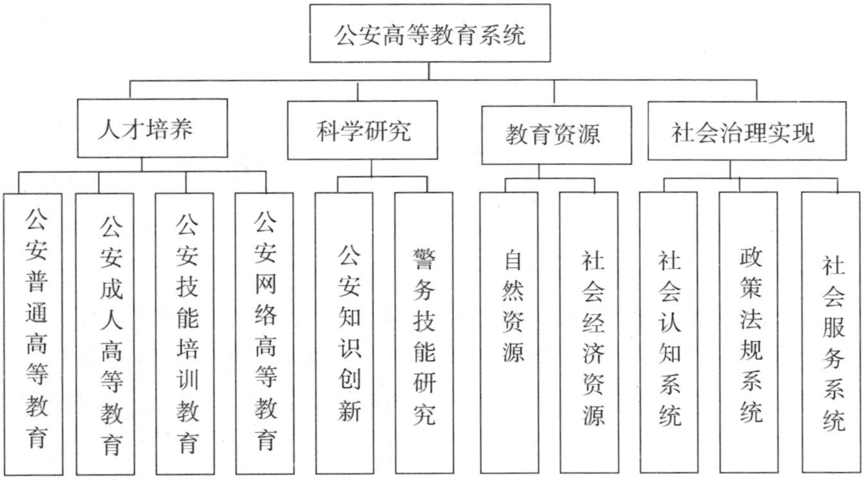

图 2 –2　系统的相互作用关系

二、公安高等教育系统的目标

公安高等教育系统的概念有着丰富的内涵，它体现了公安人才培养数量的增长和质量的提高、公安科技进步、公安教育资源的有效利用和在社会治理中的作用等等，因此公安高等教育系统具有多个子目标。系统的总目标不是多个子目标的简单相加，而是由多个子系统目标的相互交织和重叠在一起的部分，因此它是各个子系统相互协调的综合反映。系统的目标体系如图 2 –3 所示。

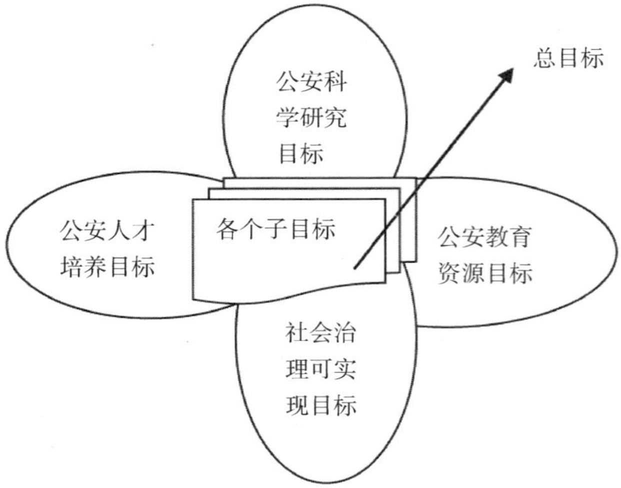

图 2－3　公安高等教育系统的目标体系

三、公安高等教育系统的基本特征

(1)整体性。公安高等教育的发展研究涉及区域经济、社会、文化、科学技术与环境等因素的发展关系以及它们在时序上的变化。公安高等教育的系统思想所强调的就是这种因素或子系统所构成的整体性观念。系统的整体性主要体现在发展因素的不可缺一性。作为一个完备的公安高等教育系统，它包括了人才培养数量的协调增长、公安教育资源合理利用，以及教育环境的有效保护，这些构成了公安高等教育系统的重要基础。这些各具功能的因素只有融合在一起，才能构成公安高等教育发展的整体能力。另外，整体功能作用的非加和性是一个重要的特性。从实质看，整体性是指系统具有各要素所没有的新的性质和功能。因此，整体的功能也就不是各部分功能的简单相加，而是呈现出系统非加和性。基于整体与部分在功能上的非加和性，那么就有可能根据持续发展系统的持续性目标，力求获得最佳的整体效应，即通过提高系统要素的基质和系统整体的组织化程度，使得整体的功能大于它的部分之和。

(2)相关协调性：系统的整体性原则必须通过相关协调性原则而具体化，而系统的相关性又是多变量、多层次和多向性联系。公安高等教育持续发展的相关协调性主要是指系统内部要素之间、要素与系统之间以及系统与环境之间的相互作用与三级体系的同时协调。从要素的相互作用看，人才培养、科学研究、公安教育资源与社会治理可实现等要素在持续发展这个复合系统中不是平行、孤立地起作用，而是存在相互制约又相互促进的动态依存关系。

(3)复杂性。复杂性体现在子系统具有多层次、多目标、强耦合作用的复杂结构。从系统的组成要素看，系统由多个子系统构成，各子系统又分别由一系列次级子系统组成，构成了系统组成要素的复杂性。从系统组成要素的相互作用和关系看，系统内部各级子系统之间以及系统与外部环境之间存在着复杂的非线性作用和随机性，这种变量之间的强耦合作用，使系统内部形成了某种内在的结构，从而使系统具有随机性、自组织性及信息不完备等复杂的系统演化现象。从系统的目标看，系统本身是多目标系统，它不但是多目标的简单相加，而且是多个目标相互交织、协调的综合反映。

(4)动态性和开放性。高等教育系统不可能是一个孤立的封闭系统，它是一个开放系统，它存在于环境之中，与外界环境存在着千丝万缕的联系，时时与系统外的其他系统进行着物质、能量和信息的交换，从而使系统由无序走向有序，由低级走向高级；同样其子系统之间、子系统内部各要素之间也是处于不断运动变化之中的。

(5)可调控性。由于有人的活动参与，高等教育系统优化过程实质上是一个自组织/组织合作的过程，可以通过决策来选择不同的发展模式对公安高等教育系统发展过程进行控制。

第三章

高等教育创新研究

第一节 高等教育创新的意义与作用

在探讨高等教育如何创新的问题时，从高等教育研究如何解决现实问题的角度出发，研究者大多都有一个基本相同的认识，也就是无论基础教育研究还是高等教育研究，要创新就要解决现实中的问题，但高等教育研究与基础教育研究活动相比，在解决问题方面虽然有很多共同之处，但也有不少特殊的地方。这种特殊性主要表现在两个方面。

一是在宏观方面，高等教育研究在解决问题时更多、更直接地涉及社会、经济、科技、政治、文化方面的研究内容，以解决高等教育与社会其他系统之间的关系问题，因此需要更多地与社会接触。

二是在微观方面，高等学校内部的教学、科研和社会服务等活动的研究，在复杂性上比基础教育研究要大得多。这些特殊情况使得高等教育研究比起基础教育研究来说，在进行微观的教育研究的过程中，对教育实践的影响力要小得多，进行高等教育实践和高等教育改革的难度也大得多。因此，高等教育研究必须要关注在实践第一线的领导者和广大教职员工，使他们不仅参与到改革的实践中来，也同时参与到高等教育研究活动中来，从而实现高等教育实践的创新。

实践也证明，忽视实践者的创新潜力，无论对于高等教育的改革实践还是对于高等教育理论研究来说都是不利的。从某种意义上讲，高等教育研究的创新，只有在高等教育实践参与者的创新实现之后，才能够真正实现。那么，什么是高等教育创新的思想基础呢？实际上，对于高等教育研究来说，还有一个研究思想转变的过程。从实践的视角来看，研究思想的转变，就是要实现“两个关注的结合”，即关注实际问题的理论研究和理论建设的实际问题研究的相互交叉与结合是高等教育研究创新的思想基础。所谓关注实际问题的理论研究，就是在进行任何一项理论研究的时候，要树立起解决实际问题并付诸实践的意识。其中也包括如何调动实践参与者的创造性。

在这里，理论研究在实践上的具体化和可操作性是衡量这项研究是否具有真正创新意义的主要标准。同时，所谓关注理论建设的实际问题研究，就是在进行一项实际问题研究的时候，要树立起解决理论问题、从实践中进行理论抽象及理论建设的意识。就是说，问题系统的建立是一个重要的前提。只有当研究者将实际问题之间的关系或关联搞清，才能逐步将理论建立起来。因此，上述两种意识的相互交叉和结合，既是实现高等教育研究创新的思想基础，也是研究者与实践者之间进行沟通和合作的思想基础。

总之，在实际的教育活动中，教育者不仅需要理论理性，并且需要实践理性，不仅需要建构理论，还需要应用抽象原理和规则，而且需要知道如何决策，如何行动，需要实践智慧。如果只追求抽象的原理和规则，只追求理论理性，势必造成理性的单一性，造成研究者自身的实践智慧的丧失。因此，强调教育研究中的实践理性，强调实践者的参与，正是对人性的尊重。教育研究不仅在于描述教育，更为重要的是创新教育。

第二节　高等教育创新系统的构建①

一、创新与创新系统的认识

高等教育只有创新才能得到发展，创新是重构规则体系，从而使行为选择处于动态和不确定的状态。因此，对高等教育来说，创新是为了教育功能的增长、创新立足于行为改变、创新有利于系统发展。从中可反映出，创新具有目的性、过程性、动态性和可实现性，这些是任何一个系统存在与发展所必须具有的特性，这就表明创新具有系统性。创新过程是在它所构成的系统中实现的，即建立一个完善的高等教育创新系统是高等教育研究的一个重要课题。虽然熊彼特从经济学的角度建立了创新理论，但是并没有对创新的实质进行深入的研究，该理论强调了对生产要素的重新组合，从而建立一个新的生产函数。但是，

---

① 何平：《可实现性创新系统理论与实践研究》，《辽宁师范大学学报（自然科学版）》，2009 年第 1 期。

如何构建新的生产函数，新生产函数的不同选择，反映出不同的创新水平，同时也会产生新的竞争机制，如何确定评价它们的判据，则是创新理论需要解决的问题。基于这些出发点，如下运用系统理论与方法，对可实现性创新系统进行研究。

创新的概念学术界公认来源于熊彼特的创新理论(Innovation Theory)，它有别于“创造”(Creation)和“发明”(Invention)。当前，国际社会对于“创新”的定义比较权威的有两个：一是2000年联合国经合组织(OECD)在《学习型经济中的城市与区域发展》报告中提出的：“创新的含义比发明创造更为深刻，它必须考虑在经济上的运用，实现其潜在的经济价值。只有当发明创造引入到经济领域，它才成为创新”；二是2004年美国国家竞争力委员会向政府提交的《创新美国》计划中提出的：“创新是把感悟和技术转化为能够创造新的市值、驱动经济增长和提高生活标准的新的产品、新的过程与方法和新的服务。”这就确认了“创新”在社会经济发展中极其重要的地位和作用。因此，可以认为创新实际上是个过程，是实现创造发明潜在的经济和社会价值的过程。虽然以上两种创新定义主要是强调了经济意义，但它反映了一个共同的特点，即创新内容的可实现性。这样，我们就可从理性的角度给出教育创新的定义。所谓教育创新是教育新模式的可实现性，即：教育创新 = 新模式 + 可实现性。

从以上教育创新的概念可以看出，创新是由新模式和可实现性两者共同决定的，单就一方面代表不了创新。同时，在新模式的条件下，可实现性的程度表明了创新水平。如图3－1给出的创新过程图。

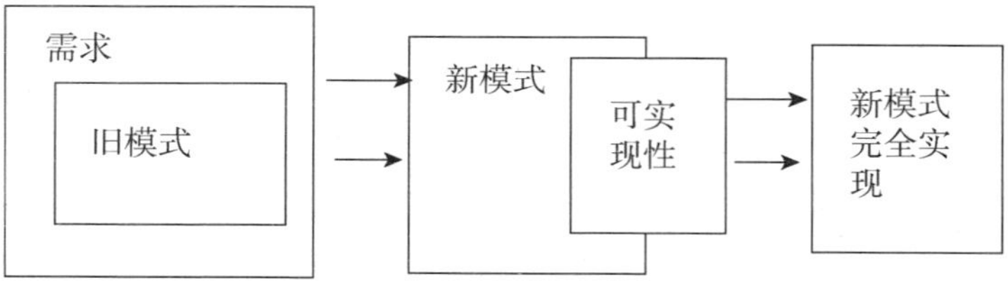

图3－1 创新过程图

所谓创新过程，是基于需求条件下的新模式从开始实现到完全实现的动态、不确定的过程。因此，在这种意义下的创新具有更广泛的意义。因此可将创新概念表述为：

INNOVATION = NEWNESS + SOCIALVALUE(创新 = 新模式 + 社会价值)，
它可看成教育创新在社会功能实现上的意义。

创新系统的提出最早来自国家创新系统的概念和理论。20世纪80年代，人们越来越认识到创新是一个多主体、多机构参与的系统行为，所以，国家创新系统建设成为各国普遍关注的重要问题。由于创新的系统性，以及创新系统的复杂性，也使人们越来越注意从社会、政治、科技和文化的角度来理解企业、企业之外的其他机构在创新系统中的行为和作用，这是非常必要的。但如果把企业之外的不同机构或者不同社会角色在创新系统中的作用孤立起来，特别是撇开与企业创新活动的联系，就往往容易把创新这个概念单纯理解为"创造新东西"。也就是说，不同主体之间的协同互动对于提高国家整体创新能力具有非常重要的意义，这充分反映出创新的系统思想。

例如，比较有代表意义的创新系统理论是"三螺旋"理论。所谓"三螺旋"，就是官、产、学三方的关系和互动。从这个角度去看待创新，我们有可能找到"创新"概念在广义与狭义上的共识。"官"指的是体制，"产"是指企业，"学"是指科研院所和高校。从三螺旋结构上解释，体制应该推动企业和科研单位的创新，科研单位为企业提供技术支持，高校为企业和科研单位输送人才，企业的利润反过来从经济上对科研部门和高校提供支持。创新，实际上就是在这样一个良性互动的系统中完成的。如图 3－2 所示：

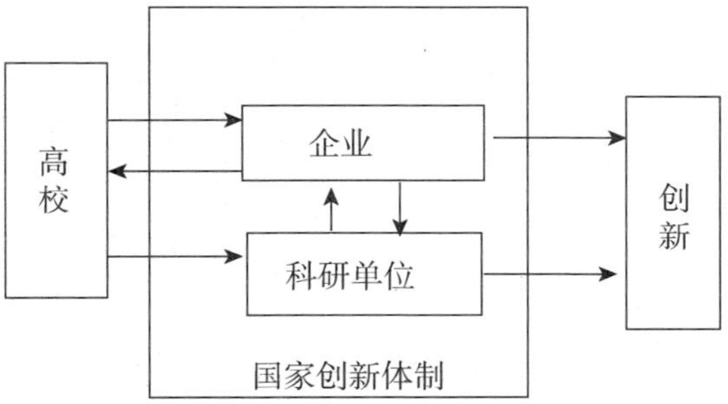

图 3－2 基于"三螺旋"的创新系统

以上创新系统是从宏观的角度讨论创新系统的意义，强调的是国家创新系统运行机制。我们知道，创新是一个过程，根据熊彼特的理论，创新是一个从新思想的产生到产品设计、试制、生产、营销和市场化的一系列行动。如果创新过程是在这些生产要素的相互协作中完成的，那么，可以认为这一系列行动构成了一个产品创新系统，即企业创新系统。另外，从创新概念的本身也能体现出系统性。因此，要从创新的本质上建立创新系统的理论。

二、高等教育创新系统的特性

我们从系统理论的角度给出高等教育创新系统的理性定义。若干高等教育要素的学习、相互协同、重组，为实现新模式所构成的整体称为创新系统。不论是什么样的创新系统，它的目的都是在新模式条件下，通过系统中要素的学习、协作，实现所需要的创新目标函数。并且，一个创新系统必须具有一定的功能才能实现所期望的创新目标。根据高等教育创新系统的定义，可归纳成如下几方面：

（1）目的性。目的性来自实际创新的需要，它表明为什么要创新，通过新模式可以带来新的认识、新的行为和新的运行方式。并且，目的是有限的，而由目的确定的创新系统目标函数满足动态的约束条件。

（2）协同性。一个创新系统要实现创新目的，系统中各要素的有效协同是非常重要的。也就是说，要对创新系统中各要素间的关系具有充分的认识，并且能够对各要素在不同的协同条件下，掌握创新系统的行为特征。

（3）学习性。国际社会在研究创新时始终把学习与创新密不可分地联系在一起，谈创新必谈学习，谈学习也必谈创新。创新的核心是知识创新，知识创新贯穿创新的全过程，又是创新的终极结果。知识创新本质上就是获取和创造新知识，创新过程本质上就是学习的过程，所以，学习性功能贯穿了创新系统的全过程。

（4）可拓性。创新系统的可拓性包括发散性、相关性、蕴含性和可扩性。从系统的角度来看，发散性是对外的可能性，相关性是平行开拓的可能性，蕴含性是向不同层次开拓的可能性，可扩性是组合与分解的可能性。

（5）共轭性。创新系统的共轭性反映了创新结构的特征。系统论对系统对象的组成部分以及各部分的关系作了详尽的研究。创新系统的共轭分析是从系统性的角度分析创新事物的软部和硬部，从物质性角度分析事物的虚部和实部，从动态性的角度分析事物的潜部与显部，从对立性角度分析事物的负部与正部，因此，创新系统的共轭性是从不同的角度研究事物内部创新的可能性。

（6）实效性。创新系统的实效性具有两个方面的含义：一个是时间与空间的有效性问题，一个是实际与效用的问题，它们也是有待于研究的课题。

一个高等教育创新系统是在一定的时－空条件下运行的，针对不同创新问题所建立的创新系统，具有不同的时－空要求。另外，创新来自实际需要，需要是有限的，这就提出了有限创新问题，它反映出创新系统的控制特点，它在科技创新与产品创新问题中很有研究价值。同时，创新系统要体现效用，如果一个创新系统在实际运行中达不到所期望的效用，那么，这个创新系统就不会实现创新的目的。关于创新系统的每一个功能都是一个值得研究的问题，可以根据不同的创新问题来作相应的研究。

例如，人才培养模式创新可以确定一个地区或国家的人才结构，同时，可以决定高等教育的竞争力水平，因此，各个国家将人才培养创新放在一个极为重要的位置。所以，必须建立优化的人才培养创新系统，才能真正实现所需要的人才创新。一个人才培养创新系统是一个复杂的、多层次的、相互关联的系统，不同的人才培养创新系统，它的五个功能具有不同的特点，并且有效地运用这些系统功能，去完成人才培养的创新任务。另外，“三螺旋”理论也是在这样一个创新系统的框架下实现的。

三、可实现性高等教育创新系统

实际上，高等教育创新系统是一个总系统，它是由三个子系统构成的，即创新需求系统、创新过程系统和创新实现系统。如图 3－3 所示：

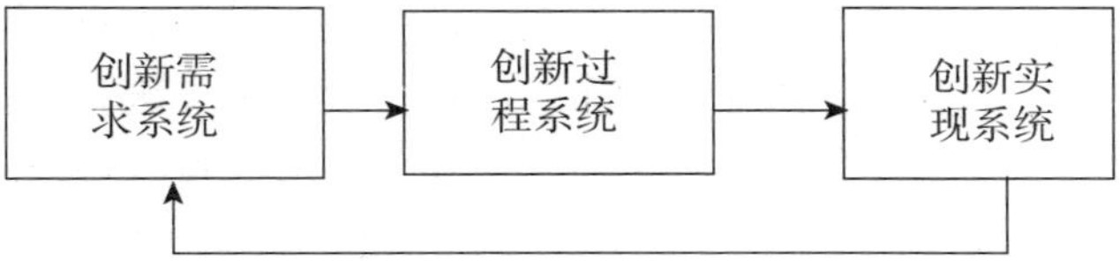

图 3－3　创新系统结构

1. 基于非优范畴的有限创新

系统非优理论研究表明，“几乎所有的问题领域都处于非优范畴中，而所谓的优范畴只存在于一定的时间和空间条件下。人们处理问题的出发点是：跳出非优范畴进入优范畴，因为，只有在优范畴中才能实现优化，当问题无法从非优范畴进入优范畴时，从而产生了对问题的创新需求，即创新能形成新的优范畴。”①

来自创新问题所在的系统称为创新需求系统，记为 $S_D(I)$。$S_D(I)$ 是由创新的属性、创新的条件和创新的目标构成的系统，即 $S_D(I)=\{I_A,\ I_C,\ I_P\}$，其中 $I_P=f(I_A、I_C)$。实际上，创新属性 I_A 表示了创新的内容，例如，产品创新、技术创新、管理创新、资源创新和市场创新等。因此，创新属性的选择是创新需求系统的系统行为，它表明了创新选择能力。

创新属性的选择决定了原属性是否从非优到优，同时，在不同创新条件（或创新要素）下的创新属性所建立的创新目标是不同的，创新要素指标反映了基础创新能力。例如，创新人员、创新技术和创新投入资本等。

① 何平．系统非优分析理论及方法［J］．中国工程科学，2003（5）：40－46.

由于问题的创新条件和目标决定于所在的创新需求系统 $S_R(I)$，人们往往对所面临问题的 $S_R(I)$ 的系统行为、功能和环境的认识是有限的，因此，$S_R(I)$ 所确定的创新为有限创新。例如，根据熊彼特的创新理论，不同的企业性质和规模，在其生产要素重组后所建立的新的生产函数是不同的，新的生产函数代表了企业新的经济运行模式，也可以称作企业经济创新函数（简称创新函数）。如下给出有限创新的系统描述：

若 $S_D(I)=\{I_A,I_C,I_P\}$，具有创新要素集 $I_C=\{c_1, c_2, \cdots, c_k\}$，$c_i(i=1, \cdots, k)\in C$（要素集）对于任意一个 I_A，存在着不同的要素组合 I_C^*（I_C^* 是 I_C 的子集），满足：I_O：$(I_A, I_C^*)\rightarrow f(I_A, I_C^*)$。则 I_O 称为 $S_D(I)$ 上的有限创新，(I_A, I_C^*) 为任意一种新模式，$f(I_A, I_C^*)$ 为创新需求目标函数。

2. 创新系统的超循环特征

通过创新总系统的基本框架可以发现，人类的创新行为是一种超循环过程，这种超循环起点是创新需求系统，中间经历了一个创新过程，并且创新的属性决定了创新过程系统的行为，终点是创新实现系统，创新实现经历了一个生命周期后，会产生新的需求系统，当然这个新的需求系统决定了新的起点。

例如，人才培养创新系统具有一定的周期 T，这样一个国家人才培养创新系统就是一个超循环系统。即

$$S_D^C(I)=\{S_D(I_1),T_1\},\{S_D(I_2),T_2\},\cdots,\{S_D(I_i),T_i\},\cdots,\{S_D(I_n),T_n\}$$

如图 3－4 所示：

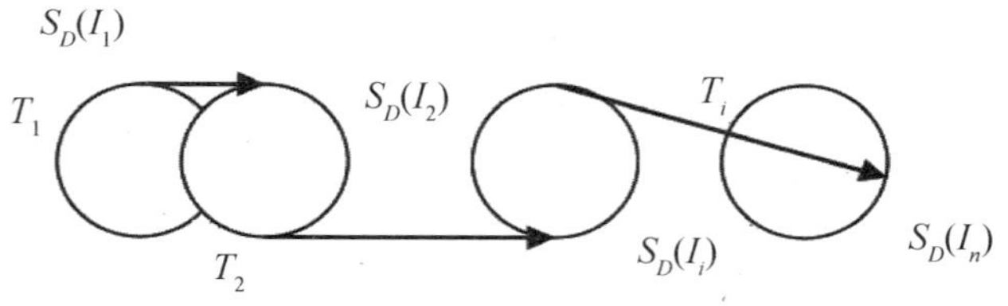

图 3－4　创新超循环系统结构

一个国家人才培养创新系统是通过初始人才需求创新，到当前人才需求创新的时间与人才需求序列的评价，得出人才需求创新能力。同时，当确定了一个创新超循环 $i(i=1, 2, \cdots, n)$ 时，就可以预测高等教育创新与经济增长的关系。

3. 基于不确定性的创新过程

一个创新系统实现的前提是创新属新的选择和创新函数的建立，但是核心是创新过程的有效控制。创新过程系统是一个具有不确定性和复杂性的系统，

所以创新过程系统是一个不确定性系统。而不确定性会造成创新过程的风险，所以，对创新过程的不确定性分析是一个有价值的研究课题。并且，对不确定性的识别与运用能力是创新过程能力的体现，这种能力可以用一种不确定性指数来表示。

如何评价这种不确定性，研究的方法是确定一个评价尺度。在所建立的创新行为框架中反复重现不确定到确定的过程，就可得到不确定问题的定位。也就是说，补充什么条件，增加什么功能，能达到一个完全的确定状态，在此确定状态下，要实现未来假定的创新目标，不确定问题是什么，与当前确定状态的构成比较，就能找到解决不确定问题的方法。如果任何一个系统具有这样的功能，它就能在稳定中得到发展，此思想方法称反演定位原则。

反演定位的含义是，在所经历的创新过程中，创新的时间效率和市场空间位置上，应具备的两个时序能力，一是在一定的时间序列上，基于确定性条件下的不确定性发现能力，二是在一定的时间序列上，基于不确定性条件下的确定性利用能力。从不确定系统分析的角度，在创新过程中存在着四种不确定性，即随机性、模糊性、灰色性和未确知性。对于不同问题的创新，以及出现不确定的环境与条件，其不确定性的性质是不同的，这可以根据实际采用相应的研究方法来处理。

例如，高等教育创新过程中，对人的行为评价方面的不确定性可以采用模糊评价方法；在教学方法创新中，不确定性基本上体现在教与学的随机过程中，所以，可以采用概率的研究方法；在课程内容的创新方面，往往对教学内容的信息掌握是灰色的，所以可以采用灰色系统分析方法；在人才培养的就业可实现方面，由于涉及主观不确定性问题，所以，可以采用未确知不确定分析方法。值得关注的是，未确知不确定研究方法在高等教育创新过程系统分析中具有重要的作用，因为创新的过程结果是未知的，有时对创新过程中所需要的选择和评价是主观的，并且是具有一定的可信程度的，所以，需要得出所需要的创新盲数，这是未确知数理论所研究的问题。

不论是哪一方面的不确定性问题，它都可以用来研究与分析创新过程的风险问题。我们知道，创新过程存在着风险，创新过程能够完成的一个关键环节是风险的识别与控制，尽管在风险识别研究方面，已经取得了较深入的研究成果，但是，真正在实际中得到应用，并发挥较大作用的创新风险识别与控制，还是未能得到解决。

四、可实现性创新评价

我们知道，创新的本质在于实现新模式。如果一项发明与创造没有得到实现，那么就不能叫作创新。不论是国家创新系统还是企业创新系统，创新的目标都是实现推动社会发展和经济增长。例如，北大方正汉字排版系统形成了中国汉字排版印刷领域的产业化，不论是排版系统技术创新的经济增长，还是以电子排版系统取代传统铅字排版得到的经济增长，都体现出完全可实现性，因此，这项技术创新达到了完全可实现性创新。

创新实现的过程是在它所应有的创新可实现系统中完成的，创新可实现系统的运行机理决定了创新的实现程度。所谓创新实现程度是在一定的时间条件下创新的目标的实现程度。创新可实现程度(以下简称创新度)是创新实现系统完成的实际目标，这里的实际创新目标是在一定的时间和创新实现领域条件下的。因为，创新实现系统是建立在有限的时间、领域和创新度三维空间上的。即 $S_R(I)=\{t, f_R, L_I\}$，如图 3－5 所示：

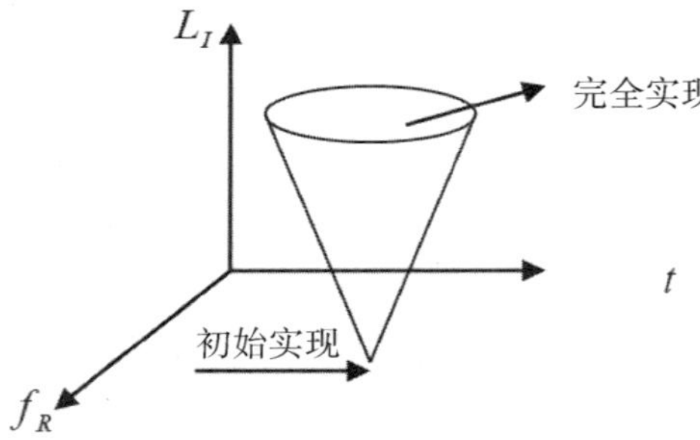

图 3－5　可实现高等教育创新系统运行空间

其中 $S_R(I)$ 为可实现创新系统；t 为创新可实现的时间；f_R 为可实现的领域；L_I 为创新度。如图 3－5 所示，创新度随着可实现时间和领域增长而增长，并且 t 和 f_R 是同步的。另外，创新度和创新贡献度是两个不同的概念。创新贡献度是一定创新投入的创新度。即：创新贡献度 = 创新度/创新投入。

从创新贡献度可以看出创新对经济增长的影响。因此，高等教育创新系统是一个从创新需求经过创新过程到创新实现的过程。

前面给出了可实现高等教育创新系统理论研究的基本框架，在国家高等教育创新系统或区域高等教育创新系统的建设与研究中有着较重要的实践意义。创新系统的研究目的是科学和客观地评价创新能力，从而有效地确定高等教育发展目标，促进经济增长。高等教育创新系统理论建立了创新实践的系统思想，因此，高等教育创新是一项系统工程。

第三节　高等教育理论创新

无论是高等教育发展还是高等教育学科发展，都需要高等教育理论有新的突破和创新。因此，高等教育理论创新，不仅有重大的现实意义，也具有十分重要的学科意义。高等教育理论创新有两种趋势：一是通过高等教育学科知识的不断分化，建立高等教育分支学科体系，从而实现高等教育理论创新；二是引入不同学科的理论和方法解决高等教育问题，并从中实现高等教育的理论创新。

一、高等教育理论创新的意义

高等教育作为一门独立的学科已经建立起了比较完整的学科体系，在理论研究方面已经取得了令人瞩目的研究成果，但其理论创新跟不上迅速发展的高等教育实践，这里所说的高等教育理论创新，是指在解决高等教育新问题的过程中不断抽象出新的系统化了的理性认识。由于高等教育与社会经济、政治、文化之间的关系出现了新的变化，原有的高等教育理论已不能适应新时代高等教育改革实践中产生的新问题。所以，要求高等教育在解决新问题的过程中提升理论品质，抽象出新的系统化的理性认识，即高等教育理论的不断创新，以有效地指导高等教育的改革实践。这也是世界范围内高等教育理论研究遇到的一个共同问题。

高等教育改革难以取得具有说服力的突破性进展，众多问题长期得不到解决，一个重要原因就是缺乏有效的高等教育理论指导，一些改革措施因为在设计中缺乏理论支持，在改革实践中往往会遇到一些难以克服的障碍，半途而废的情况时有发生，错误的改革做法也有出现。高等教育改革确实需要理论支持，缺乏理论指导的高等教育改革是十分盲目的。造成目前高等教育理论与实践脱节的一个重要原因是，高等教育研究在完善自身学科体系的同时，没有将学科体系涉及的内容同解决高等教育改革的现实问题很好结合起来，真正将理论与实践结合起来的理论创新研究成果还不多，高等教育研究还停留在较低层面，一般意义上的议论多，真正有指导作用的理论创新少。

二、高等教育理论创新的两种趋势

与许多学科一样，高等教育理论的发展主要有两种趋势：一是高等教育学科的不断分化。这是学科新知识积累到一定阶段后的必然要求。新知识的积累过程，必然是在解决高等教育问题过程中理论创新的过程。这种新知识积累到能够围绕着高等教育中某个特定现象进行理论创新，且其成果构成体系时，就形成了一门新的分支学科。二是学科的不断综合。这是在解决高等教育改革与发展遇到的现实问题中，需要使用不同学科的理论和方法，由此导致学科的交叉综合，为新知识的形成奠定了基础。这种新知识的形成，同样是在解决高等教育现象问题过程中进行理论创新的过程，不过在解决问题的方式上是不同的。这里是采用多学科的理论与方法，其知识的形成往往带有综合性。若新知识积累到构成理论体系时，一般表现为综合学科。这样两种趋势使得高等教育理论得到不断突破和发展。

高等教育理论创新研究以此为逻辑基础，通过高等教育学科知识的不断分化及引入不同学科的理论与方法解决高等教育问题，并从中实现高等教育理论创新。为此，创新研究主要集中在两个方面：

一是研究并建立高等教育的分支学科体系。高等教育越来越成为一个复杂的大系统，高等教育学科理论不进行新的分化，就难以深入研究探讨现实的复杂的改革问题。随着高等教育改革与发展遇到的问题越来越多、越来越复杂，需要更多、更加专门的知识指导高等教育改革，现实已经提出了学科分化发展的需要。

二是吸纳其他学科的知识，借鉴其他学科的理论和方法研究高等教育问题。高等教育理论就是在借鉴和引进其他已有的学科知识、理论和方法用于研究高等教育问题的过程中形成和发展起来的。在社会主义新时代，只有及时吸收不同学科研究的最新成果，用于解决高等教育问题、充实高等教育理论，才能实现高等教育学科的突破，这是高等教育理论创新的重要源泉。

第四章

公安高等教育与社会治理创新

如何通过公安高等教育改革与发展推动社会治理创新与优化，是公安高等教育社会发展研究中的热点问题。以此为出发点，本章从公安高等教育社会治理功能的可实现性研究角度，论述了我国公安高等教育与社会治理协同发展问题。首先，提出并论述了社会治理优化的公安高等教育决定论，得出公安高等教育的社会治理功能与它的科技功能一样是影响和决定经济增长与社会发展的关键要素。其次，提出并论述了社会治理优化的公安高等教育发展论，通过我国公安高等教育几个不同的发展阶段，分析了我国公安高等教育发展对社会治理的影响，得出公安高等教育的改革与发展在一定程度上决定了社会治理的现实需求。

第一节　公安高等教育与社会治理①

一、公安高等教育研究背景与意义

党的十八大报告提出，要在改善民生和创新管理中加强社会建设。……严格以人才需求和就业质量评价为依据，开展高等教育教学改革、学科专业结构调整。虽然报告在如何加强社会治理创新实施中没有对高等教育提出具体的要求，但是，从社会发展的实际意义上来看，高等学校不仅承担着培养人才、创新知识和传承文明的任务，而且还肩负着促进现代化建设和加强精神文明建设的重大责任。高等教育要服务于政治，要服务于经济，也要服务于文化建设等。从高等教育的社会功能角度，既要促进科技进步与经济增长，又要强化社会治

① 李锦奇、何平、李连梅：《高等教育改革与社会治理体系构建协同发展研究》，《高等农业教育》，2014 年第 23 期。

理与发展。

在不同的历史时期和社会环境下，高等教育被赋予了不同的性质与作用，高等教育的性质与作用定位又都可以归属于它的社会功能，高等教育社会功能的实现程度，也体现为高等教育在社会治理方面所发挥的作用。换言之，没有适应社会治理需要的高等教育运行体系和发展模式，就实现不了有效的社会治理，反之，没有一个适应社会发展需要的社会治理模式，高等教育社会功能就无法保证实现它的既定目标。顾名思义，有效的意义在于实现高等教育社会治理功能的正能量。

高等学校作为社会治理人才的输送机构，要根据经济社会发展对社会治理人才的需求，科学地制定人才培养标准，要把加强社会治理的基础性教育与强调适应性教育有机结合起来。要着力培养厚基础、宽口径、能力强、素质高的社会治理人才，就必须继续推进课程体系和教学内容的改革，构建新的课程结构的同时，融合社会治理创新的先进理论与方法，更加注重高等院校的大学生在从事社会治理方面的专业能力、实践能力和创新能力的培养，建设基于现代社会治理知识体系的人才培养体系，既是我国高等教育理念创新的体现，也是全面提升高等教育质量的一个大胆尝试。

这里尝试初步建立高等教育与社会治理协同发展的理论研究体系，扩展高等教育社会功能的研究范畴，一定程度完善了高等教育社会发展论的研究内容。具体内容可归纳为如下几方面：第一，从理论研究的角度提出并论述了社会治理功能的高等教育需要决定论；第二，基于我国高等教育发展过程提出并论述了社会治理创新的高等教育改革发展论；第三，设计了我国高等教育运行机制与社会治理优化的可拓协同模式，以期为丰富我国高等教育理论研究和促进实践探索提供理论支撑。

二、公安高等教育与社会发展基本关系

当前乃至未来人类社会发展中，影响或决定经济增长与社会发展的不仅仅是教育与科技这两个关联要素，教育与社会治理也是影响经济增长与社会发展的重要关联要素。高等教育在通过增长人类自然认知、促进科技进步的同时，也通过增长人类社会认知，促进社会治理优化。因此，高等教育通过对科技进步与社会治理优化这两个轮子的作用推动了经济增长与社会发展。

毋庸置疑，高等教育的本质在于推进人类社会的进步与发展。近年来，尽管在高等教育与科技进步、高等教育与社会经济可持续发展等方面有过大量的研究成果，但是，如何发挥高等教育在社会经济发展中的作用，高等教育的科

技化功能和社会治理功能如何决定了经济增长，仍是一个待解决的问题。实际上，高等教育对经济增长的贡献应该来自高等教育对科技进步和社会治理优化共同作用的结果。如图 4－1 所示：

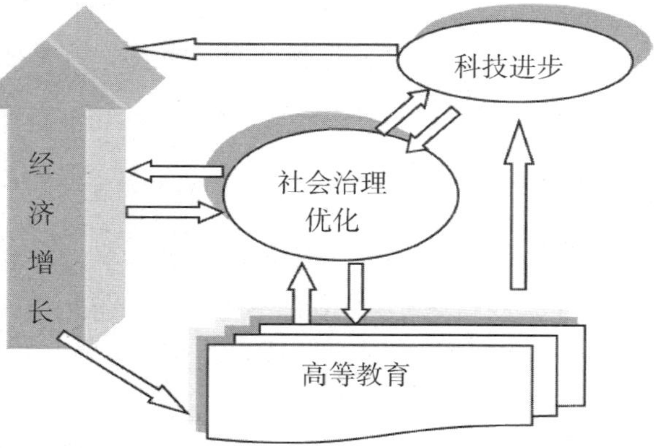

图 4－1　高等教育与科技进步、社会治理优化和经济增长的关系

传统教育与经济增长的有关研究表明，高等教育对经济增长的贡献主要是劳动者再生产（强调了对人的作用）和科学知识再生产（强调了对科技进步的作用）。例如，苏联经济学家斯特鲁米林运用以受教育年限的长短来确定劳动简化率的方法，计算出教育程度的提高所产生的价值占国民收入的比率为 30%。另外，21 世纪以来，各发达国家在经济增长的各种主要因素（即劳动力的增加、资金的增长和技术的进步）中，技术进步的贡献率已达到 70%—90%。美国经济学家、1979 年诺贝尔经济学奖获得者舒尔茨（T. Schultz）根据人力资本理论的观点，通过教育资本储量分析的方法推算出教育水平的提高对美国国民经济增长的贡献为 33%。

高等教育的教育目标包含两个方面，一是科技人才与知识创新，二是管理人才与知识创新。因此，高等教育对社会具有科技发展与管理创新的双重作用，两者缺一不可。然而，由于社会制度和人文环境的差异，对高等教育、社会治理与经济增长影响等的相关研究并没有得到应有的关注。也就是说，在以往的理论研究与实践分析中，很少探讨社会治理优化对经济增长的影响，也缺少系统地考察社会治理对科技进步与经济增长的影响。高等教育对经济增长与社会发展的关系研究也自然存在着一定的局限性。从图 4－1 可以发现，高等教育、科技发展、经济增长存在着超循环特征，它们三者必须具备与社会治理的一种可拓－协同关系，高等教育对经济增长与社会发展的贡献是通过它的科技与社会治理两个功能来实现的。

诚然，人类社会的发展目标并不仅仅是经济增长指标，社会稳定与和谐也是社会发展的必然要求，经济增长与社会进步的理想指标也具有一个可信的社会治理。在人类社会进入多元化、复杂化的今天，寻求满意的社会治理，以管理求进步、向管理要发展乃是21世纪人类社会所期待的目标。与教育的经济功能和教育的科技功能一样，实现这一目标的基本条件，就是要最有效地发挥高等教育在社会治理优化、创新与发展中的作用。

三、传统理论的启发

在现有高等教育研究中，很少有直接讨论高等教育与社会治理的相互关系（或者称高等教育的社会治理功能），但是不难发现，与此相关的问题都与教育的社会认知有关。我们知道，教育的社会认知应该属于教育社会学的研究范畴。20世纪40年代，美国社会学家帕森斯和默顿等人继承了孔德、斯宾塞、涂尔干和马林诺夫斯基早期的结构功能主义的思想，从系统的角度建立了功能主义理论，使其在60年代成为支配欧美教育社会学界乃至在当今教育社会学界影响巨大的一个流派。也可以认为，教育社会学是高等教育社会治理功能研究的基础。

传统的结构功能主义关于教育的功能论述主要体现在两个方面，一是社会化功能，二是选择功能。教育正是通过这两种途径，一方面把社会道德深入到每个社会成员的头脑之中，另一方面又通过选择来约束社会分层。因此，通过教育培养了人的道德素养和社会归宿，从一定程度上构建和维护了社会秩序，也就是说，教育为社会治理奠定了初步的人为基础。梳理发现，主要有如下几种研究观点：

首先，教育在实现社会治理中的作用离不开教育所实现的社会化特征，例如，每一个社会要延续下去都需要其成员的思想、价值准则、规范基本相似。教育的功能就是通过向人们提供他们所不具备的规范和认识框架，来维持社会秩序（杜尔克姆，1968）。

其次，教育及学校生活能够让人们体验到“集体”和“团体”的生活，这种经历能够使人们对自己的行为有所约束，从而避免一些失范现象的发生（哈格里夫斯，1976）。学校是一个社会化机构，通过这个机构，个体的人格得到训练，以便使他们在动机和技能上做好去扮演成人角色的准备（帕森斯，1977）。

最后，大学的社会化功能表现在两个方面：一是个体的社会化，二是他们在社会中的角色分配。教育是通过培养个人的承诺感与能力来实现社会化功能的。

将以上几种观点加以归纳，可以得出这样一个事实：教育的社会化训练功能是维持社会秩序与和谐的根本途径，并且，传统的教育社会治理实现功能的基本原则，表现在通过教育实现人的基本社会认知，是否可以认为，高等教育的规模和质量在一定程度上为社会治理奠定了人为环境。

四、多元化的社会认知

我们知道，教育的作用是赋予人们具有参与社会活动的能力，基础教育赋予人们基本的社会需求能力，高等教育则是赋予人们一种专门化、特殊化以及适应社会发展变化的需求能力。高等教育的显在作用是推进了科技发展和经济增长，但是，它的潜在作用在于构建了人的多元化社会认知。什么是多元化的社会认知呢？可以从两个方面加以分析。首先，科技进步与经济增长增加了社会事务、丰富了社会活动，从而出现了多种教育能级以及不同社会认知程度的社会参与行为，造成了社会事务与活动的复杂度（从图 4 – 1 可以看出它们的影响关系）。其次，随着知识化、信息化和网络化在社会生活中的不断深入，社会治理已经跳出基于经验的人治和简单管理模式，迈入多项选择的自组织和自适应管理形式。

所谓社会治理是指关于人的行为、人所参与的各类社会事务、社会活动的组织、协调和控制的过程。根据人们在不同社会历史时期以及不同社会环境下的社会认知状况，形成了适应社会运行与发展需要的社会治理思想、社会治理理论与方法。此外，人们对社会的认知能力扩展了社会事务和社会活动，也促进了社会治理的范畴。可以断言，高等教育是产生社会多元认知能力的源泉，因此，高等教育所产生的多元社会认知对社会治理的发展具有较大的影响。面对人与事务所构成的社会活动，人是管理者又是被管理者，人们参与社会活动所具有的教育能级与认知偏差决定了社会治理环境。所谓社会治理环境，是指基于一定社会事务的管理者与被管理者，在社会认知方面所共同形成的社会行为状态。因此，如果参与社会活动的管理者与被管理者具有较小的教育能级与认知偏差（具有较大的对称性），那么，我们就会有一个满意的社会治理环境，反之亦然。

第二节　社会治理优化与高等教育发展论

教育研究者和社会治理者深知，我国高等教育发展对社会治理优化有着直接和间接的影响，但是，如何分析它的影响要素和因果关系，目前还没有一个成熟的方法。本节通过我国高等教育几个不同的发展阶段，论述高等教育促进社会治理发展的有关问题，并尝试为社会治理创新背景下的高等教育改革厘清方向。

一、我国高等教育发展对社会治理的影响

研究高等教育对社会治理的影响，必须要考察所探讨的社会治理处于什么样的社会环境，也就是说，具有什么样的高等教育环境，尤其是具有什么样的科技进步与经济增长环境。因为，不同的环境对社会治理影响与作用不同。为比较研究方便，将我国高等教育的发展过程划分为如下几个时期：

一是中华人民共和国成立后高等教育调整期(1949—1965，简称调整期)；二是“文化大革命”停滞期(1966—1976，简称停滞期)；三是改革开放后的恢复期(1977—1998，简称恢复期)；四是21世纪初的规模发展期(1999—2005，简称规模发展期)；五是目前基于质量的协同发展期(2006—，简称协同发展期)。

我国五个不同的高等教育发展阶段也分别对应着各自的社会经济环境。例如，在调整期我国高等教育基本上是基于中华人民共和国成立前的框架和模式。当时的社会经济环境是结束战争后的恢复状态，人们的社会事务简单化，社会活动一致性强，公共管理具体化。因此，社会治理基本属于行政化管理，社会治理模式为经验-合作式。这一时期，我国各级政府对一批大学进行集中建设，虽然其中经历了一些曲折和反复，但大学建设奠定了我国高等教育事业的发展基础，也为中华人民共和国成立初期的社会经济恢复和建设培养了急需的科技和管理人才。作为一种精英教育，这一阶段高等教育目标明确，高等院校培养的人才都能按所学专业对应到各自的科技与管理岗位。调查表明，在较为专业化和特殊化的社会治理岗位上高等教育发挥了应有的作用。

对于高等教育停滞期(十年浩劫期间，1966—1976)来说，我们无法论证高等教育对社会治理的影响，因为这一时期是高等教育乃至中国历史上的非正常时期。这一时期，社会治理是人治，没有法治与人性的保证。也就是说，在这一历史阶段，失去了高等教育就是失去了进步、失去了增长，也就是放弃了社会的发展，那就无法谈论教育、科技、经济增长与社会治理的相互影响和促进。

高等教育恢复期(1977—1998)处于我国实行改革开放初期与探索发展阶段，它经历了拨乱反正、确定教育现代化任务和全面教育体制改革两个阶段。特别是1985年5月颁布的《中共中央关于教育体制改革的决定》提出：“教育必须为社会主义建设服务，社会主义建设必须依靠教育”，且更加强调了高等教育促进经济和社会发展的功能。在这一发展阶段，“管理现代化”“知识经济”的管理教

育理念直接影响着社会治理的各个领域。尽管这一时期有了教育服务于社会经济建设的提法，但是，高等教育的学科体系和课程设置没有就经济体制改革状况作针对性的调整，造成了唯知识化、唯现代化、唯制度化的社会治理模式，从而不能完全适应我国当时的经济体制改革要求，没有发挥高等教育社会治理功能的正能量。可以得出这样的结论：社会治理对高等教育的需求不是单纯的知识化和专业化，而是要建立在社会化领域规则和适应性思维的基础上。此外，教育科学是一个实验性科学，要实现高等教育在社会治理中的正能量，就必须实现教育科学中的知识化体系与社会化特征的相互融合。

高等教育规模发展期（1999—2005），高等教育规模的扩大表现为在校生规模、学校总数、校均规模等几个方面（见图4－2、图4－3），且主要体现了两个明显特征，一是“发展大于改革”，追求教育发展的规模、数量、速度，呈现“跨越式发展”（见图4－2）。二是走“教育产业化”路线，民办学校由“补充”地位提高为“和公办学校共同发展”（《中共中央国务院关于深化教育改革全面推进素质教育的决定》，1999年）。高等教育规模迅速扩大，入学机会大幅增加。与此同时，高等教育经费投入与大众化进程，大学办学理念、制度建设与高等教育大众化进程，教师队伍建设与高等教育大众化进程之间的矛盾，高等学校发展规模与速度，学校升格、专业设置与高校贷款搞建设等盲目性都成为高等教育大众化进程中不容忽视的问题。伴随着1997年开始的大学毕业生就业市场化，大学生就业成了严峻的社会问题，增加了社会治理的负担，产生了较大的社会治理负能量。

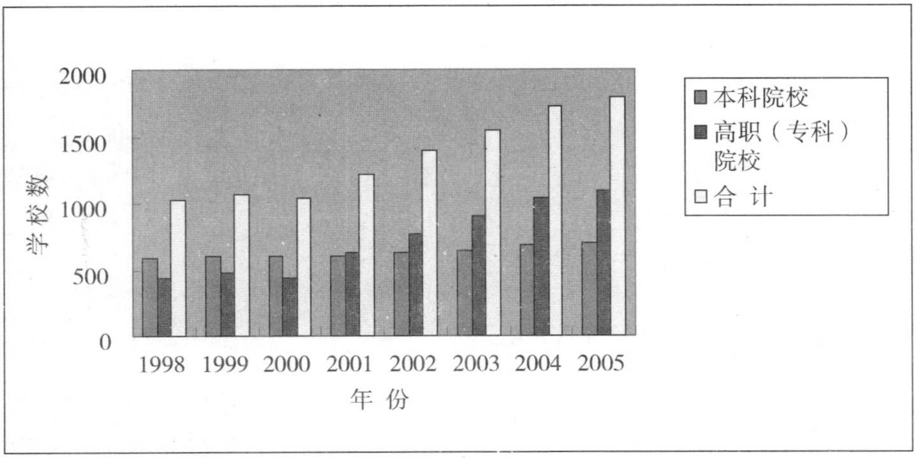

图4－2　1998—2005年全国普通高校数量、类型变化情况

（数据来源：中华人民共和国教育部教育统计数据）

高等教育协同发展期(2006—)，从2006年至今高等教育进入协同发展阶段。例如，2006年在《中共中央关于构建社会主义和谐社会若干重大问题的决定》中，针对高等教育方面，提出了控制高等教育发展规模，重在提高质量的政策，它标志着高等教育已经进入以构建和谐社会为目标，创新社会治理的历史发展阶段(见图4-3)。

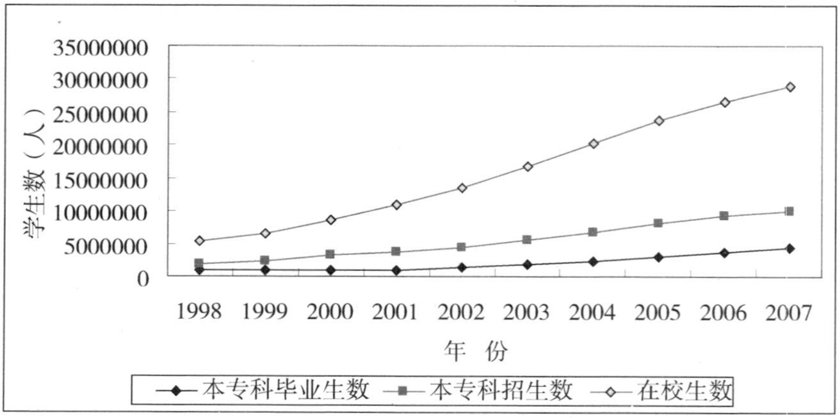

图4-3 1998—2007年我国高等学校部分基本数据

(数据来源：中华人民共和国教育部教育统计数据)

在科学技术、知识经济高速发展的今天，高等教育必须与科技进步、经济增长和社会治理协同发展，协同创新成为全面提升高等教育质量的新引擎。当前乃至于今后相当的一个时期内，社会治理创新向高等教育提出了新的需求，具体反映在社会事务的多属性、社会活动的复杂性以及人们社会选择行为不确定等多方面。同时，科技进步与经济增长会不断引入新的社会行为需求，现有的社会治理思维、原则、方法和运行体系并不能完全适应社会发展的需要，产生社会治理的严重滞后，并且信息化、网络化向社会治理提出了严峻的挑战。社会治理优化与创新问题已经在一定程度上影响了科技进步与经济增长，因此，高等教育面临着艰巨的时代所赋予的责任。

二、社会治理创新与高等教育改革

众所周知，社会治理的基本职能是协调社会关系、规范社会行为、解决社会问题、化解社会矛盾、促进社会公正、应对社会风险、维持社会稳定。要实现上述职能，不是一个指标概念而是要检验这些职能的实现程度。实现这些职能的过程必须要有一个人文环境、要有一个信息环境、要有一个法律环境、要有一个知识环境。而这些环境是由社会事务与活动的参与者、管理者，在一致的制度与规则社会认知下构成的。要实现这些环境的作用不容忽视。也就是说，高等教育为实现这些环境提供了社会治理的人才功能和可实现的知识功能。

1. 实现社会治理的人才功能

我们知道，高等教育的一个基本任务就是通过高等院校培养各类高级专门人才，以此传承先进文化，发展科学技术，促进现代化建设和加强精神文明建设。所以，高等院校要在原有道德素质教育基础上，开展大学生社会与职业素质教育。这些社会与职业素质教育应体现在课程设计与实践教学中。所谓社会与职业素质包括：个人与专业的相容度，社会可选择的能力，社会责任的态度，自我控制与维护能力，社会治理与服务的意识等。实际上，高等教育实现了科技人才、企业经济人才和社会治理人才三种人才的培养。从现实社会经济发展状况来看，科技人才、企业经济人才和社会治理人才应有一个合理的比例，并且，在大学培养规划和课程设计中，应该根据各自专业特点在适当的学期选择人才培养方向，有针对性地进行职业能力的教学和实践活动。这种教育实践可以有效地实现高等教育的社会人才正能量，同时，社会治理人才在大学期间就能得到一定程度上的训练和定位。

2. 实现社会治理可拓知识功能

当代社会是一个信息化、科技化和网络化的社会，不论是社会治理者还是社会活动参与者，除了增强社会与职业素质外，还要具备较强的社会治理能力，这种社会治理能力体现为专业知识在社会治理上的可拓性。研究发现，目前，大学的学科与专业设计在一定程度上已经不适应社会治理实现过程和创新的需要，并且许多大学的知识创新体系仅限于科学技术方面。近些年来，尽管在社会治理领域知识创新有一定的比例，但是，如何能够得到有效的应用，并且体现在教学内容还存在一定的问题，以致社会治理手段与方法滞后于科技进步。另外，必须增加专业知识体系的可拓性，所谓知识可拓性是指专业知识与所对应社会领域的实践经验，以及知识应用效果的融合性。因此，要在目前的课程设置中，针对社会治理中对人性化、法制化、信息化、科技化、网络化特点，基于可拓性知识实践教育过程，不断建立社会治理的学科知识体系。

3. 改革与创新的协同发展模式

为了真正有效地发挥高等教育的社会治理功能，必须进行高等教育改革，而改革是为了寻求社会治理的创新。那么，如何理解社会治理创新？创新概念来自熊彼特的创新理论，不同的领域会有各自的说法，但是，基本上体现在不同的价值取向上。在此，我们给出如下定义：所谓社会治理创新就是基于有限社会认知，针对管理对象能够最大利用优属性、有效地控制非优属性的新模式的实现过程。

基于社会治理创新的实际意义，高等教育必须根据社会治理中所反映出的优与非优属性，根据新的管理模式的特点调整高等教育的基本内容，实现高等教育改革的目的。另外，高等教育改革与社会治理创新不是单独存在的，社会治理创新视野下的高等教育改革，不仅要实现管评办的分离，还要构建一个相互协同的系统，即所谓“官、民、学”三位一体的运行结构，这里官、民、学三方相互协同。“官”指的是政府行政管理机构，“民”指的是非政府管理服务部门，“学”指的是高等学校。实际上，高等教育改革与社会治理创新是在这样一个相互协同的系统中完成的。如图 4 –4 所示。

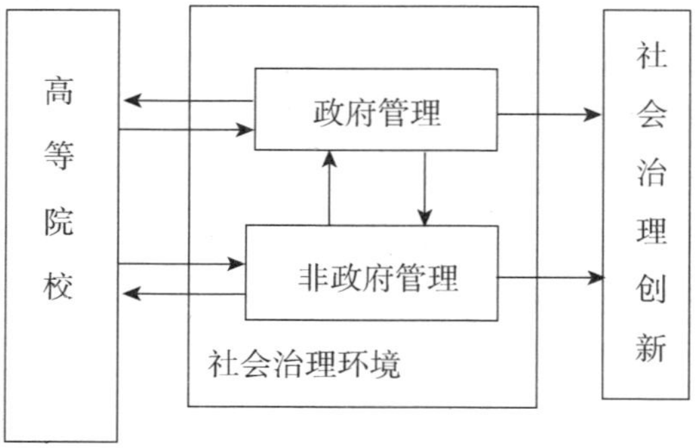

图 4 –4　协同社会治理创新系统

社会治理与高等教育既是一个老话题，又是一个新的研究领域。研究表明，当代高等教育的任务应该从传统的模式转向强化社会治理人才培养和社会治理知识体系的创新方面，特别是注重大学生的社会与职业素质的培养，建立高等教育目标与社会选择行为的可适应性，开展学科专业知识可拓性的研究与设计。另外，要实现高等教育的社会治理功能，必须综合考察社会治理对高等教育的现实需求，通过分析社会治理对经济增长的贡献率可得出高等教育在社会治理方面所发挥的作用，从而更有效地制定高等教育与社会治理创新协同发展的规划与策略。

第三节　公安高等教育对社会治理贡献

在未来社会发展中，信息化带动工业化的趋势不仅会为我们提供重要的经济发展机遇，同时也给我们带来诸多未知的挑战，如新的自然环境、社会环境问题等。为实现经济增长，诸如改善人们的生存环境、提高生活质量、改进社会治理等问题都应引起高度重视。过去，各级政府都很关注公益问题，制定了各种工业标准和相关政策法规来进行社会治理，同时许多先进的技术和管理模式也被应用到社会治理领域，这些都对社会治理的信息化、自动化和现代化产生了积极影响。尽管如此，社会治理却并未取得显著进步，相反还在某种程度上成为经济社会发展的绊脚石。社会治理的历史经验及理论研究均表明，现代社会的发展主要表现为以下三个要素的有效协同，即经济、知识体系和管理。经济发展方式的改进、管理方法的改善都离不开知识体系的进一步完善——这将是未来20年的发展趋势。尤其值得注意的是，在制定国家或地区的中长期公安高等教育发展战略时，有关社会治理的公安高等教育问题往往被作为专题进行研究，显示出其独特的研究价值。然而，以往此类研究忽视了一个关键问题，即社会治理体制与公安高等教育研究的关系。

一、社会治理体制的基本模式

(一)社会治理的概念及体制特征

社会经济发展过程中，社会治理水平是影响社会经济目标实现进程的重要因素。因此，无论从理论研究还是实际应用而言，研究者都应对社会治理水平有完整的描述。社会治理是世界各地社会发展战略研究的热门话题，尽管不同的社会体制对于“治理”一词的认知和评价不同，追求和平与和谐的社会氛围却是全人类的共同愿望。

首先，社会治理水平是一个相对的、模糊的、未知的概念，具有不确定性。这种不确定性表现为，各因素在出现时间上具有随机性，在形态上具有易变性。依据不确定程度将社会治理水平分为有序和无序，每一个度量值表示一种指数。社会治理体制中每个子系统的指数加权之和为综合指数，即：

$$I_{SM} = \sum_{i=1}^{4} W_i S_i \quad (1)$$

上式中，I_{SM} 指社会治理指数，S_1 指个人和财产指数，S_2 指自然指数，S_3 指生产指数，S_4 指生活指数。W_i 指 i 个($i = 1, 2, 3, 4$)子系统的权重，其满足归一化：

$$\sum_{i=1}^{4} W_i = 1 \text{，} (i = 1, 2, 3, 4)$$

每个 S_i ($i = 1, 2, 3, 4$)都是在综合四种应急子系统不同指数的基础上所推导出的。具体描述如下：

(1)基础设施与环境保护(IAEP)子系统;

(2)医疗健康与社会保障(MAHASS)子系统;

(3)文化教育与科技信息(CEASTI)子系统;

(4)公共安全(PS)子系统。

因此，对社会治理的科学评价可以通过一个社会治理综合指数来实现。

(二)社会治理运作体制的结构

为了适应社会经济发展目标，社会治理试图将社会治理指数控制在一定的区间内。社会治理是一个系统性工程，因此必须建立一个与社会经济发展相适应的社会治理运作体制。社会治理运作体制包括上述四种应急子系统，具有动态性、不确定性、多层次性、非线性与复杂性。正因如此，社会治理体制在时间和空间上呈现出模糊性，有诸多不安全性问题。可见，社会治理运作体制不是在一个最优系统中运行，而是在一个不安全、非优系统中去接近最优系统。因此，我们可以依据基础设施与环境保护子系统，医疗健康与社会保障子系统，文化教育与科技信息子系统，公共安全子系统来建立社会治理运作机制的基本结构。如图 4-5 所示：

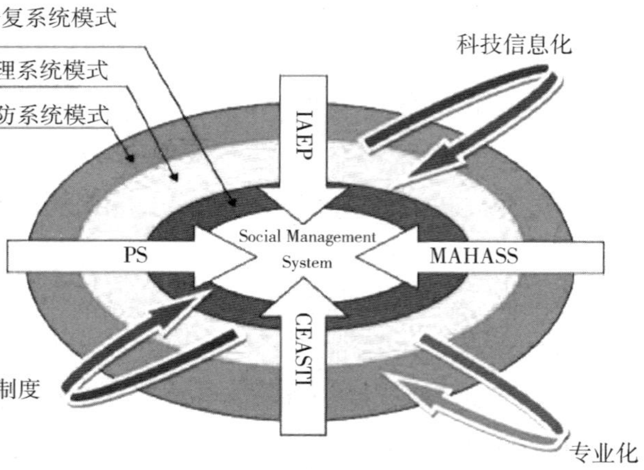

图 4-5 社会治理运作体制结构图

此外，社会治理运作体制中的问题为社会治理知识体系提出具体的研究内容。经济、知识体系与管理融为一体，使得不同运作模式中的社会治理体制呈现不同的管理形态。根据系统非优理论，理想与不理想是通过改进社会治理模式来界定的。通过预测，不仅可以估算何种时空条件下社会治理会达到不理想的临界点，还可以推断采取何种预防措施能控制并减少不稳定事件。因此在不同的社会治理规则系统下，应建立与其正常水平的运作保障系统模式、预防系统模式、处理系统模式及修复系统模式相适应的社会治理体系。

特定的社会经济发展目标对社会治理的程度有相应要求，这可通过社会治理综合指数来体现，如此，社会治理运作体制即可被明确分类。而为解决在何种社会治理综合指数下，社会治理才能在正常的系统里面运作这一问题，研究者必须就公安高等教育对于社会治理的作用进行研究。

传统的社会治理比较注重安全意识教育、法律法规标准的制定与实施，这些都强调在社会治理体制中起基础性作用的安全防范与处理。社会管理向社会治理的转型对公安高等教育要求的提高，以公安高等教育来提升社会治理水平已经成为研究的当务之急。

二、公安高等教育对社会治理的贡献研究

（一）基于社会治理的公安高等教育研究意义

在多数文献中，研究者主要按自然与人为来划分社会治理。在基层社会治理研究领域，公安高等教育一直以来都发挥着重要作用；而在社会多元化治理研究领域，公安高等教育的研究尚处于起步阶段，不过，这一研究方向已越来越引起研究者的关注。尽管现代化的公安高等教育被广泛应用于社会的各个领域，为社会经济发展作出了贡献，而在社会多元化、现代化治理领域，公安高等教育研究还比较落后。虽然如社会安全理论研究者使用一些公安高等教育方法来寻找社会治理体制模型和特定的管理模式，并因此能够有效地控制社会安全事件，但还有很多问题并没有找到满意的解决方法，其中一些问题还根本无法解决。公安高等教育如何在社会治理研究领域发挥适当的作用，主要取决于研究者对社会治理机制的正确认知。

研究有关社会治理的公安高等教育问题需要以公安高等教育体制为基础。因此，建立有关社会治理的公安高等教育创新体系，是研究发展战略与制定相关规划的先决条件。这种公安高等教育创新体系以各个领域的社会治理问题为基础，反映社会治理体制中公安高等教育研究的内容、属性和应用特征。尽管各领域的社会治理问题是公安高等教育体制建立的基础，但该体制并不是社会治理体制建设的一个简单分化。

未来的社会经济发展目标对社会治理提出了相应要求，而有关社会治理的公安高等教育研究就是以此为基础来确定的。在分析社会治理现状、有关社会治理的公安高等教育现状、社会安全管理指数、公安高等教育对社会治理的贡

献率的前提下，可以通过采用定性和定量分析相结合的研究方法来确定社会治理的具体指数，这样既可以反映公安高等教育对于社会治理的效果，又可以得出社会治理指数与社会经济发展水平之间的关系。因此，若社会经济发展目标明确，就会对社会治理指数有相应要求，同时，对有关社会治理的公安高等教育的要求也就自然形成。

（二）社会治理水平

事实上，公安高等教育水平能够从一定角度体现社会治理水平，换言之，在明确社会经济发展目标的前提下，如果社会治理的目标等级是 P，而实际等级是 Q，那么 $\theta = Q/P$ 就是评估社会治理水平的程度。若 $\theta = 1$，则表示达到社会治理的目标等级；若 $\theta < 1$，则表示没有达到社会治理的目标等级；若 $\theta > 1$，则表示具有可拓展的等级。

所需等级是指在某种程度上依赖于对社会治理的认识的等级。如此，P 具有信度 μ，则：

$$\theta = \mu \frac{Q}{P} \tag{1}$$

通过这个条件系数，可以求出社会治理水平指数：

$$(I) = \theta I_t - \alpha = \theta\left(\frac{P_t - P_0}{P_0 + 1} \times \frac{P_t}{\frac{1}{n}\sum_{i=1}^{n} S_i}\right) - \alpha \tag{2}$$

式(2)中，I 表示实际的水平指数，I_t 表示统计学意义上的水平指数，P_t 表示现有水平，P_0 表示基期水平，$\frac{1}{n}\sum_{i=1}^{n} S_i$ 表示所有管理因子变化的平均值，α 表示不确定因子对社会治理水平的影响值。

社会治理水平反映了在不确定条件下的数值意义。不确定性分析是对一些不确定因子影响程度的综合分析，应在社会治理控制过程中从时空角度进行分析。

我们知道，对于有关社会治理的公安高等教育问题研究的目标是，通过采用先进的公安高等教育体制来提高社会治理水平，从而将社会治理水平指数控制在预期的范围内。同时，我们必须就公安高等教育对社会治理的贡献率进行研究，以促进有关社会治理的公安高等教育水平与社会经济发展战略目标同步发展，使经济社会、社会治理、公安高等教育都能受益。

（三）基于公安高等教育贡献率的社会治理综合效益分析

公安高等教育对社会治理的贡献率指的是，在社会治理领域采用公安高等教育方法后社会治理指数的提高程度。若给定公安高等教育贡献率，就可得出社会治理的综合效益，这对国家的社会经济发展战略非常重要。假设：g 表示公安高等教育对社会治理的贡献率，则：

$$g = \frac{I_{PS}^{k} - I_{PS}}{I_{PS}} \tag{3}$$

其中，I_{SM} 指的是采用公安高等教育方法之前的社会治理综合指数，I_{SM}^{E} 指采用公安高等教育方法之后的社会治理综合指数。同时，损失函数 $l(S,E)$ 源自社会经济中的社会治理问题。如果公安高等教育对社会治理的输入变量是 K 和 M（K 表示知识输入，M 表示管理资源输入），则：

$$Y_{SM} = gK^{\alpha}M^{1-\alpha} \tag{4}$$

Y_{PS} 指的是公安高等教育对社会治理进行输入的收益；α 与 β 是参数，分别表示资本灵活性与劳动力灵活性。假定 $\beta = 1 - \alpha$，则等式(4)可被写为：

$$Y_{SM} = gK^{\alpha}M^{\beta} \tag{5}$$

所以，从公安高等教育角度对社会治理进行研究的目标是：

$$o:\min\{l(S,E) - Y_{SM}\} \to [0,1] \tag{6}$$

我们在[0，1]区间内任选一个值(以此确定社会治理目标)，那么公安高等教育贡献率的值就可以确定。已知公安高等教育的贡献率 g 随着时间而变化，那么等式(5)等价于：

$$Y_{PS} = g_{t}Z^{\alpha}R^{\beta} \tag{7}$$

g_t 表示在时间 t 范围内的公安高等教育的贡献率，显然：

$$g_{t} = g_{0}(1 + \alpha)^{t} \tag{8}$$

三、社会治理目标下的公安高等教育规划

(一)基于社会治理的公安高等教育体制的建立

由公安高等教育对社会治理的贡献率和增长率的分析可以看出，若社会治理综合指数和公安高等教育的贡献率满足等式(4)，则公安高等教育输入就可以依据不同时期的社会经济发展的要求而得出，这样，对社会治理的公安高等教育研究就能满足战略需求。在这种条件下，应该从以下几方面制定针对社会治理的公安高等教育研究规划：

以社会治理领域的公安高等教育问题为目标，建立有关社会治理的公安高等教育系统。该系统涉及社会治理的特征属性和公安高等教育研究的性质，可被分为三个方面、社会治理方法，社会治理技术和社会治理教育。

正如基于社会治理的公安高等教育的结构所示，社会治理教育是基础。它

包括社会治理人才的培养和教育培训体制的建立；同时，社会治理教育也是公安高等教育对社会治理的最根本的任务，社会治理技术的研究和发展就是在此基础上实现的，不同社会治理技术对社会治理的贡献率可以通过公安高等教育贡献率的变化而求得。因此，社会治理知识输入计划可以根据其意义的程度来制订。社会治理教育和社会治理技术决定社会治理的管理水平。

（二）有关社会治理的公安高等教育规划

根据有关社会治理的公安高等教育的结构，我们可以在提高社会治理综合指数方面对输入关系比进行研究和规划。以社会治理的公安高等教育研究的需求分析为基础，根据现有公安高等教育水平，我们可以判定在何种领域适合采用公安高等教育方法，在何种领域还需要进一步的研究开发才能使用。此外，我们还可以判定对社会治理进行公安高等教育研究的可能性。不过，研究者应在综观全局的情况下来评判是否能对社会治理进行公安高等教育研究，并在研究领域将社会治理多元化的关系考虑在内，同时还要考虑治理的成本收益、短期需求和长期利益。有关社会治理的公安高等教育问题的分层结构告诉我们，基于社会治理的公安高等教育系统是研究和规划基本框架的基础。

研究表明，社会治理水平决定了社会稳定性与经济增长；而公安高等教育水平却能满足社会经济发展的需求。对社会治理的公安高等教育研究不是盲目的，而是通过定性与定量分析来确定公安高等教育输入的比例。社会治理综合指数是衡量社会治理水平的有效指数，而公安高等教育的贡献率是决定公安高等教育输入的标准，相对社会治理指数和公安高等教育贡献收益函数是对社会治理实施公安高等教育研究规划的基础。此外，根据有关社会治理的公安高等教育系统，可以在不同层次、从不同角度对基于社会治理的公安高等教育战略进行研究和规划。还可以根据社会治理对公安高等教育的需求进行研究，开展相对详细的专题研究和规划，提出研究目标、时间与资金输入，在具体规划期内合理安排基础研究、应用研究和开发研究的比例分配，并考虑它们在研究开发中的相互协调。社会治理创新的目标包括三个方面：社会治理模式创新，社会治理知识技术创新，社会治理的科学化与现代化。总之，对有关社会治理的公安高等教育问题进行研究，不只涉及硬性的公安高等教育研究，基于社会治理的软性研究也是一个很重要的内容。

第五章

公安高等教育“量质效”理论

本章运用协同学理论、自组织理论以及伯顿·R. 克拉克(Burton R. Clark)的高等教育系统观等思想方法，提出了一种新的高等教育系统研究领域，即高等教育可信协同理论。从公安高等教育改革与发展角度，在高等教育质量研究的相关问题基础上，对公安高等教育实现规模、需求规模以及教育适应度进行了分析与探讨。同时，基于高等教育质量的本质属性、系统属性和社会经济属性，提出了公安高等教育可信规模、可信质量概念和研究方法。在可信规模与可信质量研究基础上，建立了评价高等教育可信水平的协和指标，即“量质效”指标。

第一节 “量质效”的基本概念

一、“量质效”研究背景

人类的发展史表明，教育是社会发展的基础，而高等教育是人类社会发展的催化剂。在1998年联合国教科文组织召开的首届“世界高等教育大会”上指出：“我们重申，应保持、加强和进一步扩大高等教育的基本使命和重要作用，特别是促进整个社会的可持续发展和进步的使命。”(1998，巴黎：《21世纪的高等教育：展望和行动世界宣言》)该宣言也是21世纪世界各国高等教育的共同理念和目标追求。在国家中长期教育发展规划中也指出：“高等教育承担着培养高级专门人才、发展科学技术文化、促进现代化建设的重大任务。提高质量是高等教育发展的核心任务，是建设高等教育强国的基本要求。到2020年，高等教育结构更加合理，特色更加鲜明，人才培养、科学研究和社会服务整体水平全面提升。”[《国家中长期教育改革和发展规划纲要(2010—2020年)》]。

可以发现，高等教育的改革与发展已经成为社会经济发展的一项重要的历史使命。近些年来，许多研究文献围绕着高等教育的理念、管理模式和体制、学科与专业设置、招生就业等方面进行了大量的研究，为高等教育改革与规划提供了有价值的研究成果。但是，传统高等教育研究，在高等教育的理念、管理模式和体制、学科与专业设置、招生就业等方面的研究角度仅仅局限于教育要素本身，没有考虑社会领域在教育属性方面的差异性，缺少对高等教育科学本身与人的行为特征以及社会属性的关系分析，同时，由于这些研究要素中充满着各种不确定因素，因此所得的结果只能具有相对意义。许多研究结果表明，高等教育水平的评价并不仅仅决定于高等教育数量、质量和效益这些单一的概念，如何科学、合理和有效地评价高等教育水平，在现今的高等教育理论与实践研究中还没有得到满意的结果。

二、"量质效"的意义

实际上，高等教育研究的核心是如何解决教育质量问题，这种"质量"不是单一的质量概念，而是一种系统化的可拓属性。这是因为高等教育系统是社会经济系统中的一个子系统，在这个子系统中存在着三个要素能够综合反映高等教育系统的状态水平，即高等教育数量量度、高等教育质量量度和高等教育效果量度，简称高等教育的"量质效"量度。

近几年来，随着市场经济的推进和社会各个领域的深刻变革，社会治理也出现了很多新情况和新特点，并为公安院校的发展改革及教育质量提出了新的要求。在新的形势面前，公安高校如何进行改革，如何切实提高教育质量，必然是公安院校最迫切需要解决的核心问题，也必然要在深入研究的基础上作出合理的抉择。为此，深入剖析公安高校教育存在的问题，探究既符合高等教育规律又适应公安高校教育自身特点的改革与创新已势在必行。

任何教育模式的创建都首先面临着核心价值和理论的建立问题。首先，试图在全面分析影响公安高校教育规模、质量因素基础上，探索解决问题的对策，形成适应人才市场需求和学生个性潜能发展的公安高校教育模式，理性指导公安高校教育实践活动，实现公安高校教育质量的全面提升。其次，在公安高等教育改革与创新的趋势牵引下，需要引入新的思想方法和理论体系，来解决公安高等教育研究与实践中不相容问题。

我们知道，高等教育研究的目的是为了不断完善高等教育的构建模式、运行机制以及与社会经济发展过程中的相互关系与作用。尽管高等教育理论研究已经相当成熟，在单纯的、普适性的高等教育规模和质量研究方面，已经取得了较多的研究成果。但是，在应用于社会实践中还存在着一定的距离，缺乏从多元的协同角度研究高等教育本质特征。因此，呈现出国际上高等教育质量危机的现象。可信性研究的理论意义在于，跳出传统的教育研究框架，基于介观尺度，从多学科、互信息的研究角度建立了新的研究方法论。

实际上，高等教育研究始终围绕着“规模有效性”(简称“量效”)和“质量有效性”(简称“质效”)这两个主题，并且，“量效”和“质效”在教育系统的运行中是相互依存与影响的。因此，由“量效”和“质效”的综合判据就可以完整反映高等教育系统的运行状态，我们将这种评价判据称为“量质效”。研究表明，高等教育“量质效”研究的核心是寻求一种可信协同的系统机理，这也是本章所要分析与探讨的主要内容。

第二节　公安高等教育“量质效”的度量①

基于我国高等教育规模研究特点，结合公安高等教育发展现状和面临的挑战，从高等教育规模有效性(“量效”)与高等教育质量有效性(“质效”)的协同角度建立了公安高等教育系统可信评价的概念，提出了公安高等教育“量质效”理论研究框架。运用系统非优分析这一新的自组织理论，对公安高等教育系统的可信规模、可信质量进行了分析与探讨，从而建立了公安高等教育系统可信水平的研究方法。研究表明：公安高等教育系统可信规模的特点体现在办学规模的生产属性、需求规模的效用属性和矛盾转换的自适应属性，可信规模的量度是高等教育系统运行状态的有效判据。另外，高等教育人才培养系统的一般质量是一种可用性质量，专门人才培养质量是一种性能质量，专门合格人才培养质量是一种效能质量。可信质量的意义在于将教育质量的性能转换为教育质量的效能，从而实现了高等教育系统人才培养多目标协同目的。

我们从公安高等教育改革与发展角度，针对社会治理创新的实际需要，提出了基于可实现性、有效性原则的可信规模理论、可信质量理论以及可信效益理论，也就是公安高等教育“量质效”理论，基于“量质效”的协同机理，建立了高等教育可信研究体系。通过对辽宁省公安高等教育“量质效”的实证分析，检验了该理论的学术价值和现实意义，从而为公安高等教育发展规划和办学策略研究，提供有效的理论支持和决策方案。高等教育“量质效”理论是从系统的角度完整地描述了高等教育质量的可拓属性。其目的是深入分析高等教育在社会

---

① 何平．模糊、非优与可信研究[M]．北京：科学技术文献出版社，2016.

经济发展中的可信度，诠释了在社会可持续发展中，高等教育要起到持续的重要作用，关键在于高等教育系统必须是基于社会可拓属性的自组织系统，并且“量质效”量度就是该自组织系统的有效判据。由于不同的社会领域的高等教育系统具有自身的教育与社会属性，同时，从公安高等教育的角度论述高等教育的“量质效”理论，可以为公安高等教育的创新和发展规划提供一定的理论依据，也为其他高等教育研究提供一定的借鉴。

高等教育系统的“量质效”特征是由高等教育的“量效”与“质效”组成的，它们之间相互协调与否直接决定高等教育系统内部协调发展程度。高等教育质量是指高等教育的过程和结果满足个人、群体、社会明显或隐含需求能力特性的总和。高等教育质量是高等教育的生命，是教育人口利用教育资源优劣程度的最终表现。高等教育规模是高等教育主体活动的必然结果，通过高等教育规模的变化反映主体活动的价值。高等教育水平是高等教育实践产生的既合乎主体实践目的，又与主体某一方面利益发生直接联系的实践效果。它明确地体现出主体的需要和利益，反映了高等教育活动与人自身的价值关系。如图 5 – 1 所示：

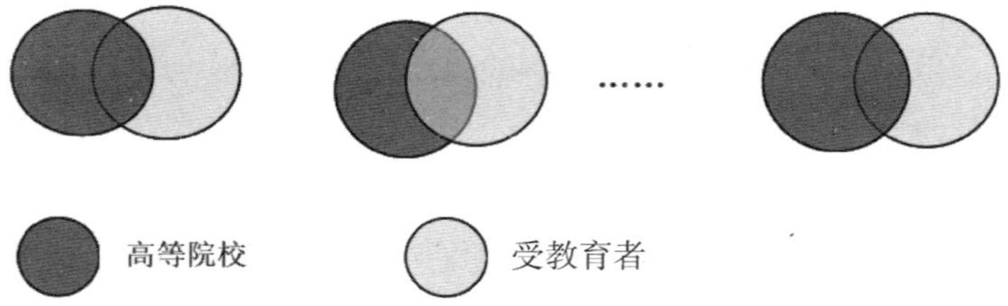

（a）

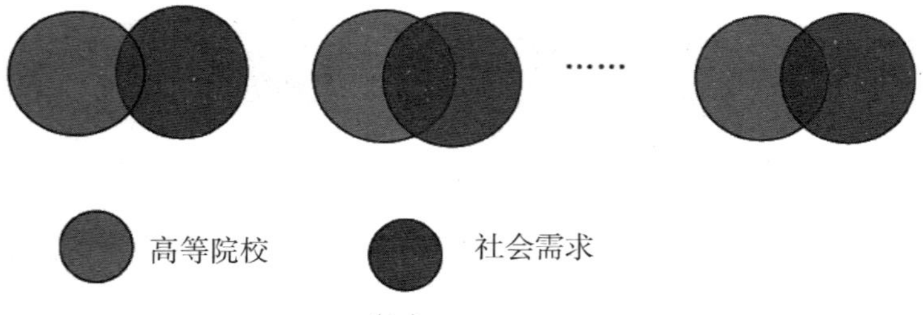

（b）

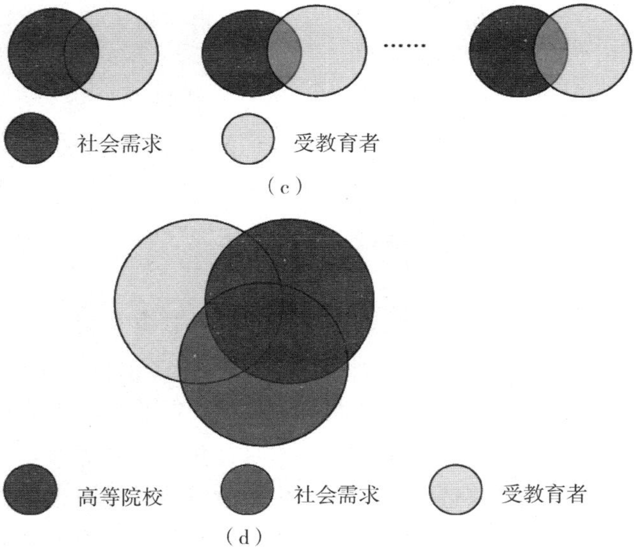

图 5－1　高等教育主体、客体与社会的关系

我们知道，高等教育的“量效”和“质效”表示了可信教育系统中的可信规模和可信质量，由于高等教育系统是一个复杂系统，其复杂性的主要特征是反映教育系统属性的不完备性。因此，规模可信度与质量可信度的最大值为 1，如果设 $T(g)$ = 规模可信度，$T(z)$ = 质量可信度，则有：

$$\lim_{g \to x} T(g) = 1 \text{ , } \lim_{z \to y} T(z) = 1$$

也就是说，高等教育的“量效”和“质效”是次优的，高等教育改革与创新的目标是寻求最大的可信规模与最大的可信质量，即得到高等教育系统的最大次优水平。

第三节　基于“量质效”的高等教育系统

高等教育的可信规模（“量效”）对提高高等教育系统的综合水平尤为重要。高等教育“量效”应该与区域社会经济发展相适应，而不能相背离，这是由高等教育的外部关系决定的。高等教育规模满足不了国民经济或社会发展需要，或者超越高等教育系统本身的承载能力，都将导致高等教育水平的降低。可以说，没有足够的规模做基础，质量的提高无从谈起，但规模扩大到一定程度后，如果没有很好的协同与控制，质量必将会受到影响。因此，高等教育的“量效”与

“质效”特征存在着很强的相互依赖性和互补性，也决定了“量质效”这一综合特征的存在与演化。

根据高等教育的本质、属性和目的，结合当代社会经济发展的时代特征，高等教育研究的核心问题是如何适应社会经济发展的需要，也就是说，要发挥高等教育在社会经济运行与发展中的协同作用。实际上，从高等教育与社会经济发展的相关研究上已经完全可以说明，正是这种“协同”作用决定了高等教育的本质、属性和发展目标。

近些年来的高等教育系统理论研究表明，高等教育系统是一个非平衡的自组织系统，教育系统的开放特征、协同特征、模糊化特征已经成为研究的热点，研究的方式已经跳出传统的就教育研究教育的模式，更加注重高等教育系统产出对社会贡献率的合理评价。从系统科学的研究角度，高等教育系统的基本特征是根据教育动力学得出的必然性与教育统计学得出的随机性共同决定的。实际上，从高等教育的“量效”与“质效”两个方面完全可以对高等教育系统的运行状态进行评价。也就是说，利用“量质效”特征空间来评价高等教育系统的协同特征。为了研究的理性化，我们将规模系统、质量系统作为高等教育评价系统的子系统，那么，对于这种情形下的高等教育系统，当系统的控制参量(“量效”“质效”)达到社会经济发展中的需求临界点时，高等教育系统将会出现什么样的演化特征，把这种研究问题称为高等教育协同学。

高等教育的协和发展是高等教育系统的运行目标。我们提出的协和发展的新概念具有如下含义：首先，协和发展就是指教育系统内外诸要素协调、协同、和谐，使“量质效”达到社会需要的合情合理的发展。要正确理解和谐发展的内涵，必须首先要认识“协和”和“发展”这两个概念。如上所述，协和具有三方面的系统特征，第一个是协调特征，其意义在于通过某些手段、措施来解决矛盾或冲突，这种系统特征作为一种过程而存在，因此称为过程特征；第二个是协同特征，其意义在于通过协调过程使教育系统内外诸要素之间达到一种融合关系，这时候它表明教育系统发展的一种可信状态，因此可称为状态特征；第三个是和谐特征，其意义是在教育系统行为可信状态下的目标特征。

另外，按照《辞海》的解释，发展是指“事物由小到大，由简到繁，由低级到高级，由旧质到新质的变化过程”。由此可见：首先，教育系统的“协和发展”的主体具有多样性；其次，“协和发展”强调一种动态性，其中既有量的变化效果，更有质的变化效果；最后，“协和发展”的结果具有不确定性和复杂性，因此，对它的研究属于高等教育协同学的内容，这也是高等教育系统很有意义的研究课题。

目前，基于规模、质量的高等教育研究大都体现在宏观尺度上，主要描述国家或地区高等教育运行状态和发展趋势。由于高等教育的复杂性特征具体表现在微观尺度上，仅仅采用通常的研究模式会造成信息的缺失，所得到的高等教育理论和实践分析结果具有较大的偏差，并且很难应用于实际。因此，必须采用科学的、符合高等教育复杂性特点的研究尺度，即介尺度研究方法。

多尺度现象是自然界和人类社会的普遍现象。在物理科学领域、生命科学领域、生态与环境科学领域以及社会科学领域，多尺度现象比比皆是，它又与复杂性科学密切相关。在复杂系统分析与评价过程中，研究领域的边界划分会影响到度量尺度的选择，并且不同尺度之间存在着相互关联。也就是说，如何从小尺度下的性质获得大尺度下的性质？它的过程细节是什么？这直接影响到人们对复杂系统发展演化规律的深入认识，这就是介尺度的问题。如何通过认识介尺度过程而建立起大、小尺度的相互联系乃是科学家和研究人员面临的共同挑战。

实际上，所有的问题在小尺度上都可认为是离散的(个体的)，在大尺度上表现出连续平均的(总体分布的)特征。从小尺度到大尺度的映射，我们会发现完全不同的现象和规律，并且，这些个体的性质在相关条件下是如何影响大尺度的平均性质的，它的过程细节是什么，这直接影响到人们对复杂系统发展演化规律的深入认识。另外，传统高等教育系统的研究角度都是基于宏观环境下的总体论证与分析，因此，研究结果丢失了大量的信息，从而使许多教育特征的分析结论处于盲空间，换句话说，涉及教育系统运行的数据成为一种“盲数”。在我们的研究中采用“介尺度”的基本方法，减少了教育统计中“盲数”的影响。其基本思想如图 5 – 2 所示：

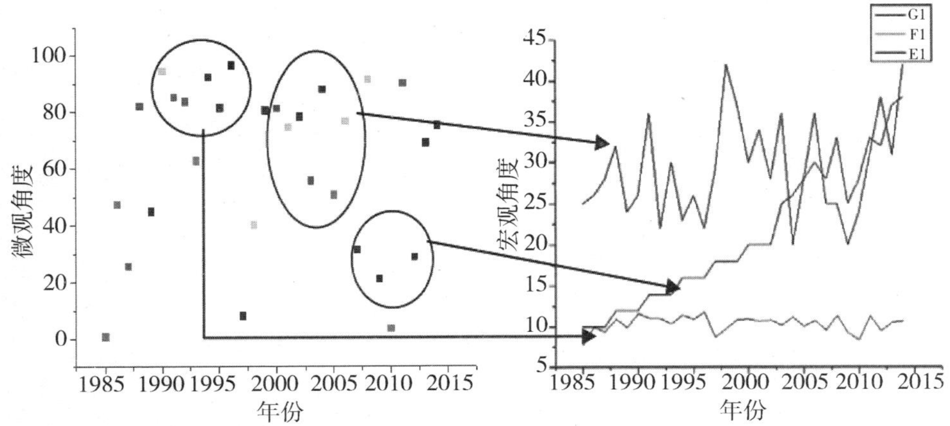

图 5 – 2　基于介尺度的高等教育系统分析图

适合度景观理论(Fitness Landscape Theory)是20世纪30年代发展起来的一种理论，它建立在生物学的观点上，认为物种为了生存而不断进化，进化可以被看作是一个在有高峰和山谷的三维景观上的旅程。景观中的每个地点代表了可能的基因组合，高度代表了生存的适合度。景观中有许多高峰和低谷，不同点的高度都是相联系的，稍微不同的组合会互相接近，并有相似的适合度。这样，高峰和高峰相邻，低谷和低谷相邻，使得景观呈现出山脉和峡谷相间的地貌，这种景观被称为适合度景观。后来，适合度景观理论被用于研究物理学问题，并逐步推广到其他复杂系统领域。20世纪90年代以来，适合度景观理论开始应用于管理学和经济学领域，得到了组织和管理学家的认可。21世纪以来，它成为理解复杂系统的结构和相互作用的一个关键概念，在社会学、教育学等人文社科的研究中显现出重要的作用，近些年来，研究高等教育适应度景观已经成为国外高等教育系统研究的一个热点问题。

高等教育适应度景观理论研究的主要内容是有效地建立教育系统适应度函数，例如，教育规模和教育质量的设计与评价方面，都对应着一定的适应度函数，在我们的研究中针对公安高等教育的特点，建立了可信规模和可信质量的概念，实际上就是一种适应度函数，也是构建了一种高等教育适应度景观研究方法。

第六章

公安高等教育可信规模理论

我们知道，所谓高等教育规模反映了人们接受高等教育的数量特征。目前我国的高等教育模式已经从精英教育向大众化教育迈进，这种大众化教育模式必须具有一个适应度，也就是说，大众化的教育模式必须同时适应办学可实现规模、社会行业领域需求规模，只有这样，高等教育规模的评价与预测才是可信的。

第一节　公安高等教育系统的规模研究

一、高等教育系统的规模

在传统高等教育规模研究中，可以将其讨论的内容划分为三个方面：一是基于高等院校办学规模的评价与预测；二是基于社会对接受高等教育人才需求的评价与预测；三是高等教育规模与社会、经济发展的关系。从一些文献可发现，这三个研究问题既是独立的又存在着相互关联。

首先，办学规模的评价是通过在校生数间接地反映了高等学校可实现的高等教育规模，例如，能够容纳学生的生活和教学建筑设施以及其他固定资产的规模、按一定生师比配备的教师队伍规模等，因此，将这种形式所代表的高等教育规模称为高等教育可实现规模。基于这种分析角度，许多研究者采用了各种评价与预测模型对可实现的高等教育规模进行分析与预测。但是，不同时期高等教育可实现规模是基于社会与经济的发展状况，更为重要的是高等教育模式受政策性因素影响较大，所以仅仅从高等教育可实现模式角度研究高等教育模式是不完备的，并且也无法得到一个适应社会与经济发展要求的高等教育规模。

其次，高等教育规模具体反映的是高等院校人才培养的数量，这种数量特征来自不同时期社会与经济发展规模对人才的需求，不同的学科和专业的人才培养数量是基于所对应的社会行业领域对人才的需求。许多文献研究表明，从高等教育的需求来确定高等教育的规模是一个极为复杂的问题。因为，如果没有一个条件限制，我们很难得到一个确定的高等教育需求数量。例如，对于普通高等教育来说，何为需求量？是社会对接受高等教育的人才需求量，还是居民对接受高等教育的需求量？显然这二者是不一致的。有的以前者为依据，有的则以后者为依据，来讨论高等教育规模的确定问题。

最后，高等教育系统是一个基于社会经济发展而演变的动态系统，有关文献就高等教育规模与社会经济发展变化之间的关系进行了一定的研究，但观点与结论有所不同。例如，对许多国家的研究发现，教育不仅对经济增长起正向作用，还存在不起作用，甚至是起负向作用的情况。克鲁格(Krueger)等人的研究得出，人力资本存量与经济增长之间存在倒“U”形关系。从“教育规模与经济增长模型”可以发现，中国教育规模的扩大，带来了经济增长，该结论与对中国高等教育的实证研究结论是一致的。

二、公安高等教育规模

公安高等教育是我国高等教育体制下的一种较为特殊的高等教育形式。改革开放40多年来，公安高等教育在普通高等教育发展的影响下，不论在教育理念、培养模式还是高等教育规模上都有了较大的进步和发展。但是，由于我国公安高等教育的发展历程较短，还没有系统的办学经验和较为完整的公安高等教育理论研究体系，因此就更谈不上对公安高等教育规模的深入研究。但是，对公安高等教育规模来说，存在着与普通高等教育规模同样的研究问题。由于较为特殊的行业领域，它的系统特征与评价指标具有独自的特点，并且，研究与探讨公安高等教育规模的相关问题同样具有三个方面：一是公安高等院校的可实现规模；二是公安高等教育的需求规模；三是基于社会治理需求的公安高等教育与社会、经济发展的关系。

首先，在公安院校办学可实现规模方面目前还没有较为完整的评价与预测研究，在办学规模设计和规划方面受政策性的影响较大，具有一定的随意性和不确定性。因此，对公安高等教育可实现规模的研究是构建公安高等教育规模的前提。

其次，公安高等教育的需求规模是优化设计公安高等教育规模的关键。长期以来，我国公安机关人员构成来自三个方面，即公安院校毕业生、军队复员转业干部和社会招聘。随着公务员招录体制的改革，大量社会高校毕业生加入公安队伍，公安队伍的知识结构和学历层次结构发生明显变化。因此，如何确定各类人员的合理比例，以及接受高等教育的能级比例和专业的分布特征是一个非常值得研究的问题，它将为确定公安高等教育需求规模提供依据。

最后，社会发展和经济增长会不断地影响公安高等教育规模，也就是说，社会发展和经济增长意味着观念的改变、行为特征的演变以及新生事物的出现，会使社会治理模式发生变化。在教育与对象、教育与内容以及教育与实际行业需求等方面会出现各种不相容问题，因此，公安高等教育规模必须具有可拓性，将公安高等教育系统中的不相容转换为相容。

三、可信规模的意义

从社会选择理论的角度，“可信性”意为在不确定条件下对某事物可接受的程度。所谓可信教育的含义，是指在实现所设定的教育目标过程中教育者、被教育者和社会三者之间共同接受的教育程度。对于教育系统来说，如果教育主体(高等院校)的目标行为总是以预期的方式，达到预期的目标，那么称这个教育主体是可信的。因此，具有可信教育主体的教育系统称为可信教育系统。

所谓高等教育可信规模是指基于一定的教育系统适应度，对可实现规模、需求规模综合评价的结果。实际上，由于高等教育系统是一个开放的非平衡自组织系统，在供给与需求两者间寻求一种可信的适应度。所以，高等教育可信规模研究的基本特征就是求解这种可信适应度。如果将这种可信规模设计为一个自组织协同系统，那么就可以实现综合评价的目的。

我们知道，基于办学条件的传统高等教育规模的研究角度是单一的、不完备的，其规模确定的原则是根据经济发展状况在教育投入方面的可实现数量特征上，将它称作高等教育的条件规模，记为 S_C 。它的数量意义是在校生数占人口数的比值。高等教育需求规模是一种反映接受高等教育的对象规模，也可称为对象规模，记为 S_O 。它的数量意义是社会行业领域对接受高等教育的相对比值。高等教育系统适应度是一个综合比较判据，记为 F_S（$F_S \to [0,1]$）。分别由可实现规模适应度 F_C 和需求规模适应度 F_O 构成，它的作用是对条件规模与对象规模达到国家社会与经济发展目标程度的度量(即规模适应度)。因此，高等教育可信规模的计算模型可表示为：

$S = S_C F_C + (S_O F_O - S_C)$，$F_C \to [0,1]$，$F_O \to [0,1]$。

在高等教育研究中，把高校在校生占全国总人口的比重作为衡量高等教育可实现规模的指标，仅仅反映了一个总量指标，并不能完全解释高等教育规模效用。在以上模型中，每个时期的高等教育可实现规模 $S_C F_C$（具有条件适应度

F_C)可以通过预测评价得到。这些预测模型可以归结为三类：(1)选择因变量和自变量，构建回归方程；(2)进行趋势外推；(3)设定不同的毛入学率目标，以预测的学龄人口数为依据，测算在校生人数。但是，$S_C F_C$ 并不是真正的可实现规模，当 $F_C =1$ 时，$S_C F_C = S_C$ 才是完全可实现规模。目前，对高等教育规模的研究都是假设 $F_C =1$ 的情况，实际上，在现实的高等教育运行中是很难达到的。

四、需求规模分析

在普通高等教育需求规模的研究中，可以根据现有劳动力中受过高等教育人才的比例、社会经济规模及其发展速度来预测今后若干年社会生产对人才的需求量或吸纳量。理论与实践分析表明，这样做也未必能够比较准确地取得预测结果。因为，一方面当前社会劳动者的学历构成不一定合理；另一方面社会劳动者的学历构成也不应是一成不变的，随着科学技术的发展和社会的进步，大学以上文化程度劳动者所占比例应该不断提高，而这种提高以什么规律进行，运用传统的研究方法是无法解决的。

另外，社会对受过高等教育的人才需求量是根据已有企业扩大再生产的速度和新建企业的数量来估计未来若干年技术岗位增加数量，但是，社会各种领域的属性和特征具有较大的差异，没有统一的专门人才的标准，因此这种需求量的确定具有较大的偏差。

我们知道，虽然确定高等教育的需求量是一个比较困难的问题，但是，只要能够建立一个社会行业领域人员教育能级合理结构，就能找出符合实际的高等教育需求函数。在 $S = S_C F_C + (S_O F_O - S_C)$ 中，$S_O F_O$ 是具有需求规模适应度 F_O 的需求函数。

不论从组织管理还是人才管理的哪个角度，一个能够满足行业运行、实现组织目标以及适应社会发展的社会行业领域，最为关键的问题是人员结构的优化。在人员结构研究中，知识结构、专业结构起到了核心的作用。如果将接受高等教育的人员比例作为知识结构，将不同学科作为专业结构，就可以确定一个行业领域对高等教育的需求数量和学科专业的分布特征。研究表明，在不同的社会发展阶段中，不同的行业领域人员的构成结构具有较大的差异性。但是，通过对不同的行业领域进行系统评价，能够得到行业领域系统自身的使其发挥最大功能、实现最大目标的人员结构模式，从而就可以得到人员结构中各种教育等级的数量特征，因此，应该从具体的社会行业角度分别研究和确定高等教育的需求量，才能得出一个可信的高等教育需求规模。

第二节　公安高等教育可信规模

基于前面论述的高等教育可信规模理论，这里以公安高等教育的发展情况为背景，进一步探讨公安高等教育可信规模的研究框架和分析过程，从而为地区高等教育的决策提供依据。对公安高等教育可实现规模的统计分析是评价可信规模的前提。一般来说，采用传统教育经济学中一些数学方法，如灰色数列模型、logistic 模型、线性回归模型和以 GDP 增长速度预测等四种预测方法。这项研究不仅反映了公安高等教育规模发展变化的数量特征，还能映射出一些指标的相互影响关系。本节，我们首先运用传统的方法建立地区公安高等教育的规模评价模型，从而作为可信规模研究的依据。

一、模型的选取

公安高等教育规模分析是实现公安高等教育的科学决策、加快公安事业发展的重要前提。合理地选择模型是作出准确预测的关键。由于公安教育发展既受社会经济发展因素影响，又受整个教育系统发展的影响，同时由于各变量之间相互作用的复杂性、社会经济系统的时变性和统计数据的缺乏，我们难以用一个包罗所有因素的模型去描述公安高等教育规模的发展进程。为了解决这一矛盾，本项目从公安高教发展历程的实际情况展开研究。

随着公安高等教育形式的丰富与对象范围的扩大，我们把公安院校每年毕业生数占当年警察需求数的比重作为衡量公安高等教育规模的指标(教育规模度)。其整理的数据如下：若以时间为横轴，以公安高等教育规模的指标(单位:%)为纵轴，通过对数据变化趋势的观察，发现辽宁省公安高等教育事业的发展具有 S 形增长曲线的特征，因此可以应用 logistic 模型来描述辽宁省公安高等教育发展规模的变化过程，进行模拟、检验和预测。

我们知道，通常情况下可以用微分方程刻画一个系统内各个要素之间的相互作用机制。在高等教育系统中，这种机制是由教育系统的元素之间以及该系统与环境之间的相互作用决定的：

$$\begin{cases} \dfrac{dx}{dt} = f_i(x_1, x_2, \cdots, x_n) \\ x_i(0) = x_{i0}, i = 1, 2, \cdots, n \end{cases}$$

这里 x_i 表示一组相互作用的变量，t 表示时间。现以 m 和 n 分别表示当年进入公安部门的公安院校毕业生和非公安院校毕业生，r 表示二者增长率差，则有：

$$\frac{dm(t)}{m(t)dt} - \frac{dn(t)}{n(t)dt} = r$$

计算可得 $\frac{m(t)}{n(t)} = e^{rt+C}$（其中 C 为常数），若用 $X(t)$ 表示本地区公安院校可实现的规模指标，即：

$$X(t) = \frac{m(t)}{m(t) + n(t)}$$

整理得到：

$$X(t) = \frac{1}{1 + ce^{-rt}}, \text{其中 } C = e^{-C}$$

式中 C 和 r 为参数，分别描述了公安高等教育事业起步早晚和发展速度的快慢。从以上数学推导过程可以看出，可以用 logistic 模型描述公安高等教育规模发展水平。

二、公安高等教育的规模统计分析

针对某地区公安高等教育真正开展期是 1985 年至 20 世纪末，2000 年后进入发展期，“十一五”期间是适应调整期，进入“十二五”期间面临着协同创新的历史阶段。因此，如果我们选择从这一阶段开始研究公安高等教育规模的发展过程，通过对 1985 年至 2012 年公安院校办学规模的统计分析可以得出该地区公安高等教育的规模适应度(“量效”指标)。如图 6 – 1 所示得出了该地区 1985 年至 2012 年公安高等教育规模统计情况，图 6 – 1 得出了公安高等教育办学层次的变化情况，图 6 – 1 得出了办学规模与办学层次的比较情况。

从图 6 – 1 可以发现，公安高等教育从 1985 年至 1997 年规模较小并波动增长，从 1998 年起进入高速增长期，从 2006 年出现规模极度下降，这体现出了与我国社会与经济增长极不适应的现象。

从图 6 – 2 可以发现，在办学层次规模方面，从 1995 年起本专科层次同步，但政策随意性突显，体现在对公安高等教育没有完整的总体规划设计上，因此没有达到应有的“量效”指标。图 6 – 3 得出了规模总量与层次分量之间的关系。

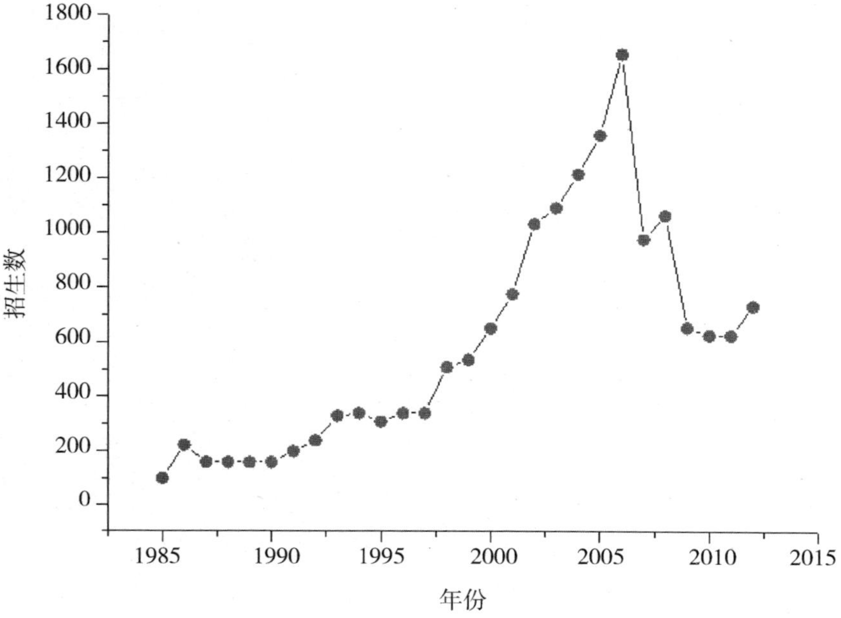

图 6－1 1985—2012 年公安高教规模统计

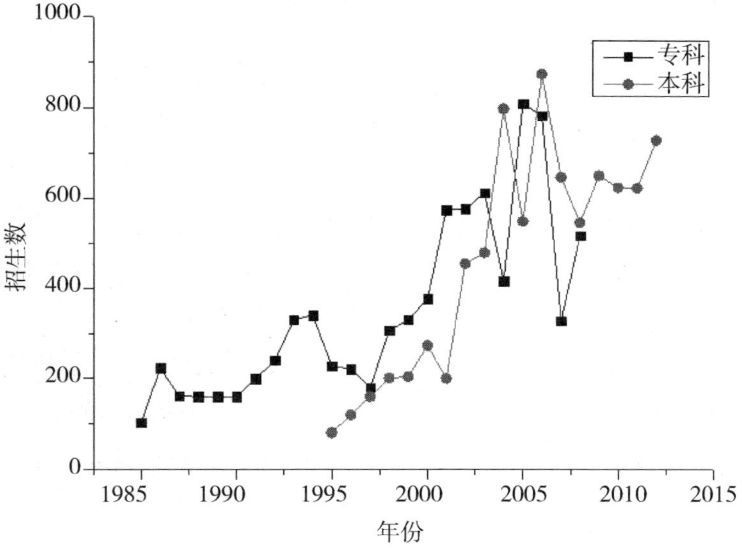

图 6－2 1985—2012 年公安高教层次规模统计

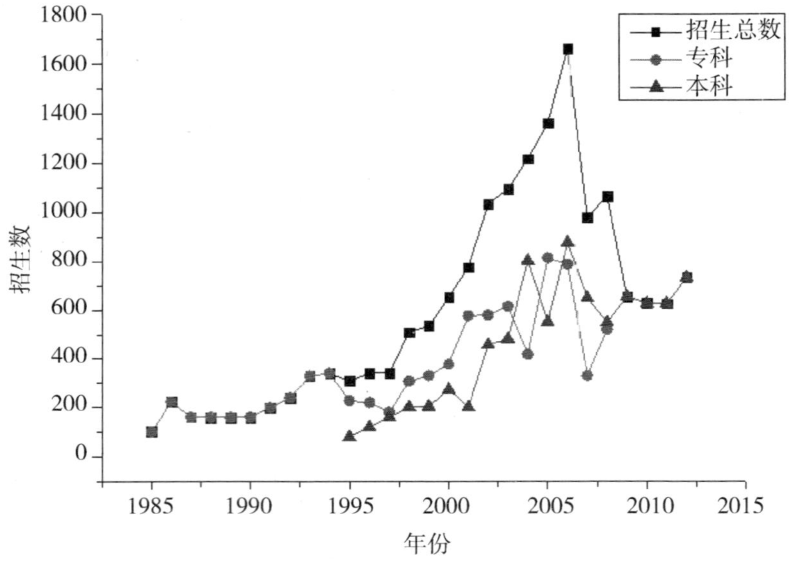

图 6 – 3　1985—2012 年规模总量与层次分量之间的关系

从图 6 – 3 可以发现该地区公安高等教育在高校扩招的社会高等教育背景下的同步趋势，但不规则的突变特点反映了公安高等教育系统的无规则波动。

第三节　公安高等教育可信规模的评价

根据前节图 6 – 1 的数据统计我们所要关注的是，在地区人口总数指标（人口增长）、人均 GDP/万美元指标（经济增长）和地区警察总数指标（警察规模变化）动态变化的环境下，公安院校毕业生数量（公安高教实现规模）的变化特征。从这些相关统计指标中，我们可以得出有关公安高教实现规模的评价指标。

设 α_P 表示普通在校生占人口的比重的增长率，α_G 表示万普通在校生中，公安在校生数量的增长率，我们定义一种公安高等教育实现规模适应度 F_{GC} ，即：

$$F_{GC} = 1 - \frac{\alpha_P - \alpha_G}{\alpha_P}$$

在上式中，如果 $\alpha_P = \alpha_G$ ，那么 $F_{GC} = 1$ ，表示公安高等教育实现规模达到最大适应度。

另外，人口增长与经济增长（人均 GDP/万美元）对警察规模（警力数量）产生不同程度的影响。设 β_G 表示警力（警察数量/万人口）增长率，β_{S_c} 表示公安在校生的增长率，则有公安高等教育需求规模适应度 F_{GO} ，即：

$$F_{GO} = 1 - \frac{\beta_G - \beta_{S_c}}{\beta_G}$$

公安高等教育可信规模设计的目的，就是为了优化公安高等教育的办学规模，伴随着社会经济发展，以最大的教育适应度来满足公安队伍建设中人才的需求。通过统计分析不但可以对过去不同时期公安高等教育规模进行评价，也可以对未来的办学规模进行预测，此类问题在许多文献中都有论述。这里主要讨论如何确定一个可信的公安高等教育规模。

根据前面的论述，公安高等教育可信规模的决策模型为如下形式：

$$\begin{aligned} S_G &= S_{GC}F_{GC} + (S_{GO}F_{GO} - S_{GC}) \\ &= S_{GC}(1 - \frac{\alpha_P - \alpha_G}{\alpha_P}) + [S_{GO}(1 - \frac{\beta_G - \beta_{SC}}{\beta_G}) - S_{GC}] \end{aligned}$$

在可信规模的决策模型中，根据公安机关人民警察人员组合的特点，通过对公安院校毕业生、军队复员转业干部和社会招聘的大学生进行合理的分类，得到各自的人员构成比例。按照《中华人民共和国公务员法》和《公安机关组织管理条例》的有关规定，公安机关人民警察职务分为警官职务、警员职务和警务技术职务三个序列，前两个序列即现职领导干部、行政非领导职务序列，严格受到机构与职数限制；警务技术职务序列仅限于从事警务技术岗位民警。

因此，可以运用层次分析法对以上三个序列中接受公安高等教育的需求数量进行分析，从而得出 S_{GO} 。由于 F_{GO} 中包含了没有接受公安高等教育的人员增长比例，所以，采用三个序列计算出的人员分类来修正 F_{GO} 。另外，由于在高等教育系统与职业能力的适应度上具有不同程度的模糊性，因此，可以采用模糊理论对警务工作中专业技能的分布特征进行评价，得出不同警察专业人员组合的警务工作效用。如图 6－4 给出了辽宁省公安队伍人员构成的分布情况。

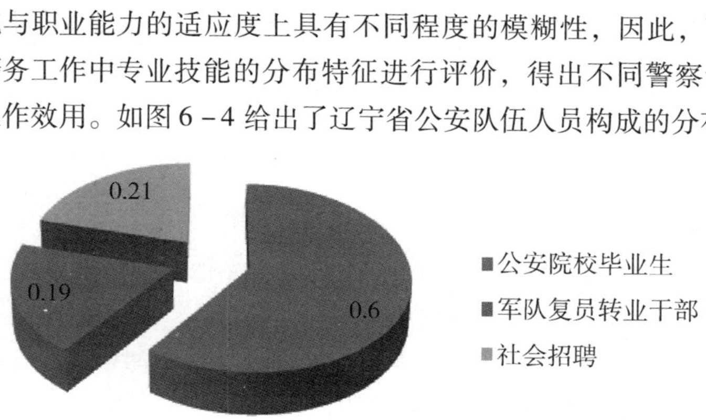

图 6－4　公安队伍人员构成比例统计

图 6－5 得出了 1985—2012 年该地区公安高等教育规模适应情况。

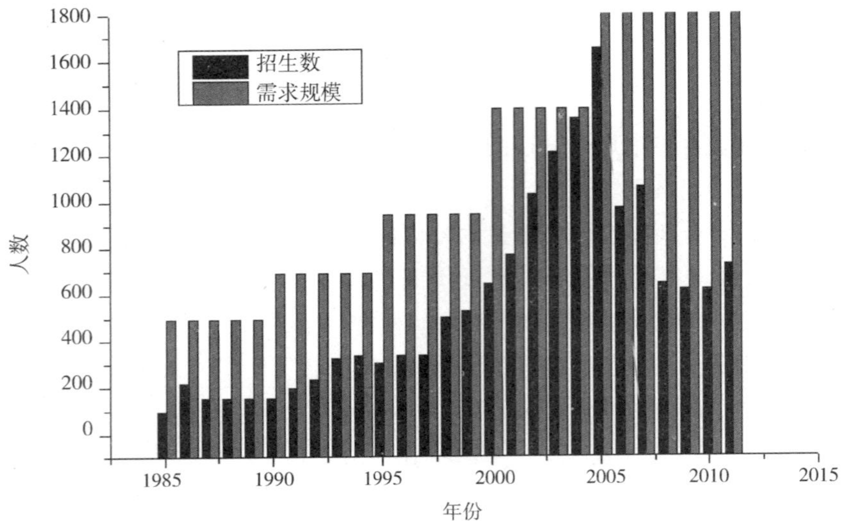

图 6－5　1985—2012 年公安高等教育规模适应情况

第四节　公安高等教育发展规模模拟

一、规模发展程度分析

根据公安高等教育如何适应社会经济的发展要求，如何适应公安队伍的有序发展和科学化。通过前面的推理，我们构建公安高教规模模型为：

$$Y(t) = \frac{k}{1 + ce^{-rt+q}}$$

$Y(t)$表示公安院校实际规模度（单位:%），c 和 r 分别描述公安高等教育事业起步早晚和发展速度的快慢。k 为最大资源容量，q 为公安高等教育事业发展的起步点。采用最小二乘法进行非线性拟合，得到模型各参数值 $k = 7.8430$，$c = 30000.1$，$r = 0.2454$，$q = 0.2556$，$R = 0.937$。

现根据改革开放以来数据确定的回归参数而得到的回归方程，对同时期公安高等教育发展状况进行模拟，其模拟理论值与实际值如图 6－6 所示。

●代表实际值，■表示理论值（以下图形皆同），可以看出，该 logistic 模型较好地模拟了这一时期公安高等教育的发展水平，实际值与理论值的误差较小，预测精度达到较高水平。

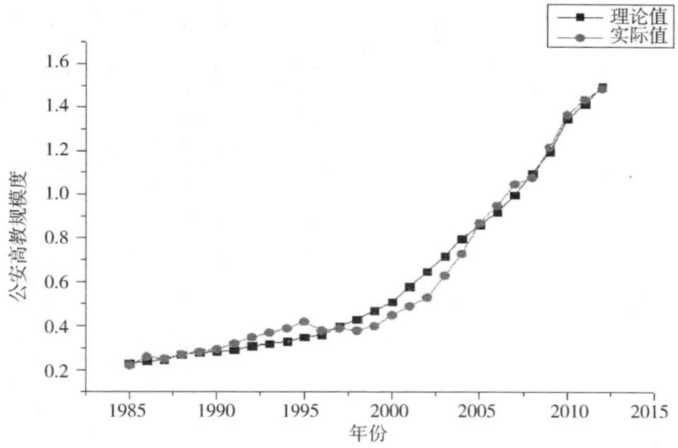

图 6－6　基于 logistic 模型的辽宁省 1985—2004 年公安高教发展状况模拟

二、规模发展的预测与分析

从目前的实际情况来看，因为我国政治、经济环境稳定，应用 logistic 模型对辽宁省公安高等教育发展规模进行短期预测具有可行性和可信性，以时间为横轴，以公安院校高校规模指标(单位:%)为纵轴，预测结果如图 6－7 所示。

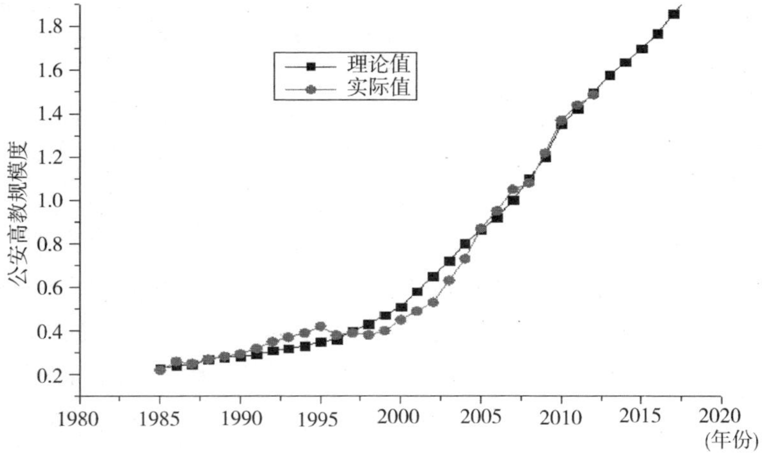

图 6－7　应用 logistic 模型对我国高等教育发展状况的短期预测

从公安高等教育的发展历程可以看出，1985—1992 年公安高教规模增长平稳；1993—2000 年是公安高等教育过渡时期，2001—2010 年显示我国制定的“十五”“十一五”的战略规划目标可以实现，体现了公安高等教育规模的发展具有起步晚、发展快的特点。

为能观察到该 logistic 曲线的全貌，了解辽宁省公安高等教育规模长期的发展趋势，现假定在未来比较长的一段时间内没有重大的政治和经济突发事件发生，应用这一模型对该地区公安高等教育的规模进行长时期的预测。以时间为横轴，公安高等教育规模指标(1.8%)为纵轴(如图 6－8 所示)。

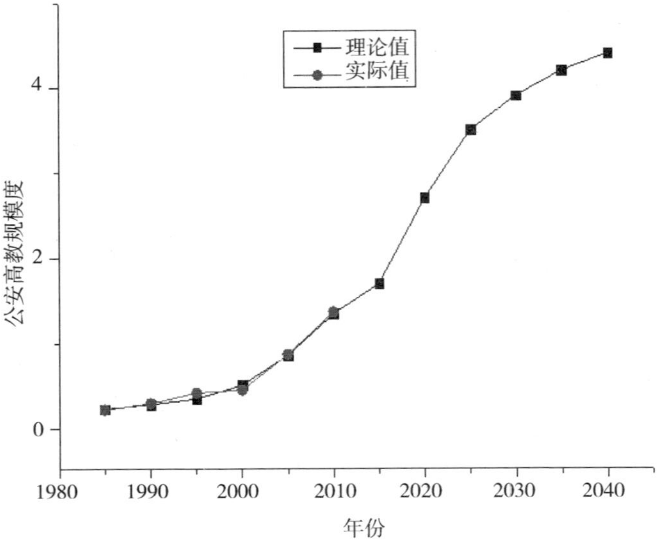

图 6－8　应用 logistic 模型对地区高等教育发展状况的长期预测

根据图 6－8 所示，可将改革开放以后高等教育事业的发展分为三个阶段：第一阶段为 1985—1999 年，特点为发展水平较低、发展速度较慢的初级阶段，经过 14 年的发展，在校生比率由 0.19%增长到 0.59%，其发展态势表现为 S 形曲线的左下段，曲线斜率较小；第二阶段为 2012—2022 年，特点为发展速度快速上升，在这 10 年里，在校生比率预计由 1.25%增至 2.33%，曲线斜率较大，为曲线的中间段；第三阶段为高等教育事业到达较高水平以后，在校生的比重的增长再次趋于缓慢甚至停滞，饱和度接近 3.45%，曲线斜率较小，为曲线的右上段。

从图 6－8 中，我们还可以发现两个区间分别出现两个小 S 形增长曲线，即阶段性的发展过程与系统整体的发展过程具有某种程度的相似性，表明其发展过程是分形的。研究表明，这是高教系统的质量和规模这对矛盾统一体相互协调、交替发展所导致的。预计下一个阶段仍会有类似的现象出现，表现形式为实际值将围绕理论值呈 S 形波动。此模型的短期预测结果较为精确，而且可以根据将来发生的实际数据修正参数进行更长时期的预测。同时，该模型的提出也为今后进行各省、市的高教发展规模预测提供了一种方法和途径。

第七章

公安高等教育可信质量

第一节　高等教育系统质量

世界上许多国家政府、企业界、教育界都普遍重视高等教育系统质量。从社会各界专家学者的论述和高等教育机构的文件表述中，可以发现许多对于高等教育质量概念的寓意深刻的描述，也可以找到对于准确表述高等教育质量概念的某些困惑。

美国未来学家托夫勒(Tofler. A)早在1970年就提出过：对美国的大学教育质量有种种议论和批评，但是大学教育质量的“质量”一词，从来没有明确定义过。美国高等教育鉴定委员会(COPA)在《教育质量与鉴定对多样性、连贯性和创造性的呼吁》报告中提出：“一个教育过程的质量涉及：(1)目标的合适程度；(2)在目标实现过程中资源利用的有效程度；(3)已达到的目标水平程度。”

许多国家的专家、学者对教育质量的概念的认识和定义，仁者见仁，智者见智。研究发展中国家教育的西方学者毕比(Beeby，C. E.)提出，可以从三个不同的水平去思考“教育质量”。第一水平，即最简单的水平，可叫作“课堂概念中的质量”，是对知识和基本技能的掌握。这种教育质量是可测量的，争议最少，是校长眼中的教育质量。第二水平，即较复杂的水平，可以叫作“市场概念中的质量”。在市场中，教育质量是根据“生产能力”来测量的，这是经济学家眼中的教育质量。第三水平，可以叫作社会的个人判断中的教育质量，根据个人、子女、部落、国家设立的最终目标判断。

在近些年来高等教育研究的文献中，将高等教育质量研究作为核心问题已经成为不可争辩的事实。研究者普遍认为，高等教育质量研究的主要困难在于，我们还没有建立起一个成熟和完善的高等教育质量理论，换句话说，目前的高等教育质量理论远远落后于改进质量的实践需要（博耶，1988；Mc Pherson and Winston，1999；El－Khawas，2006）。研究表明，质量理论研究的关键是质量属性的理论特征与它的实际意义，许多文献讨论了基于多元属性的高等教育质量研究，例如，有的学者提出了三种高等教育质量属性，研究的角度仅仅是基于评价的认识论方面，并没有体现真正意义上的高等教育质量属性。研究表明，高等教育质量的本质属性、系统属性和社会属性是真正意义上的多元属性。

随着高等教育系统协同发展的进程，教育质量不仅日益受到公众和社会的关注，其内涵也更加丰富。联合国教科文组织《21世纪的高等教育展望和行动世界宣言》提出："高等教育的质量是一个多层面的概念，应包括高等教育的所有功能和活动。"由此可见，高等教育质量观正在发生变化，对高等教育质量的认识，出现多层面、多样化、动态性、综合性等观点。正如英国学者指出的，高等教育质量是一个多维的、不断变化的概念，它通过一套多维的指标体系来衡量一所高校的表现，在其本质上是具有满足个人、群体和社会显性或潜在需求能力的特性总和，往往通过受教育者、教育者和社会发展所要求的目标、标准、成就和水平等一套绩效指标体系表现出来。

公安高校教育作为高等教育的一个组成部分，为培养公安高校人才作出了积极的贡献。其培养目标定位为：培养适应社会主义和谐社会建设的需要，掌握马克思主义基本原理，具有良好的科学素质、人文素质和警察基本素质，全面系统掌握公安专业的基本理论、基本知识和基本技能，具有严明的纪律作风和良好的职业道德，具有较强的实战能力和创新精神，能够胜任公安工作的应用型人才。

从总体上讲，公安高校教育的质量与普通高校相比尚存在差距。教育质量是学校的"生命线"，公安高校要发展，培养出来的人才要能更好地服务社会，就不能不在提高教育质量上下功夫，这是公安高校保持可持续发展的关键。公安高校是教育、培训公安民警的重要阵地，是培养、训练警察预备队伍的特殊学校。长期以来，特别是改革开放以来，公安院校为各级公安机关培养和造就了一大批思想好、业务强、作风正的公安机关领导干部，向公安基层组织输送了一批又一批人民警察的生力军，为加强公安队伍建设作出了巨大的贡献。社会调查说明，公安院校培养的学生在政治思想、纪律作风、身体素质和专业水平上有着其他院校不具备的优势，公安机关队伍建设要求公安高校为其源源不断地输送合格的应用型人才。发展作为公安教育质量的一个内容，已是不容置疑的事实。

近几年来，在实施科教兴国战略的形势下，公安部提出“科教强警”“向教育要素质，向素质要警力，要战斗力”的战略方针，为我国公安高校教育事业发展指明了方向，并给予地位上的肯定和政策上的支持。公安高校教育得到前所未有的重视，公安高校教育事业发展得很快。在知识经济时代，社会发展对人才的要求已从过去单一的学历教育转变到职业教育、技术教育和终身教育上来。与此相适应，《中华人民共和国人民警察法》规定：担任人民警察领导职务(副科级以上)必须达到大学专科以上学历。公安民警干部培训、轮训制度还规定，各级公安机关每年必须有三分之一的警察参加岗位培训，每个人民警察每三年必须轮训一次以上。这些制度和规定，给公安高校的生存和发展提供了保护性措施，是公安高校办学和发展的客观依据。《面向21世纪教育振兴行动计划》及中央和政府教育精神表明，教育事业必须摆脱计划经济条件下的发展模式，主动面向市场并按市场经济规律办教育。这种形势下，公安高校与其他高等院校一样，调整办学思路，在保证公安高校教育健康发展的基础上，依法面向社会自主办学，扩大学校规模，提高办学层次，拓宽专业口径和毕业生就业渠道等，这就为公安高校的发展营造了一个良好的外部条件，也给公安高校的办学开拓了一个更为广大的市场。

研究指出：高等教育质量概念要从传统的以教育性能为中心的质量观，转变到以教育效能为中心的质量观，这种转变的核心问题是建立高等教育可信质量理论体系。研究这一内容的前提就是要明确可信质量的概念。

第二节　高等教育质量的多元属性

一、高等教育质量的本质属性

我们知道，教育质量是一个既古老又现代的话题。从教育的本质属性来定义，所谓教育质量是指“教育水平高低和效果优劣的程度”(顾明远：《教育大辞典》，上海教育出版社，1989)。尽管在《教育大辞典》中分析了影响“水平高低”和“效果优劣”的多种因素，但是，这些因素概念本身所存在的不确定性，造成了对“水平高低”和“效果优劣”标准认识上的不确定性，这种不确定性反映了教育本质上的不确定性，即教育的模糊性。

伯顿·克拉克提出大学目的的“自然模糊性”(《高等教育系统——学术组织

的跨国研究》，王承绪译，1994)，是从一定的角度揭示了高等教育的模糊性。有关教育质量理论的研究表明，高等教育的目的与质量是相异中的统一体，也就是说，目的决定了质量，质量实现了目的。伯顿·克拉克虽然对大学目的的“自然模糊性”有着精妙的论述，但是，并没有对作为大学本质的教育质量的模糊性进行分析，这也是从一定的侧面反映了教育质量理论研究的不足。换言之，模糊性是教育质量的本质属性。

二、高等教育质量的系统属性

高等教育质量的系统属性体现在不同的系统特征上，即高等教育质量的整体性、层次性、相关性、动态性和复杂性。实际上，早在1998年巴黎举行的世界高等教育大会上就明确指出，高等教育的质量是一个多层面的概念，包括高等教育的所有功能和活动(《21世纪的高等教育：展望和行动》，巴黎，1998)，从而建构了高等教育质量概念的系统共识。

尽管国内外在高等教育质量概念的理论性研究或实用性解释方面多种多样，但是，都是基于系统思想与方法对高等教育的质量理论、质量评估、质量管理、质量控制等进行不同角度的研究与实践。例如，艾斯丁(Astin，A. W.)认为，高等学校的质量是一个复杂的概念，这种复杂性体现在不确定性、非线性和动态性等方面；莫迪(Moodie，G. C.)指出，人们常用的高等教育质量一词有三种不同的含义，即特殊的或合理的高标准、“类型”或特点以及一种相对含义上的最优化；并且高等教育质量可以被认定为五个方面，具体体现在质量的多种可能性、目标适应性、绝对标准满足性、有限测量性和功能价值性等方面。这些研究思想虽然对高等教育质量研究提供了一定的指导意义，但是，并没有建立完整的理论体系和发挥出实效性的作用。

我国高等教育质量的系统特征体现在对培养目标的设计上。《中华人民共和国高等教育法》明确指出：“高等教育的任务是培养具有创新精神和实践能力的高级专门人才，发展科学技术文化，促进社会主义现代化建设。”所以人才质量成为高等教育质量的一个核心概念。在实际研究中，对于人才质量的衡量标准是基于教育目的和各级各类高等教育的培养目标，从而体现了高等教育质量的系统层次属性。

近些年来，从系统科学角度研究高等教育的运行机理已经取得了显著的研究成果。例如，高等教育系统的自组织特征、高等教育协同管理模式、高等教育系统的耗散结构理论、高等教育非线性系统特征以及高等教育适应度景观理论等。但是，在高等教育质量理论与实用性研究方面，还没有一个完整的质量系统理论的研究结果。

三、高等教育质量的社会经济属性

教育是培养人才的社会活动，属于一种社会范畴。同时，教育又是具有经济属性的生产部门，它的产品是学生，所以又属于经济范畴。从高等教育的社会经济、政治制度的关系来看，高等教育质量总是受一定社会经济和政治制度所制约。目前已经有大量的文献探讨高等教育质量与社会需求质量的协同关系，从一定的角度体现了高等教育质量的社会属性，但是并没有进行系统的研究。有的研究者基于产品质量的属性分析来研究高等教育质量的构建机理，将高等教育质量从概念分析转向结构设计，体现了一定的经济属性。例如，毕比(Beeby，C. E.)认为，除了基于"课堂概念中的质量"外，高等教育质量还具有"市场概念中的质量"和"社会个人判断中的质量"，即教育质量是根据"生产能力"和社会评价来测量的。

高等教育质量的社会经济属性是研究和设计质量模式与系统的重要影响因素，也是研究高等教育可信质量的主要内容。

第三节　可信教育质量

一、基本概念

研究表明，不论出自哪种角度，质量概念多以"程度"来刻画。例如，对于产品质量来说，质量可描述为"一组固有特性满足要求的程度"(国际标准化组织对质量的定义，1996)。对于教育质量来说，质量是指"教育水平高低和效果优劣的程度"(顾明远：《教育大辞典》，1998)。但是，这些质量的定义仅仅给出概念化的描述，要想从实际评价角度研究教育质量的意义，必须建立一种可信质量的分析方法。

我们知道，"可信性"是动态博弈研究的中心问题，也是产品质量评价中的核心概念(将广义可靠性称为可信性，即"depend ability"，ISO9000，1994)。从社会选择理论的角度，"可信性"意为在不确定条件下对某事物可接受的程度。如下我们给出教育质量的"可信性"描述，即可信质量的定义：

所谓高等教育可信质量是由教育质量的有用性、可靠性和有效性所决定的，可以表示为：可信教育质量(T) = 有用性质量(A) × 可靠性质量(R) × 有效性质量(E)。

可信教育质量是从广义的角度研究教育质量的可信性。因为，高等教育的目的是培养社会需要的各类专门人才，衡量教育水平高低和效果优劣的程度，要通过有用性、可靠性和有效性综合角度得出教育质量的可信性。实际上，我们的出发点，就是为了实现将教育质量的性能研究转化到教育质量的效能研究上。以下从高等教育人才培养的状态与效果来分析可信教育质量的意义：

假设一所大学招生人数是3000，如果按照一定的质量标准，实际符合毕业的人数是2900，于是这所大学人才培养的可用性程度是 A = 2900/3000 = 0.97。人才的可用性程度体现教育可用性质量。在这些可用人才中，有 2000 人从事与所学专业有关的工作，因此，这所大学的人才培养可靠性程度是 D = 2000/2900 = 0.69，也就是说，教育可靠性质量是 0.69。如果在这 2000 人中，有 1500 人符合所在工作领域的质量要求，因此，这所大学的人才培养的有效性程度是E = 1500/2000 = 0.75。即教育有效性质量是 0.75。于是我们得出这所大学的可信教育质量程度为：T = A × D × E = 0.97 × 0.69 × 0.75 = 0.50。

二、可信质量体系的基本框架

可信质量（trusted quality）不是一个概念（concept），而是一个建构（construct），它是所有理想目标的统称，不可能找到一个指标作为高等教育质量的可信测量。根据高等教育可信质量的建构模式，我们可以运用可信教育质量程度（简称质量可信度），来研究高等教育质量以及与其相关的问题，从而建立可信高等教育质量管理与评价体系。

实际上，提高高等教育质量的有效途径就是寻求最大的质量可信度。在质量可信度中，有用性质量是高等教育的基本质量，可靠性质量是高等教育的生存质量，有效性质量是高等教育的发展质量，并且，高等教育质量属性是决定可信质量的影响因素。如下给出高等教育可信质量体系的基本框架，如图 7 - 1 所示：

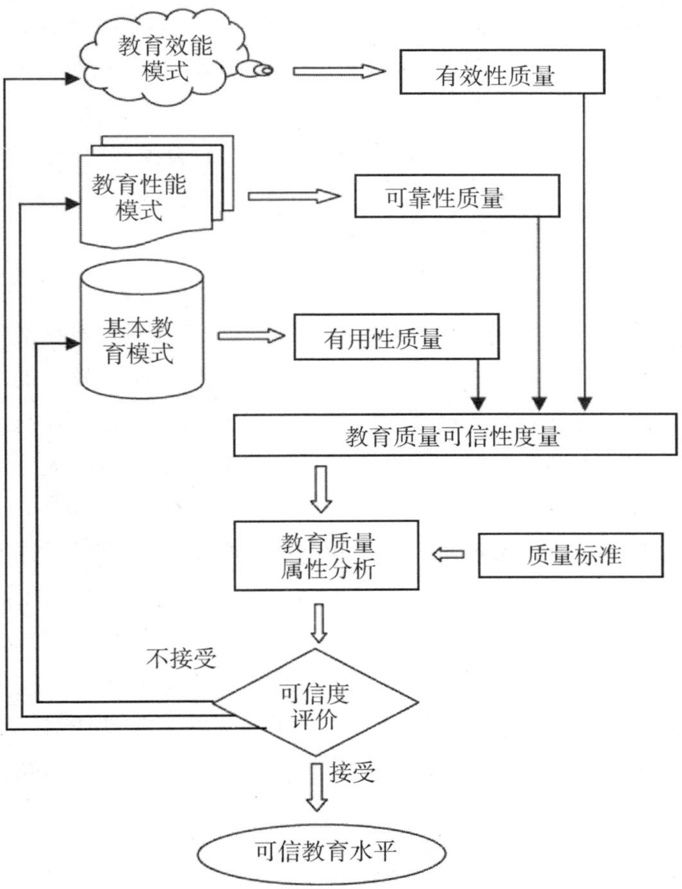

图 7－1 高等教育可信质量体系的基本框架

第四节 高等教育可信质量分析与评价

一、培养目标与教育模式

根据高等教育可信质量体系的基本框架，不难看出，该体系是建立在三个培养目标协同基础之上：一是基本教育模式实现了一般培养目标；二是教育性能模式实现了具体专门人才的培养目标；三是教育效能模式实现了合格人才的培养目标。实际上，基于多目标协同机理的可信教育质量模式，完全符合我国高等教育目的。也就是说，“一切高等教育都要依据我国教育目的和高等教育一般培养目标，培养德、智、体等方面全面发展、人文素养和科学素质具备、具有创新精神和实践能力的专门人才”，它是依据基本教育模式而实现的一般质量标准。另外，对于各级各类高等教育都要有专门培养目标的质量要求，以及具体的人才合格标准，它是通过性能教育模式与效能教育模式协同实现的。

二、基于质量属性分析的教育性能模式

从我国高等教育的属性来看，针对各级各类高等教育专门人才培养目标，有其独自的专业性质与能力(教育性能)，并且，这些高等教育性能质量体现在大学的学科建设与专业设计的质量上。实际分析表明，高等教育的可靠性质量是由两个要素决定的，一是学科建设与专业设计质量，二是学科与专业的学生在所对应行业领域上的适应度。因此，这两个要素决定了专门人才培养目标的实现程度，即教育质量的可靠性程度。

学科建设与专业设计质量是一个专项研究的问题，它决定了大学学科与专业在学术与实践方面的研究水平。我们知道，由于社会经济发展的复杂性特点，造成社会行业领域对知识综合性、多元性、交叉性和特质性的需求，从而使高等教育中的学科、专业面临着社会需求现状是，“专而不具体、广而不充分”，达不到社会对专业人才的性能需求比。为了提高人才可靠性质量，就必须对学科、专业的知识结构进行面向行业领域的优化设计。并且，专业知识的系统属性能够决定教育质量的系统化。

三、基于质量属性分析的教育效能模式

我们知道，教育效能模式实现了合格人才的培养目标，但是，合格人才培养目标的确定是一个比较复杂的问题，换句话说，如何确定一个合格人才的标准是极为困难的。尽管在教育评价理论与实践研究中通过建立相应的评价指标，试图得到一个能够接受的合格人才评价标准，但是并未得到令人满意的结果。主要原因在于，教育本身的模糊属性造成评价标准的不确定性。例如，什么是对教学内容的了解、理解和掌握，这些评价术语本身就是模糊的。通过考试得出学生学业成绩的评价结果，已经成为不可改变的模式传承到今天。但是，大量的调查表明，大学的学业成绩与个人的职业成就并没有多大的相关性。

从有效性质量的系统属性角度来说，专业人才规格具有一定的层次性分布。不同类型的高等教育，以及不同的专业人才，在不同的社会行业领域会有相应的能级分布，也就是教育有效性质量的分布，也可以称为高等教育适应度景观，如图 7－2 所示：

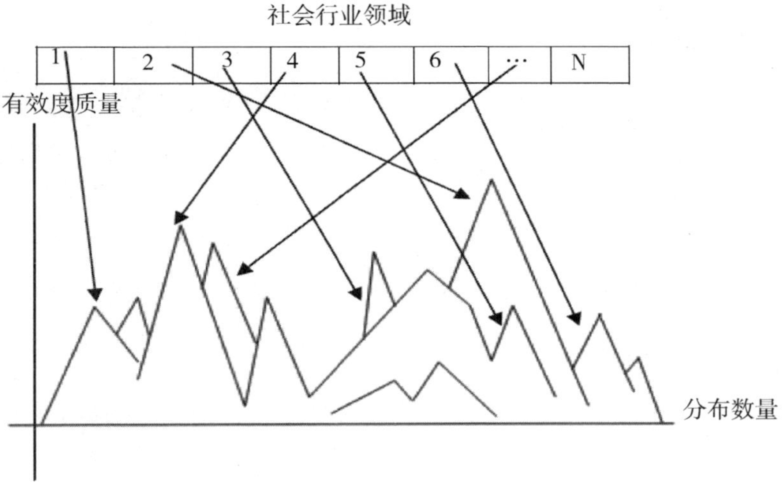

图 7－2　高等教育适应度景观

研究表明，大学的教学质量决定了高等教育的有效性质量。在大学的教学过程中，教与学之间存在着信息不对称，因此，在教学质量和学习质量方面会出现不同程度的信息缺失，从而会降低教育系统自身有效性质量。并且，这种有效性质量会直接影响到高等教育在社会上的有效性质量，同时，也就形成了不同的高等教育适应度景观。因此，应采取可拓教育模式，在社会与教育模式之间构建一种提高有效性质量的转换桥，解决社会、教育模式与受教育者之间的不相容问题。通过对有效性质量的模糊度进行分析和评价，根据不同的高等教育类别和特点，建立有效度的分类等级标准，得出有效质量的评价结果，采用可信质量评价方法，得出相应的高等教育的可信质量。

第五节　可信质量的实证分析

公安高等教育是我国一种具有特殊行业属性的高等教育。改革开放 40 多年来，与普通高等教育一样，公安高等教育不论在办学规模、学科专业建设以及在人才培养规格的设计与实践研究方面都不同程度地得到了长足发展。但是，在实现公安高等教育过程中，值得关注的话题是，如何确定合格人才培养的质量观，也就是说，一个人民警察的质量标准是什么？这是公安高等教育质量评价的核心问题。

一、研究方法和过程

本研究采用问卷调查方法，受访者分别是一线警察和从事公安教育的专家。根据现代抽样分析理论，以“人”为研究对象的调查研究，若是全国性的研究，其平均样本人数大约在1500人至2500人，若是地区性研究，样本人数大约在500人至1000人。本研究为地区性的研究，选择抽取700份样本。整体抽样程序的样本配置与抽样误差如公式所示：

$$n_i = \frac{N_i}{N} \times n$$

变数说明：N：总母体数，N_i：某区域母体，n_i：某区域应抽的样本数，n：总样本数，i：代表某抽样区域。在抽样误差方面，无限母体计算的公式如下：（信心水平 $1-\alpha=0.95$）

$$d = Z_{\frac{\alpha}{2}} \times \sqrt{\frac{1}{4n}}$$

由于各区域均为有限母体，在抽样误差方面，需加上一有限母体修正项，其计算的公式如下：（信心水平 $1-\alpha=0.95$）

$$d = Z_{\frac{\alpha}{2}} \times \sqrt{\frac{1}{4n}\left(\frac{N-n}{N-1}\right)}$$

本研究的问卷初稿完成，即于2018年12月20日至12月25日间，由研究者将问卷送请警界专家6人、民意代表2人以及具有统计专长者1人，共计9位实务界资深专家进行审查。同时分别对大连市、沈阳市等地区的一线干部管理人员各20名实施预试。问卷调查时间在2018年1月至2018年3月，调查方式为人工分发纸本问卷。合计发放700份问卷，回收340份问卷，各类型调查访谈人员样本数配置均达60份（≥20），符合第二层样本数的需求，因此满足95%置信水平，实际配置后的有效总样本数为489份，有效回收率为84%，总抽样误差为正负2.3%。

二、办学目标质量水平

公安高等教育首先要实现的是对人才培养的一般目标。采用毕业率与一般培养目标实现程度综合分析方法，得出我国公安高等教育基本质量水平（可用性质量水平）。

1. 公安高校毕业率

通过对20所公安高等院校调查得出，我国公安院校的毕业率（以学位率为统计角度)是96.3%。根据教育部学生司的有关统计数据，就2011年全国普通高校毕业生的统计数据，我国高校的毕业率则大约为97%。因此，可以得出公安高等院校的毕业率接近普通高校的水平。

2. 一般培养目标实现程度分析

采用问卷调查的方式，对公安院校毕业生实现培养目标中各项指标的情况，进行重复感知统计分析，得出可信的感知结果。

表7-1　实现培养目标问卷感知表

	A	B	C	D	E	F	G
好	0.63	0.33	0.82	0.36	0.19	0.26	0.56
较好	0.18	0.25	0.1	0.23	0.26	0.24	0.21
一般	0.16	0.36	0.06	0.26	0.32	0.28	0.15
较差	0.02	0.04	0.02	0.12	0.13	0.11	0.06
差	0.01	0.02	0	0.03	0.1	0.11	0.02

其中，A：德，B：智，C：体，D：人文素养，E：科学素质，F：创新精神，G：实践能力。根据公安高等教育人才培养的职业特点，相应地确定指标的权重为：

(A，B，C，D，E，F，G)=(0.2，0.2，0.2，0.05，0.05，0.10，0.20)。

采用多指标模糊综合评价得出一般培养目标实现水平是0.85。因此，得出公安高等教育基本办学目标水平(可用性质量)为 $A=0.96\times0.85=0.81$。这一可用性质量表示了全国公安院校的平均水平。

三、公安专门人才培养质量分析

从教育性能质量角度来分析，公安高等教育性能质量(可靠性质量)可以通过公安专业性质与特定能力得到体现。从公安的行业角度看，公安专业是为满足从事警察职业必须接受训练的需要而设置的。并且，许多公安专业处于公安学科发展与相关的警察岗位需要的交叉点上。正是这种交叉决定了专业的公安学科属性和警察职业属性。因此，专业人才的培养质量，必须通过受教育者从事本专业所对应的警察岗位状况得以体现。

通过对某地区2000—2009年公安院校毕业生所从事专业岗位的调查，得出的结果如表7-2所示：

表7-2 公安专业人才从警岗位分布情况

	刑警	治安警	经警	交通警	网警	狱警
侦查学	0.34	0.23	0.22	0.11	0.12	0.00
侦查学（经济犯罪侦查方向）	0.23	0.24	0.33	0.08	0.12	0.00
侦查学（治安学方向）	0.24	0.33	0.23	0.08	0.12	0.00
侦查学（刑事司法方向）	0.01	0.01	0.01	0.00	0.00	0.97
刑事科学技术	0.36	0.21	0.13	0.12	0.18	0.00
刑事科学技术（痕迹检验方向）	0.43	0.28	0.10	0.12	0.06	0.00
刑事科学技术（计算机犯罪侦查方向）	0.13	0.19	0.07	0.10	0.51	0.00
刑事科学技术（道路交通安全方向）	0.06	0.10	0.04	0.78	0.12	0.00

公安院校学生从警岗位分布的统计结果表明，除刑事司法和道路交通安全专业的学生从警岗位基本对应所学专业外，其他专业的学生所从事警务类别具有不同程度的偏差，产生不同的专业适应度分布。例如，痕迹检验专业的岗位适应度为：（刑警，治安警，经警，交通警，网警，狱警）=（0.43，0.28，0.10，0.12，0.06，0.00）。因此，不同程度地降低了公安高等教育的可靠性质量。这种现象来自两方面的原因：一是专业设计不合理，具体反映在许多专业与岗位对应的不具体，无法为学生定制专业意识和实际警务感知，所以造成从警岗位选择随意性。二是受教育者专业选择的偏差，从而造成教育资源的浪费，一定程度上降低了公安高等教的可靠性质量。基于以上分析，我们得出了该地区公安高等教育的可靠性质量是 $R = R_1 \times R_2$（其中 R_1 是专业适应度，R_2 是专业选择偏差度）$=0.58 \times 0.87 = 0.47$。

四、合格专门人才培养的质量分析

公安院校合格专门人才的培养（以下简称合格人才）是公安高等教育的目的，

这是毋庸置疑的。核心问题是如何确立合格人才的标准，如何建立合格人才的评价体系，如何提高合格人才的比例乃是寻求公安高等教育可信质量的关键。

在公安高等教育可信质量研究中，有用性质量、可靠性质量和有效性质量不但体现三种培养目标的不同意义，并且三者之间具有一定的相互影响关系。即有用性质量是后两者的基础，质量水平具有相对稳定性。当专业人才与公安职能岗位达到相互适应并趋向稳定时，可靠性质量在一定的时期内是稳定的。因此，我们不难发现，对于公安高等教育来说，真正影响可信质量的是有效性质量（合格人才质量）。

所谓合格人才指符合公安职能岗位的需要、胜任相对应的警务工作以及适应公安工作变化的人才。实际上，这种合格人才的标准就是专门人才在实际职能岗位上的有效作用。

（一）研究方法与步骤

这里就公安院校毕业生应具备哪些警务能力这一问题，采用特尔菲法（Delphi Method，专家调查法）对从事警务工作的专家进行了三轮 310 人次的调查。根据三轮调查结果进行归纳整理，概括为 12 项警务能力：x_1 为学习纠错能力，x_2 为感知决断能力，x_3 为应变控制能力，x_4 为调查研究能力，x_5 为沟通协调能力，x_6 为发现问题能力，x_7 为信息获取能力，x_8 为实践创新能力，x_9 为信息处理能力，x_{10}为合作工作能力，x_{11}为独立行动能力，x_{12}为心理适应能力。

运用警务能力的主成分分析建立了警务能力的结构模型。主成分分析是一种统计方法，它可以从为数众多的“变量”中概括和推广出少数的“因素”，用最少的“因素”来概括和解决大量的观测事实，从而建立起最简洁、最基本的概念系统。对 120 名警察的警务能力测定结果进行统计运算，以期客观、定量地揭示警务能力的内容结构，建立了警务能力的结构模式，从而为公安院校毕业生警务能力培养的目标和内容规划提供量化依据。

（二）警务能力结构模式的建立

1. 统计分析结果

从相关系数矩阵出发（见表 7－3）对警务能力调查所得相关系数矩阵作变换，使其方差达到极大，采用“QR”法计算出相关矩阵的特征值（ λ_i ）和特征向量（ V_i ）。把 λ 值按大小顺序排列并计算其贡献率及累计贡献率，即：

$$\frac{\lambda_i}{\sum_{i=1}^{P} \lambda_i} = \frac{\lambda_i}{P}$$

依据“Kaiser－Guttman”法则，通过主成分个数的选择，依特征值大于 1 而定。由特征值和特征向量按公式 $a_{ij} = U_{ij}\sqrt{\lambda_i}(i = 1,2\cdots,12;j = 1,2,3,4)$ 得出警务能力的相关系数矩阵。

表 7－3 警务能力相关系数矩阵

	x_1	x_2	x_3	x_4	x_5	x_6	x_7	x_8	x_9	x_{10}	x_{11}	x_{12}
x_1	1.00											
x_2	0.45	1.00										
x_3	0.28	0.14	1.00									
x_4	0.24	0.19	0.36	1.00								
x_5	0.18	0.05	0.19	0.25	1.00							
x_6	0.06	0.10	0.19	0.25	0.28	1.00						
x_7	0.15	0.16	0.16	0.21	0.13	0.41	1.00					
x_8	0.17	0.33	0.14	0.31	0.18	0.14	0.28	1.00				
x_9	0.05	0.02	0.11	0.19	0.32	0.60	0.28	0.08	1.00			
x_{10}	0.12	0.22	0.11	0.28	0.12	0.19	0.17	0.20	0.06	1.00		
x_{11}	0.18	0.29	0.14	0.29	0.04	0.19	0.16	0.23	0.04	0.56	1.00	
x_{12}	0.21	0.26	0.23	0.25	0.16	0.10	0.08	0.11	0.17	0.30	0.31	1.00

2. 主成分分析

依据相关系数矩阵求出初始因子载荷矩阵。由于初始因子载荷矩阵中 a_{ij} 在各列中的大小比较分散，因此，需要进一步做变换。对已求得的初始因子矩阵，形成了四个初始因子轴，每个因子轴所代表的实际意义是根据最靠近因子轴的指标特征值来决定的。为了使因子轴最大限度地代表某些指标的意义，必须进行因子轴的旋转，使某些指标更靠近因子轴。

本书使用方差极大法对初始因子进行正交旋转，得正交因子解如表 7－3 所示。在每一主成分上，只有少数几个指标因子载荷较大，即分类比较集中。根据表 7－4 的结果将 12 项能力分为四类，表中每列的值是主成分方差贡献，它是衡量各主成分的相对重要性指标。

表 7－4 正交因素表

	第一主成分	第二主成分	第三主成分	第四主成分
x_1：学习纠错能力	0. 0764	0.0016	* －0.5908	－0.5104
x_2：感知决断能力	0.1845	0.2335	－0.2836	* －0.6855

续表

	第一主成分	第二主成分	第三主成分	第四主成分
x_3：应变控制能力	-0.1558	0.0494	* -0.6864	-0.0920
x_4：调查研究能力	-0.2825	0.3124	* -0.4624	-0.2275
x_5：沟通协调能力	-0.4567	-0.0373	* -0.4693	-0.0069
x_6：发现问题能力	* -0.8449	0.1228	-0.0366	-0.0464
x_7：信息获取能力	* -0.5691	0.0936	0.1239	-0.5072
x_8：实践创新能力	-0.1881	0.1686	0.0015	* -0.7093
x_9：信息处理能力	* -0.8075	0.0075	-0.1426	0.0824
x_{10}：合作工作能力	-0.0853	*0.8338	-0.0261	-0.0986
x_{11}：独立行动能力	-0.0482	*0.8312	-0.0401	-0.1826
x_{12}：心理适应能力	-0.0448	*0.5230	-0.5115	0.0889

（三）警务能力结构模式

通过警务能力调查的主成分分析，得出了警务能力的结构模式。表7－4中标“*”的数据为每列中的高因子载荷，也就是说每一主成分所包含的主要项目。各主成分的命名是以具有因子载荷的项目中归纳共性，加以综合确定的，主成分方差贡献是衡量各主成分相对重要性的指标，方差贡献越大说明其地位越重要。

第一主成分因子载荷量较大的是 x_6, x_7, x_9，我们概括警务信息素养，第二主成分上因子载荷量较大的是 x_{10}, x_{11}, x_{12}，我们概括为警务执行能力，第三主成分上因子载荷量较大的是 x_1, x_3, x_4, x_5，我们概括为警务工作能力，第四主成分上因子载荷量较大的是 x_2, x_8。我们概括为思维创新能力。

主成分分析计算为我们建立了警务能力的结构模式，它客观、定量地反映了警务能力的有机构成。如图7－3所示：

（四）警务能力的比较分析

警务能力是一个由相互关联、相互依存的多因素所构成的复杂系统。“系统愈复杂，它的模糊性愈明显”。而客观事物的模糊性往往不是由单个因素决定的，而是由多个因素决定的，因此，可以对警务能力这一多因素所构成的复杂系统进行综合评价，采用模糊综合评价方法对公安院校与非公安院校毕业生警务能力进行了比较分析。其中将表7－4的主成分方差贡献值作为评价因素的权

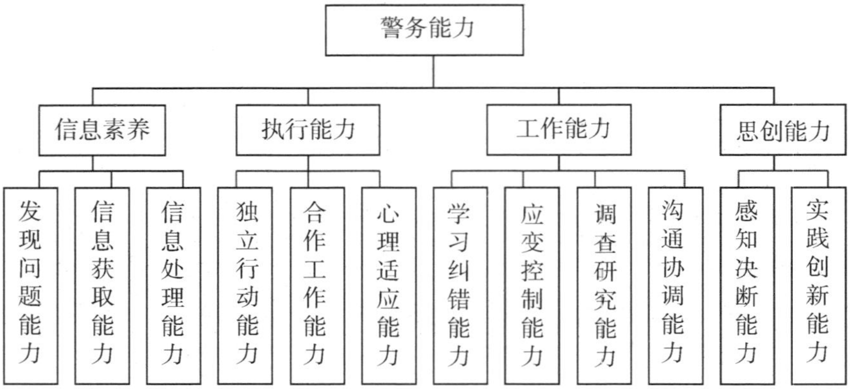

图 7-3　警务能力的结构模式

重分配，使结果更加符合实际。通过模糊综合评价和 X^2 检验，其结果如表 7-5 所示：

表 7-5　公安院校与非公安院校毕业生警务能力评价

	组别	好	较好	一般	较差	差	合计
综合评价结果（%）	公安院校毕业生	13.8	21.1	26.6	23.8	14.7	100
	非公安院校毕业生	13.2	21.7	27.4	24.5	13.2	100
人数	公安院校毕业生	a_1：57	b_1：87	c_1：110	d_1：98	e_1：61	N_1：413
	非公安院校毕业生	a_2：22	b_2：37	c_2：47	d_2：42	e_2：22	N_1：170
合计		A79	B124	C157	D140	E83	N583

X^2 检验结果表明，公安院校与非公安院校毕业生警务能力，没有显著性差异。综合评判结果表明，公安院校毕业生的警务能力不太令人满意。近 70% 的公安院校毕业生警务能力处在一般水平（40% 的人处于较差以下的水平）。这与当前我国现代警务管理建设的要求是极不相称的。

由于培养目标不同，非公安院校不可能对学生进行警务能力的培养和训练。然而研究发现，公安院校毕业的警务人员与非公安院校毕业的警务人员在实际警务工作中的警务能力上并没有显著性差异（$P > 0.05$）。这一检验结果说明，公安院校并没有重视对学生警务能力系统的培养和训练。由于公安院校毕业生警务能力“先天不足”，参加工作后，虽有从事警务工作的愿望和准备，但缺乏警务能力，不能适应现代警务的发展要求。这是公安院校毕业生警务能力不太理想的主要原因。

到目前为止，公安院校的学生警务能力的培养问题仍没有引起足够的重视和很好的解决。通过对某届毕业生警务能力经验评定的综合评判结果来看，该届毕业生警务能力比以往的毕业生还要差。因此，未来人民警察的警务能力“先天不足”的危机仍然存在。因此，加强公安院校毕业生警务能力的培养已是公安院校的一项迫切任务。

(五)公安院校毕业生警务能力培养的初步设想

能力形成发展的决定因素是人们所处的社会环境，所接受的教育以及所从事的实践活动。显然，公安院校毕业生警务能力的培养对公安院校的教育与教学具有更大的依赖性。知识、技能是人们能力发展的前提条件，无知便无能。警务能力的培养是以警务知识、技能的掌握为前提，然而传授什么知识，掌握什么技能却受公安专业教材设置的制约。因此，公安院校的教材设置是警务能力培养的重要方面。警务知识、技能是警务能力发展的前提条件，而知识、技能获得的效果则取决于教学方法是否符合公安教育的客观规律和警察职业的特点。因此，教学方法的运用是未来警务能力培养的关键环节。能力虽依赖于一定的知识技能，但知识技能与能力并不是等同的。知识、技能只有经过实践的系统化、概括化才能形成能力。能力只有在实践中，而且只有在那些没有这些能力就不能实现的活动中表现出来。公安人员的警务能力的培养，主要通过两方面的实践，一是获得知识技能的实践，即实际警务工作，二是运用知识技能的社会管理实践。这两方面的实践是密切联系不可分割的，因此，警务社会管理实践是警务能力培养的重要途径。

警务能力，是公安院校毕业生未来卓有成效地完成现代警务工作所必备的职业能力。其基本内容包括：警务素质能力、警务执行能力、警务工作能力、警务思创能力。这四个能力相互制约、相互依存、相互促进，构成一个不可分割的有机整体。在公安院校毕业生警务能力培养方面，课程设置、教材优化以及教学方法的设计是不可缺少的三个方面。面向对象式的教学内容是警务能力培养的前提，能力指标评价的教学方法是警务能力培养的关键环节，课外管理实践是能力培养的重要途径。为适应警务能力培养的需要，公安院校必须进行教育与教学改革与创新。

第八章

公安学科建设与优化①

第一节　公安学科建设内涵

一、公安学科的性质、地位和研究对象

从学科建设的角度看，公安高等教育学学科尚处于初创阶段。无论国内国外，警察教育学作为一门学科，其发生发展时间较短，还不成熟。学者对其研究主要还是集中在学科研究对象的各个方面，其研究和论述角度各不相同，既有总括高等教育发展规律，也有透视警察教育领域内某一具体问题。

学科建设的目的是要培养高素质人才，出高水平成果，为国家或地方科技进步、为社会和经济的发展服务，提升高校的综合办学水平和办学层次。为推进公安高等教育的学科长足发展，更好地为公安工作和公安高等教育服务，公安高等教育学学科建设应该首先明确其学科建设的基本问题——学科性质、学科定位和研究对象；其次应该明确学科建设的构成要素，在此基础上汲取其他学科建设的精华，从学科实际出发，制定出切合实际的、有利于自身发展的建设思路、建设目标和建设重点，努力在学科带头人遴选、学术梯队建设、科学研究、人才培养等主要方面有所成就，真正确立公安高等教育学的学科地位。关于上述公安高等教育学学科建设基本问题有如下三种观点：

(1)公安高等教育学学科的性质。公安高等教育学属于应用学科。

(2)公安高等教育学学科的地位。公安高等教育学科归属于公安管理二级学科。

---

① 章晓麟、谭胜：《公安高等教育学学科建设研究》，载《中国人民公安大学学报(自然科学版)》，2008 年第 4 期。

(3)公安高等教育学的研究对象。公安高等教育学的研究对象是公安高等教育的现象及公安高等教育内在规律。

二、公安高等教育学学科构成要素

一所高校的学科水平是其科学研究、人才培养、学术梯队、资金条件等水平的综合表征。具体来说，高校的学科建设构成要素主要由两个层次构成，其中学科带头人、研究方向、发展规划、资金投入为第一层次，属于学科建设的核心层或基础层，起着决定学科产生与生存的关键作用；而学术梯队、人才培养、科技开发、学术交流为第二层次，属于学科建设的功能层或作用层，决定着学科的发展能力与水平。从理论上讲，这两个层次、八个要素从整体上构成了一个高校学科建设的基本结构体系，由此决定了学科的建设规模、发展实力和影响力。公安高等教育作为一门初创学科，其构成也由上述的两个层次、八个要素构成。

科研工作、队伍建设、人才培养、资金条件是学科建设的主要要素和环节，这四个要素环环相扣。其中科研工作是主导，人才培养是根本，它们构成高校承担的科技和教育任务的统一体；队伍建设则是二者发展的关键，资金条件是保障。在具体决策时，要将四大要素工作的指导思想、目标和措施以及服务、管理体系统一到全校学科建设规划中，形成学科建设体系。学科建设体现在学科水平上，科研水平则是学科水平的主要标志，表现为有一批高水平的科研成果。学术梯队是关键，具体为应有一支高水平的、年龄结构及水平层次合理的、有组织的、可持续发展的师资队伍。人才培养是目的，具体为高校高等教育的质量与层次，其发展趋势是从专科、本科教育向研究生教育直到国家和世界一流大学发展。资金设施条件是基础，是保障其他要素顺利发展的基本条件。尽管公安高等教育学在学科建设方面已经取得了一定的成果，但从总体上看，公安高等教育学的研究尚属起步和初创阶段，作为一个学科还没有建立完整的理论体系，其学科建设任重道远，还面临着许多需要克服的难题。同时，学科建设又是一项系统工程，涉及人才培养、科学研究、队伍建设等各个方面，各方面的发展必须统一协调，片面强调某一个侧面，将使整个系统受到损害，降低系统效率，制约系统的发展。

三、公安高等教育学科建设的特点

公安高等教育的学科建设具有公安行业、职业或技术的定向性和地方性。在学科与专业的关系上，研究型大学的学科是专业设置的基础，学科专业的发展具有明显的导向作用，学科建设取得的成果支撑专业建设。与之相反，公安院校以开展应用型公安教育为主，与本地区的公安工作紧密相连，其培养的人才以适应地方公安工作与经济社会发展需要为本，因此，专业建设显得尤为重要。公安本科院校依据区域公安工作特点设置专业，专业设置具有公安行业性和地方性特点。一旦区域社会经济发展带动了公安工作的变化，对高级公安应用型、专门型人才的数量和规格提出新要求，应用型公安本科院校的专业建设亦要随着公安人才需求的变化而相应地进行调整。应用型公安本科院校以应用为导向，其学科专业建设必须加强与公安行业的联系，任何新专业的设置均建立在对公安行业及警务工作调查的基础上，专业课程体系也必须反映公安行业标准和各个警务工作岗位能力的要求。

公安院校依据区域经济社会发展的公安行业需要设置专业，并据此确定专业培养要求，再根据专业培养要求选择作为专业理论基础的主干学科。公安本科院校是以经济社会发展及公安工作为导向，以专业建设为先，以学科建设作为专业建设的支撑和保障，最终实现学科专业建设的一体化。

四、公安高等教育学科优化建设思路

（一）学科建设应遵循的原则

（1）以需求为导向的原则。学科建设必须适应社会发展和公安形势的发展，脱离现实需求，学科建设就会成为无源之水、无本之木。

（2）以科学研究为载体的原则。以承担对社会发展、科学进步和公安工作具有重要促进作用的研究项目为载体，通过组织实施科学研究，推动学科整体建设上水平、出人才、出成果。

（3）以特色求发展的原则。坚持走以特色取胜的发展道路，突出优势、形成特色、异峰突起。

（4）开放式建设的原则。在学科组建、科学研究、学科梯队建设、人才培养等方面要引进国内外优质教育资源，开展多种形式的共建合作。

（二）目标与举措

（1）确定学科发展目标。学科发展无疑应当有优先而具体的目标。如果不明确优先目标，加以引导组织，势必使有限的力量进一步分散，相互牵制，甚至导致低水平重复。我们应该在认真掌握学科全局的基础上，依据学校的学科发展规划，在本学科实际情况基础上，即根据主客观条件和公安工作发展趋势，制定出具体的公安高等教育学科发展目标，并制定出发展的阶段和步骤。

(2)遴选与培养学科带头人。学科建设中，学科带头人的作用非常关键。学科带头人应当具有良好的思想道德素质，应当有较深的理论基础、渊博的知识、开阔的思路。他不仅要通晓本学科，而且要洞察相关学科的发展，善于把不同学科的内容融会贯通，不受传统思维的束缚，带领队伍走创新之路。因此不仅要选好学科带头人，而且要把握好学科带头人的培养目标。

(三)构建合理的学科梯队

学术队伍要形成有层次的梯队结构，才能实现合理分工。构建合理的学科梯队，首先要有计划、分步骤地搞好人才的合理搭配。比如：专业结构、年龄结构、职称结构等问题，不仅要适当配备不同专业的人才，而且要形成从基础研究到应用研究，乃至开发研究一整套的队伍。

(四)搞好教学与科研

学科建设中也存在如何处理教学与科研的问题，学科建设要依靠教学才能很好地发展，因此要重视科研成果与教学内容的接轨。通过活跃的科研活动，促使课程体系进一步完善，课程内容不断更新。在研究生层次教学中，融进最新的科研内容不仅可以丰富教学内容，加大信息含量，开阔学生思路，同时还可就科研中的某些难点，发动学生讨论、思考，既可培养他们的科研攻关能力，也可以教学相长，为教师的科研提供新的思路。

(五)促进学术交流，开阔学术视野

事物是在运动中发展的，没有运动就没有生命。科学技术的发展也是在学术的流动中获得动力，尤其是不同学科之间的碰撞，给人们思维以新的启迪，学术交流活动正是它的桥梁。应开展广泛的现场交流活动，创造不同学科之间的交流机会，鼓励学术思想交流，拓展新的学术思路，扩大学术视野，展宽学术基础，推动公安高等教育的进一步发展。

第二节　公安专业设置优化

众所周知，公安院校专业设置是否合理关系到公安院校的可靠性质量，也决定了公安高等教育的可信质量。公安高等教育经过盲目发展期和政策波动期后，公安部门对公安高等教育的依托将会越来越大，公安院校与公安一线的关系也越来越紧密。面对不断变化的公安行业需求和发展态势，公安院校在专业设置上将如何应对，这是摆在公安院校乃至整个公安高教领域面前的一个十分现实的问题。

一、公安需求与专业设置关系

(一)从专业属性看公安需求与专业设置的关系

社会分专业纳才，国家分专业办学，高校按专业培养人才。从公安院校角度看，公安专业是为在一定公安学科范围内履行人才培养的职能而设置，一般可在设置口径、设置方向、设置时间、设置空间等方面进行形态变化设计，以充分施展公安专业设置在人才培养活动中的多方面作用。从公安行业领域来看，公安专业是为满足从事一定的警察职业必须接受训练的需要而设置。因此，公安专业处于公安学科发展与一定的警察职业需要的交叉点上。正是这种交叉决定了专业的公安学科属性和警察的职业属性。

公安学科是公安专业发展的基础，公安专业的发展需要稳定的公安学科根基，公安专业因学科具有稳定性。公安专业设置反映了国家警察职业的客观需求，公安专业需随着经济的发展、人口的增长、社会安全与管理模式等变化而变化，并且公安专业因社会安全管理的需求发展具有灵活性。专业设置关系到公安高校的办学方向、特色以及资源效益，更关系到学校能否主动适应我国公安队伍的建设与发展的需要。因此，建立科学、合理的公安专业结构就成为公安高等教育的一项重要任务。公安需求按照类别可分为人力需求、知识需求、精神需求等，按照显示度又可分为现实的显性需求和未来的潜在需求。公安专业设置既要满足显性需求也要适度满足潜在需求。

(二)从警察职业结构与公安教育结构的关系上确定需求与专业设置的关系

总体上讲，公安教育结构与警察职业结构是一种相互影响、相互促进的辩证关系。一方面，警察职业结构的社会性对公安教育结构产生影响。实际上，与普通高等教育受社会结构的影响类似，我们知道，社会结构中职业结构变化对教育结构中专业结构的影响越来越明显。另一方面，公安高等教育结构对公安行业结构的改进作用已经逐渐从消极的适应向积极的适应转变，并且作用日益增强。这种积极的适应与改进作用主要是通过培养和满足一定公安行业结构所需人才、提供科学技术服务与智力，并根据预测未来警察职业结构的发展变化趋势，主动调整公安教育的各种结构来促进公安职业结构向合理化的方向转化，促进警察职业结构不断改造、优化和升级来实现的。

二、专业设置适应社会需求变化的策略

根据现状，我们认为公安高校专业设置应该提高适应性，提高针对性，强化综合性，质量为本，特色取胜；增强可持续性。

（一）拓宽思路，提高适应性

专业范围的宽与窄，是专业划分和设置中争论不休的热门话题。拓宽口径是科学研究的需要，是增强人才适应性的需要，也是专业设置、调整的方向。目前公安专业教育后延已成趋势，目录外专业增多的趋势也反映了公安需求的多样化，所以，应用发展的眼光来看待公安高等教育自身与公安队伍建设的关系，需要根据社会治理发展实际来确定公安高等教育的中长期发展目标。公安院校的人才培养应考虑学生的知识结构，宽口径设置专业并加强基础教育，为学生日后的警察职业转换奠定知识和素质基础。

（二）注重前瞻，提高针对性

公安高等教育的警察职能针对性，应反映在公安高等教育专业设置与公安行业发展的适应度上。新的公安需求变化会引起公安高等教育专业设置的变化，而公安高等教育新的专业设置及新型人才培养又会促进公安队伍结构的优化。提高针对性，还指公安专业设置既要遵循高等教育学科专业自身发展规律又要遵循公安领域发展规律。在现阶段，公安专业设置应强调应用型人才培养的力度，以满足公安队伍建设的主流需要，需大力发展与警察职业紧密结合的应用型专业。公安高校特别是地方公安高校应根据区域经济建设社会发展需要，合理配置公安教育资源，积极设置和建设面向地方社会治理的应用型专业。

（三）多学科交叉，强化综合性

公安高校复合型人才的培养要求建立跨学科的教学和研究组织，整合不同学科和课程，使专业具有综合性，打破教研室、系办专业的固化，通过构建不同层次、不同类型的课程体系和教学内容，以不同课程组合实现不同的专门化。跨学科设置专业也必将成为公安高校专业设置的趋势，这也是人民警察对复合型人才培养的客观要求。在现有公安专业目录下，为进一步强化学科复合，可以在一定的二级学科中设置专业，打通学科基础，灵活性地设置专业方向；或者整合现有专业，进一步交叉和融合。

（四）注重效果，质量为本

注重专业效益，要以保证质量为前提。21 世纪以来，公安高等教育为提高自身质量一直进行不间断的教学改革。应该说，提高公安高等教育的质量已经

成为人们特别关注的问题。这是因为满足公安部门对公安高等教育的需要与期望最终取决于高等教育的整体质量和各专业质量，即公安高等教育的可信质量。

具体来讲，专业质量包括专业方向的前瞻性，即满足未来公安发展需要；专业基础的扎实性，即构成专业的软硬资源（师资、学科基础及教学基础设施、图书等）是否充分；专业质量的保障——专业评估与专业认证体系的建立，公安院校在专业质量上要按照以上要求进行建设。

（五）更新理念，特色取胜

公安专业设置应更新理念，以特色取胜。专业特色应反映在办专业的理念、思路和措施上，具体表现在课程设置、专业人才培养模式和专业管理等方面。形成公安专业特色需要坚持专业的多样化发展道路，保持和体现专业的警察文化特性。专业中的警察文化差异是构成特色的基本元素，要特色就是既要保持传统，又要促进文化的创造及多样性发展，这也是专业特色发展的需要。同时，公安专业特色发展还要求大力促进专业非均衡发展。

（六）面向未来，增强可持续性

公安院校的专业设置要体现可持续性的发展要求，必须进行总体规划研究，从社会对公安行业需求发展的角度进行可行性分析与预测，在此基础上做好中长期发展规划。

普通高等教育规模与发展趋势研究是在一定的社会与经济要素指标假设前提下，根据人口增长、科技进步、人均 GDP 以及知识价值指标等多元相关分析的结果，建立高等教育规模的数学模型。但是，现实社会的发展与演化已经证实，一些模型的假设条件存在着较大的偏差（由于信息获取的不完备性），所以，得到的结果必须通过信息的修正（何平，2008）才能达到可信的结论。研究表明，基于公安机关人民警察的职业特点，公安高等教育规模的优化不能仅仅依据单一的教育属性，它具有多元的、非线性的和模糊未确知的系统特征。公安高等教育可信规模实际上是寻求一个合理的（最满意的）高等教育结构，这种结构就是一个与社会经济发展同步，满足教育供给与需求最大适应度的自组织协同系统。

不论是哪个领域的高等教育规模研究，其可信规模的研究模式都是一样的，因此有如下问题需要进一步研究：什么是高等教育的适度规模？尽管高等教育经济学的理论已经比较成熟，但是，基于知识与经验的高等教育协同研究还需要系统化，特别是公安高等教育这样的教育系统。另外，高等教育系统的自组织特征是什么？由于高等教育需求规模的不确定性，因此，探讨高等教育可信规模的模糊度是一个有意义的课题。同时，如何解决教育需求信息的不完备性以及教育系统熵理论，也是一个有价值的研究方向。

高等教育质量理论研究要依据高等教育质量的模糊属性、系统属性和社会经济属性，同时，高等教育质量必须强调有用性、可靠性和有效性。不同类型的高等教育，对可信质量的标准是不同的，也就是说，应该具有特定的人才培养社会适应度分布。各级各类高等教育可以根据其办学规模和人才培养规格，设计符合社会行业领域的学术和实践特点的适应度景观。通过对某地区公安高等教育质量实证分析，得出的结论是：教学水平是提高有效性质量的关键，并且教学内容的教与学的质量应该体现职业能力要素。另外，公安高等教育的一般质量具有较高的水平，专门人才培养质量处于非平衡的波动状态，合格人才培养质量必须要大幅度地提升。

研究表明，公安高等教育要提高可信水平必须寻求满意“量质效”标准，实现合理目标的前提是优化公安专业设置，并且专业设置应该增强适应性、提高针对性、加强综合性，以质量为本、以特色取胜、强化可持续性。

第三节 公安学科的课程设置优化

一、国外的启示与借鉴

以美国警察学科的课程设置为例，可从中得到一定的启发。美国警察教育由于在警察教育领域内部分工不同，通识教育和专业教育相结合的理念贯穿美国警察学历教育的始终，也决定了其学科体系的务实性，如设置有安全学、刑事司法学等课程。美国警察教育界这一认识反映到人才培养模式和学科设置方面就是注重课程的广而博，注重课程基础性和理论性的把握，注重心智的培养。

美国教育联合委员会认为，高质量的刑事司法教育必须坚定地依赖于广泛的通识教育。为达此目标，警察高等教育除了设置符合时代与警察要求的课程外，还应包括很强的通识教育(General Education)或文理教育兼容(Interdisciplinary Education)，其中尤应加强人文社会教育和基本的表达技巧的训练。就能力而言，警察学历教育在注重刑事司法及相关专业知识需求的同时，重点培养学生逻辑推理、语言表达、视觉空间、身体协调性、节奏感、人际关系、自我认知、恰当处理人与自然的关系以及塑造一整套能够适应社会需求的价值观等方面的能力。

在警察专业教育方面，美国遵循2000年学科专业目录来设置相关学科专业，并已经形成相对特殊的知识领域。根据专业方向的不同，每个专业都设有专业必修课和核心课程，这些课程注重刑事司法教育理论层面，与职业技能培训相比更具有基础性和学术性，由此保证学生对犯罪问题和刑事司法体系问题有全面的了解，使之感受到刑事司法专业的跨学科性质。佛罗里达州立大学的丹尼尔·卡津教授阐述了警察专业教育的初衷，即犯罪学和刑事司法学是从学术上进一步探寻犯罪的根源，通过发展控制犯罪的策略，提高公众的法治意识，促进司法公正。同时，专业课程体系之中，设置一门检验刑事司法工作道德的课程；一般情况下，研究方法、统计学、计算机技术也是作为总体课程的一部分，这样使学生获得必要的专业素质和拓展技能。与此同时，课程设置理念与警务人才培养模式紧密呼应，美国警察学历教育前期不分研究方向，设置的是通识课程，突出有关教育的基础性，而高年级涉及专业领域的课程实行方向制，突出有关特别方向的设计，学术理论性仍是其关注的一个重点。

二、课程创新优化的基本原则

公安院校课程改革是一种结构性的改革，是一件事关未来公安人才培养的大事。课程结构虽属人为结构，但它绝不是人们随意拼凑出来的。课程体系中要素的搜集与确定，要素间的相互比例与组织关系的调整，绝非一个简单的加减和人为组织过程，其变化必须遵循一定的规律，依照一定的原则。

(1)整体优化原则。公安学科课程结构改革是一项系统工程，它不仅涉及系统中的要素——某一门(类)课程本身的优化，需处理好课程门类间的关系，同时，还需协调好课程系统与学校内部其他系统及公安系统的关系。整体效应作为系统论中最重要的观点，它启迪公安院校的课程结构改革与其视之为单个的每门(类)课程的优化，不如将其视为建立一个全新的专业及与之相适应的课程体系的过程。公安院校课程结构改革，也绝不只是对原有结构的简单修补，而必须是一个整体优化的过程。

(2)“少而精”原则。课程设置“少而精”原则旨在解决教学过程中学生学习时间的有限性与人类知识无限性的矛盾。“少而精”的“少”是指数量而言，“精”是指质量而言；“少而精”就是“控制数量，提高质量”；“少而精”的内在实质在于“精”，“精”是矛盾的主要方面，“少”是手段，“精”是目的。“少而精”原则实则是解决课程内容的容量和含量之间的矛盾。从宏观上来看，这一原则旨在减少专业总学时或专业总学分数的同时，更好地实现培养目标。从微观上看，构成课程体系的每门课程，不在于其容量的大与多，而在于其含量的实与精。

(3)个性化原则。从某种程度上说，现有公安学科课程结构致力于培养的仍是传统模式下的专业化、标准化人才。在信息化、现代化的新时代需要的是富有创意的、个性化的人才。个性化原则对于课程设置优化有如下要求：一是要符合学校的人才培养定位，同一专业对于不同性质的学校，其课程设置应有所区别；二是要体现专业特色，同一类型公安院校的相同专业，其课程结构也不应雷同，应展示各自原有课程结构中的特质；三是要考虑学生的不同个性，应设置多样性的课程，通过实施课程难易分层和组织不同方向的课程模块，照顾不同层次和不同兴趣的学生。

(4)学生主体原则。这一原则是大学生的心理特点在课程结构改革中的必然要求。公安院校突出的心理特点是独立性强，具有反思意识和自主能力。这一特点使得大学生在学习过程中，希望较少受到教师的约束，较多地拥有独立学习时间，并根据自我判断，发展自身潜力和个性。学生主体原则反映到公安院校课程结构改革中就是要逐步增加自学课程在整个课程体系中的比重，借以增进学生的独立学习能力，使改革后的课程结构更好地适合学生终身学习的需要。同时，学生主体原则是“学生投入”的保障，“学生投入”作为一种主动的个体化的课程经验，它对提高学习质量，进而在培养目标的实现上具有重大意义。

(5)开放性原则。课程结构的一个重要特性就是客观性，课程结构实则是制约课程的某些事物或客体相互作用的结果在课程内部的综合反映。课程结构的客观性要求课程结构具有开放性，只有开放性的课程结构才能确保其如实反映客观实际。课程结构的开放性原则主要体现在：一是对外部世界的开放，使外部世界的变化及时反映到课程结构中来，从而不断拓展公安院校课程的社会功能；二是课程门类间的相互开放，防止“高深学问”更加“专门化”和“科学主义”化，促进人的全面、充分和自由发展。开放性的课程结构是形成一个灵活而富有弹性的课程体系的前提，它能靠自身机制对外界的变化作出及时反应和调整。封闭、僵化、呆板的课程体系对外界变化产生的影响具有“抵触性”，社会的大的变动只有通过外力才能反映到课程体系中来，而由此作出的人为割舍或改变往往会带来不可弥补的损失。

三、公安学科课程内容优化

公安学科课程结构优化的实质是以培养创新性人才为指导思想而对现有课程结构进行的合目的性改造。它包括两大方面：课程体系构成要素的改造和各组成要素间关系的改造。

（一）通识课程与专业课程之间的结构优化

（1）横向结构：协调比重，注重整合。通识教育课程是旨在培养大学生的多方面素质，促进他们的个性发展，增强其未来工作适应性而构建的各种学科和教育、教学活动的总称。专业教育课程是指直接为学生未来职业做准备而设置的各种课程，它又可分为专业基础课与专业课两大类。建立通识教育课程与专业教育课程间的横向最佳结构，必须明确两类课程各自在培养目标的达成上的作用和地位。通识教育课程与专业教育课程在横向结构上的实质优化是指有意识地整合两类课程，通过专业教育课程来实现大学通识教育的部分目标。事实上，大学的专业教育课程也包含着丰富的通识教育因素，为此，在课程的实施过程中，可将专业教育课程的通识教育目标明确化，积极关注专业教育课程对于通识教育目标达成所具有的隐性功能，借以增进大学课程的通识教育实施效果。

（2）纵向结构：实施“并行推进”。通识教育课程与专业教育课程在纵向结构上的“并行推进”是指打破传统大学教育前两年实施通识教育课程，后两年安排专业教育课程的“二·二分层”式课程组织形式，从而实现通识教育课程与专业教育课程的四年一贯制。传统大学这种“二·二分层”式的课程组织方式所带来的后果是：学生学习兴趣缺乏，通识教育课程实施成效低微。事实上，通识教育是人一生中的一个重要内容，而不仅仅只在18—19岁，整个大学阶段都是接受通识教育的重要时期；另一方面，学生一进入大学就有了强烈的职业兴趣，因此，在一年级就开设几门与专业相关的课程，不但可以激发学生的学习兴趣，增进学习的效果，而且也利于学生在专业兴趣发生转移时，可以尽快转向新的主修领域，从而避免更大的损失。

（二）通识教育课程内部结构的优化

通识教育的实施不只是通过显性课程这一途径，隐性课程对于通识教育目标的达成亦具有重大作用。下面拟从显性课程和隐性课程两个方面来论述通识教育课程内部结构的优化。

（1）显性课程内部结构的优化。通识教育显性课程是指：教学计划中所规定的以实施通识教育为主要目的的各门课程的总和。大学通识教育显性课程包括全校必修课程和文化素质教育选修课程两大类。大学通识教育显性课程组织结构的优化必须实现下述三个转变：

一是变课程组织的“拼盘化”为课程“板块结合”“分布必修”。所谓通识教育课程“拼盘化”是指由于对通识教育课程的开设缺乏论证，而学生选修时又缺乏指导所致的一种杂乱的课程组织方式。“拼盘化”的通识教育课程使“学生从一门狭窄的课程修读到另一门同样狭窄的课，很少能发现它们之间的联系，更看不到知识的总体”。它无法完成其应有的通识教育任务。课程的“板块结合”是指将不同门类但具有相同功用的课程结合在一起，以实现某一具体的通识教育目标。实施课程的“板块结合”有助于大学通识教育各具体目标的实现进而利于通识教育总体目标的达成。课程的“分布必修”是指“对学生必须修习的学科领域(一般为自然科学、社会科学和人文学科)，以及在各领域内至少应修习的课程门数(或最低学分数)作出规定的通识教育课程计划”。“分布必修”的指导思想就是“宽广”，是被作为防止过分专业化的一种“策略”而发展起来的。“分布必修”常常把通识教育的内容限定在几个知识领域内。实践表明，它对拓宽学生的知识面有一定价值，同时被认为是最易于在管理上实施的通识教育实践形式。

二是变课程标准的“统一化”为课程“难易分层”。目前公安院校的通识教育课程，普遍地存在着统一教材、统一难度、统一要求的做法，这直接导致了部分学生学习动机和兴趣的缺乏，不利于学生个性的培养。事实上，设置符合不同个性发展的难度不同的通识教育课程也是通识教育课程结构优化的应有之义。对于通识教育课程体系中的哲学、高等数学、外国语、计算机、文学欣赏等课程，针对不同专业的学生应有不同的难易要求。

三是变课程设置的“随意化”为课程体系“目标设计”。通识教育课程体系“目标设计”是针对通识教育课程设计“随意化”的反思，它指的是这样一种课程体系设计理念：以系统观点为指导，以“目标”需要为中心来选择和组织课程，注重课程间的内在一致性和相互的联系与配合。现有的通识教育课程设置带有很大随意性，主要表现为：“因人设课”，缺乏对每门课程合理性的科学论证；通识教育课程几十年一贯制等。通识教育课程体系中的各门类课程应保持内在一致性，以促进学生各方面素质的协调发展。每类课程不仅要向学生介绍本类型课程的基本知识，也要介绍各学科之间的联系；同时，每一类型课程需进行系统设计，充分考虑与其相关的其他必不可少的互相支撑的门类。鉴于不同的学校有不同的培养规格要求，因此通识教育课程亦需具有多样性，其关键是：在目标明确的前提下，根据目标的需要，坚持“整合”理念，认真进行通识教育课程体系的目标设计。

(2)隐性课程内部结构的优化。隐性课程是指“在学校、班级的环境里，以无意识的方式对学生的知识、价值、行为规范、情感、态度等发生影响的全部信息的总和及其动态传递模式”。隐性课程与显性课程的主要区别在于前者是无意识、无计划的，而后者则是有意识、有计划的。二者有机统一，共同构成了课程的完整概念。在学校教育情景中，教育者和受教育者处于无意识状态的教育情形十分普遍，因此，隐性课程在教育环境中是广泛存在的，它是实现公安院校通识教育目标不可忽视的重要途径，与显性课程具有同等重要的地位。隐性课程主要包括下述几个层面：物质层面，如学校建筑、校园环境等；行为层面，如学生间的交往、师生间的关系等；观念层面，主要有校风、办学方针、教学观念和教学指导思想等；制度层面，包括学校管理体制、学校组织机构以及班级运行方式等。颇具影响的公安院校通识教育隐性课程主要有大学里的各种讲座、社团活动、课外阅读、校园环境、教师人格影响以及专业教育中贯彻的通识教育精神等。

(三)公安专业课程内部结构的优化

公安专业教育课程内部结构优化的直接目的是形成学生合理的专业知识结构。公安专业教育课程内部结构的优化涉及课程门类的改变、比例关系的调整和组织结构的变化三个主要方面，针对公安院校的现状，这一优化过程主要包括：

(1)分科课程综合化。一方面，分科课程是我国大学专业教育的主要实施形式，随着科学技术的发展，时代的进步，这种课程形式越发显示出其不足之处。课程综合化不仅仅只是协调学科与学科之间的关系，它也涉及课程内容与社会需要、课程与学习者之间关系的处理，唯此才能实现学科、社会、个人三者的共同发展。课程的综合化也绝非当前大学普遍流行开设的概论课，即有人称之为“ABC”课程，如公安管理概论、网络安全概论、社会科学概论等，这些都只是较低层次意义上的课程渗透与综合，只是教学内容量上的增加，其作用也仅止于认识本学科以外其他学科且浅尝而已，远远达不到统观知识的目的。另一方面，对于公安专业教育课程，不能形成课程综合程度越高其教育价值就越大的思想，分科课程有助于学生达成对特定知识、技能以及人类活动领域的系统而深入的认识，同时相对于学生全面素养的形成来说，分科课程亦具有前提性或必要性。

(2)主修课程基础化。主修课程在此特指根据某一职业需要而开设的有关该领域专门知识和精深内容的课程。主修课程基础化的实质是解决专业基础课与专业课之间的关系问题，其旨在拓宽专业口径，增强学生在未来社会的适应能力。目前，发达国家许多大学的本科教育通常具有普通教育或基础教育性质，众多单位的“用人基点”也有提升到研究生毕业的趋势；未来最具竞争力的知识结构是“T”形的多元化知识结构，即在广博基础上的专精。这二者足以表明：主修课程基础化是公安院校课程结构改革的努力方向。

主修课程基础化绝不仅是一个看似十分简单的“加强基础，拓宽知识面”的问题，它涉及对人的知识、能力结构中广度与深度的关系研究，这个问题从理论上讲就是“针对深度的广度的相关性问题”。一定的深度需要什么样的广度？即欲达到一定的专业领域水平，主修课程的基础性应该达到一个什么样的程度，对这一问题，不同的人有着极为不同的认识。但粗略地讲，在深度被认可的前提下，对广度主要有三种认识：一是广度要以深度为转移；二是广度不应针对深度的需要，而是越广越好；三是将上述两者结合起来，使广度适当大于所需要的深度。

相当的广度是达到一定深度的保证。为此，要培养出某一领域精深的专业人才，必须加大专业基础课的比重，以形成学生未来发展所需的知识、能力广度。要真正拓宽专业口径，必须对专业基础课程进行实质性的整合与优化，而不能只是简单的名称改动与课程加减。建设“专业平台课群”是实现专业基础课程实质性整合的有效举措。所谓“公安专业平台课群”是指将宽口径专业下各原设专业的专业方向课和尚未打通的部分技术基础课整合所形成的新的统一课群。专业平台课的建设必须是一个整体优化的过程，即必须整体审视原设专业的课程设置，既做加法，也做减法，充实新的科技成果，摒弃过时的课程内容，重新审视每门平台课在新的培养计划中的作用、地位与边界。通过专业平台课的建设，变传统的职业性的专业教育为基础性的专业素质教育，从而从根本上支持宽口径专业人才培养目标的要求。

(3)选修课程模块化。“课程模块化”是指按照系统的构想和编制原则，把同一性质或类型的前后联系的若干门课程串在一起，以形成一个相对完整的知识块的课程结构方式。选修课程可分为限制性选修课程和任意选修课程两大类。随着选修课程，尤其是其中的任意选修课程在整个专业培养计划中比重的增大，面对门类众多的选修课程，学生可能过分重视眼前的需要而忽视长远的利益以及有价值的东西；同时，学生在高深学问领域才刚刚入门，不能期望他们作出有效决策。为此，通过选修课程模块化可使学生在某一专业领域形成较为完整的知识结构，进而有利于学生今后朝该领域的专深方向发展。同时，专业模块课程学习阶段也是处理好学校人才培养与社会人才使用的“接口”关键所在。选修课程模块化较好地实现了社会需求和个性发展的有机统一。

(四)理论、实践课程一体化

实践是创新的根本，忽视实践教育，理论远离实践，创新教育就失去了实现的途径和方式，也失去了发展的动力和源泉。理论与实际是两个不同的范畴，前者属主观范畴，后者属于客观范畴，而实践最根本的特性是沟通主客观的桥梁，是主客观发生联系的中介。通过实践，可以知晓理论与实际不可能完全一致。

理论课程与实践课程一体化不仅是指课程组织结构上二者的并行推进、有机结合，而且内在地包含了实践课程与理论课程处于同等地位，以及建立与理论课程要求相适应的形式多样的实践课程门类等内容。公安院校当前实践课程的状况是：实践课程在整个课程体系中所占比重不足，在地位上从属于理论课程；形式单一，综合程度不高；在组织上与理论课程存在明显分离。加强实践课程，不仅可以使理论知识得到更好理解，利于各学科领域知识的整合；便于形成鼓励创新的氛围，进而培养学生的创新能力；同时，个体在实践课程过程中通过与他人合作，利于协作意识的培养和团队精神的形成。理论、实践课程一体化对公安专业课程结构改革的要求如下：

一是培养方案以公安专业或警务实践为主线。对于公安专业，设置"警务训练"实践性教学模块，打破传统课程体系"基础课—专业基础课—专业课"的三层楼结构，使学生一入校就接触和熟悉警务环境。以警务工作环境为主线组织教学，并将其贯穿到本科四年的学习之中，使之成为基础理论、警务实践和创造性感知的结合点，为知识的衔接与应用提供综合和整合的载体。

二是建立"统合—分化—统合"的公安实践课程体系。这一体系的建立，是理论课程的组织特点与实践课程有机结合的必然要求。这一体系的特点表现为：学生入校进行"公安工作认识性"实践，对整个公安专业形成初步感知；大学学习中途根据所学课程的不同要求，进行"专门性"实践；大学毕业前期进行"综合性"实践。毕业前夕的"综合性"实践融开放性、设计性、综合性于一体，对于提高学生的实践能力，培养综合分析和解决问题的能力起到了其他课程形式无可比拟的作用。

三是实验实践形式多样化、综合化、科研化，建立与理论课程要求相适应的实践课程门类。在实验改革上，变单一实验为组合实验，增加实验的综合性；变验证性实验为学生独立选做实验，增大实验的设计性。

第四节　公安院校教师队伍建设优化

一、公安院校教师队伍发展过程

(一)教师队伍适应融合阶段

这一阶段是应用型公安本科院校发展的初级阶段，教师队伍主要解决对新建本科院校的适应融合问题。教师队伍的适应融合体现在三个方面：

一是教师对新环境、新文化的适应融合。文化是一所学校在内部学习、生活、教育过程中，能够将各种力量统一成合力，由大多数师生所接受的一种价值取向、精神支柱、行为准则、道德规范和生活观念的总和。学校在合并组建新的本科院校后，根据发展需要，原来的专业、学科都急需整合，比如合并相同或相似的专业，更新升级学科层次，因此，对于教师来讲，需要调整好自己的心态，努力适应学校新的环境和文化，并且要融入其中，成为新学校的一分子。

二是教师对学校新的办学目标和办学要求的适应融合。在应用型公安本科院校组建后，学校办学目标和办学要求都发生了变化，从教育属性上看，是本科层次的院校，而不是“高职加强版”；从办学规格上看，它是学术型与应用型的有机统一，需要准确把握两者的平衡点；从办学标准上看，学校既要达到共性标准，也应注重个性要求，因此，教师应当根据应用型公安本科院校办学目标和办学要求的变化，努力改进教学方法，提升科研水平，适应学校新的办学目标和办学要求。

三是教师之间人际关系的适应融合。随着专业的合并与调整，学校内部的人员也随之调整，如何处理好新同事与老同事的关系，成为教师日常交往中的一个重要内容。适应新同事其实是一个角色转换和调整的过程，也就是“角色认同”的过程。角色是心理学中的一个基本概念，每一个人都在群体中扮演一定的角色，当进入一个新环境中，他就以新的角色出现在群体中其他人面前，别人自然也对他充满了“角色期待”。因此，教师应当处理好自己的角色，适应新的人际关系。

(二)教师队伍快速增长阶段

这一阶段，受本科教学工作水平评估指挥棒的影响，应用型公安本科院校重点引进和评聘具有教授、副教授职称的教师，招聘大批具有博士及相应学历的应届毕业生，师资队伍中的职称和学历结构得到了快速增长。但由于受制于本科教学水平评估的指标体系，过度强调数量，忽视了质量对未来发展的重要性，使得引进和评聘的一批教授在学校后来的发展过程中，并未在专业建设、学科建设以及青年教师培养等方面起到积极的作用。

(三)教师队伍不断优化阶段

这一阶段应用型公安本科院校以转型发展、内涵发展为目标，教师队伍建设从片面地追求数量向追求质量转变，不断优化师资队伍的学历、职称和年龄结构。在师资引进上，以重点引进学者型的博士为主，这类人才理论基础扎实，发展潜力大，对学校未来发展将发挥重要作用。在师资培养上，重点打造人才培养平台，实施人才培养工程，加大经费投入力度，加强师资队伍建设。

二、教师队伍存在的问题

(一)教师队伍的评价机制不尽合理，与办学目标不相适应

应用型公安本科院校教师队伍的学术评价缺乏科学合理的制度保障，具体主要表现在两个方面：

一是评价制度的同质化。教师队伍的评价体系主要参照传统本科院校，在教学和科研的权重、科研成果转化和社会化过程中的贡献率指标等方面没有体现出与传统本科院校或研究型大学的应有区别。《国家中长期教育改革和发展规划纲要(2010—2020 年)》指出：高等教育要“重点扩大应用型、复合型、技能型人才培养规模”，要“引导高校合理定位，克服同质化倾向，形成各自的办学理念和风格，在不同层次、不同领域办出特色”。因此，要实现此目标，学校应根据自身的办学理念、办学目标来制定避免同质化倾向的评价体系，只有这样，才能正确地引导和开发人才，激发人才快速成长和个性化发展。

二是学术评价体系急功近利。国家对学校办学水平的评价主要以论文的数量、科研成果的级别、科研项目的经费为指标，这势必会影响到应用型公安本科院校对教师的学术评价。应用型公安本科院校师资队伍建设的回溯、反思与展望体系的建立，追求学术成果的数量、量化评价科研成果成为学术评价的主要导向。在这样的导向下，其结果就是教师失去了沉浸于科研的心态，处于浮躁和急功近利的状态，追求重量轻质的科研结果。“科学的进步来自自由的知识分子的自由研究，他们研究自己选择的课题，并受认识未知事物的好奇心驱使”。因此，应用型公安本科院校需要避免建立急功近利的评价体系，引导广大教师营造良好的学术氛围。

(二)部分青年教师缺乏公安实践能力

应用型公安本科院校在升本之前，专科院校重视教师的公安实践能力的培养，师资队伍建设的一大特色就是建设“双师型”的师资队伍，即教师既能讲授理论知识，也能传授给学生操作的技能。但升本后，受各方面因素的影响，应用型公安本科院校更加重视师资队伍的学历，引进了一大批具有博士学位的青年教师充实到教师队伍中来，使得青年教师成为学校承担教学工作的主力军和重要力量。这些青年教师有着扎实的理论基础和较强的科研能力，但他们从学

校到学校，缺乏公安实践的经历，公安实践能力相对较弱，这对培养应用型公安人才的高校来讲，将会严重影响教学质量和人才培养的要求，最终影响学校特色的形成和彰显。

（三）高层次人才相对匮乏

高层次人才相对匮乏，影响学科和专业建设。高层次人才是引领和带动学校学科建设和专业发展的“领头羊”，没有优秀的学科带头人就没有学校未来一流的学术科研队伍，也就没有具有一定影响力和协作精神的科研团队。但是，应用型公安本科院校因历史原因，不同程度地存在着高层次人才匮乏，尤其是学科带头人紧缺的问题，在高层次人才引进和培养方面普遍面临一些困难：一是引进困难；二是稳定困难；三是培养困难。因此，着力解决好高层次人才相对匮乏的问题，是应用型公安本科院校持续发展和提升办学水平的迫切工作。

三、教师队伍建设

（一）强化平台建设，实施合理的人才培养工程

强化平台建设，实施合理的人才培养工程平台是教师成才发展的关键，实施人才培养工程是教师队伍建设的重要举措和有效途径，因此，构建合理的人才培养工程显得尤为重要。合理的人才培养工程主要体现在：

（1）遵循分层级的原则。选拔人才培养对象不应仅局限在某一范围内的教师，适当扩大范围，充分考虑教师的学术水平、科研水平以及教学水平的差异，将不同层次的教师纳入不同层级的培养工程中来，力求做到既注重拔尖人才的培养，又兼顾优秀骨干教师的成长与发展。

（2）注重动态管理，强化集成服务。应用型公安本科院校的教师队伍建设是一个长期积累的过程，更与学校的办学环境和办学特色相关。“所有人才都需要有一个适应应用型公安本科教育科学定位的办学理念转变与素质能力提高的培养过程”。因此，对人才培养工程的实施不应仅仅抓住选拔和考核——头尾两个环节，也不应只注重经费的划拨与资助，更应该注重过程控制，对培养过程中教师遇到的困难要予以及时解决，或提供有力的指导和集成支持。另外，对培养对象应实施动态管理的方式，对培养效果好、卓有成效的教师可纳入下一轮的培养周期，进行更高层次的培养；对中期考核欠缺的培养对象，应给予相应的措施，例如，限期整改或终止培养等方式。

（3）合理制定选拔条件，厘清选拔条件与考核要求的关系。一方面，在制定培养工程各层次的选拔条件前，要充分调研学校教师的学历学位构成、年龄情

况、职称结构、学科分布、科研成果等级以及教学水平等情况，制定出的条件既能让不同层次的部分教师满足条件，同时也应具有一定的竞争性，这样才能选拔出具有一定学术科研潜力的培养对象。另一方面，要厘清选拔条件与考核要求的关系。选拔条件的制定是要选出具有一定培养潜力的教师，势必会涉及量化的条件，包括发表高水平论文的篇数、承担科研项目的层次、教学科研方面的获奖情况。

用量化的方式选拔培养对象虽然有一定的片面性，但更多地具有科学性、合理性和可操作性。然而，考核的要求不能简单地在原有的选拔条件基础上增加数量或申请到更高级别的课题，因为应用型本科院校实施培养工程的目的不是建立一系列的论文库，而是要为人才培养服务。因此，考核要求的制定更应该立足学校的办学特色和办学要求，体现应用型的特色，比如，考核要求可以包括要求培养对象参与专业实验室的建设，或开发较高水平的实验教学装置或指导学生参加科技创新活动等。

(二)以建立现代大学制度为契机，构建应用型本科院校的现代学术评价制度

现代大学制度是在一个国家的社会制度背景下对高等学校实行“外治”和“内治”有机结合。“外治”即大学要适应社会发展的需求，需要国家法律、政策和制度的支撑；“内治”即大学内部管理的运行机制，倡导教授治学的主导地位。对高校而言，建立现代大学制度的一个显著特征就是实现“外合内顺”的良好局面。构建应用型本科院校的现代学术评价制度是建立现代大学制度的重要内容，是实现“外合内顺”的重要因素，同时，建立现代大学制度也是完善学术评价制度的前提。

(1)建立以教学学术为核心内容的学术评价制度。应用型本科院校的中心任务是人才培养，教学工作是其中心工作，这有别于研究型大学或教学研究型高校的办学目标。因此，学校要制定以教学学术为核心内容的学术评价制度，不宜效仿其他类型院校的评价体系，否则，将会偏离自身的办学定位。

(2)改进学术评价的方式。在学术评价中，要根据学校的办学特色和人才的成长规律进行科学评价。要坚持做到“五个结合”，即聘期考核与年度考核相结合、过程管理与目标管理相结合、质量与数量相结合、个人评价与团队评价相结合、当前情况与长远发展相结合，逐步建立以实绩和贡献为导向的学术评价制度。

(3)提升青年教师的工程实践能力，培养具有“双师型能力”的教师。一般认为，“双师型”教师是指教师在获得教师系列职称外还取得其他职称，但随着

人事制度的改革，职称评审的首要原则就是“按岗评聘”，因此，教师获得教师系列以外的职称已不太现实。笔者认为，将既具有理论教学能力，又具备实践能力的教师称为“双师型能力”的教师更为科学合理。

公安本科院校因其办学特色和人才培养目标的不同，使得教师的公安实践能力成为继教学能力、科研能力之后又一个应具备的基本从教能力，这也应成为教师尤其是青年教师的基本素养。青年教师提升工程实践能力既是自身专业发展的重要延伸，也是应用型本科院校建设特色型师资队伍的迫切要求。

公安实践能力有着丰富的内涵，不仅仅是简单意义的动手能力，对教师来讲，更重要的是，能够将参与公安实践的经历所积淀的感悟转化为公安专业教学的能力，参加公安实践活动的最终目的是为了能够反哺教学。因此，教师要善于将公安实践中的背景知识、案例以及发展前景充实到教案中来，将公安实践中遇到的问题以及解决问题的方法传授给学生，从而提高公安教学的质量以及适应人才培养的要求。

公安本科院校提升青年教师的公安实践能力是一个系统工程，具体可以从以下四个方面着手：

第一，将提升公安实践能力纳入青年教师培养体系，抓住岗前培训、校本培训以及产学研合作等环节。

第二，以项目为驱动，选派青年教师到公安一线开展合作培养，以完成某一个具体的公安项目为目标，使青年教师在项目实施过程中提升公安实践能力。项目驱动的一般流程，具体包括收集信息、确定项目、制订计划、实施落实、成果展示与结果评价等环节，教师在从事一个具体的项目后，一方面能够了解一个项目实施的整体过程，另一方面能够基本胜任项目教学法的要求，能够科学规范出基本流程、实施办法以及教学项目之间的内在递进逻辑关系，从而改进教学方式，促进应用型人才的培养。

第三，主动出击，校局合作，建立公安实践基地，保证公安实践活动的顺利开展。公安实践基地的建立既能够给青年教师提供有效的实践基地，也有利于学校与公安一线共同监督和管理，增强公安实践的效果，以免发生公安实践活动走过场的现象。校局合作的核心是“双赢”，即公安部门为学校教师提供一线锻炼和操作的基地，提高青年教师的公安实践能力，而校方能够为当地公安部门提供智力支持和有力的技术支撑。

第四，建立和完善相应的考核评价及保障机制，确保公安实践活动不流于形式，不浮于表面，真正能够提升青年教师的公安实践能力。在此过程中，学校应与公安一线共同管理和考核，对青年教师参与公安实践的报名、选派、中期答辩考核等环节进行过程管理，并形成相应的制度。在最后的考核环节中，学校应充分听取公安一线代表的意见，给出最终的评价。

（三）引培并举，打造一支高层次的人才队伍

高层次人才队伍是学校发展的关键，是引领学校提升办学水平和办学层次的领头羊。

（1）优化高层次人才引进机制。进一步制定和健全高层次人才引进工作的各项制度，建立专家面试和监督审查工作制度，严把质量关，对特别优秀的人才实行“绿色通道”制度，经主管校领导批准后特事特办。建立各教育教学单位人才引进的目标考核制度，充分调动院系主要负责人的主动性和积极性，为人才引进工作创造有力的工作保障，努力形成“以才引才，以才聚才”的良好局面。

（2）完善多元化的高层次人才培养机制。在引进高层次人才的同时，更要注重对现有人才的培养，避免出现“引来女婿气走儿”的现象。根据学校的办学定位和人才培养目标，对现有人才要建立健全学术拔尖人才和教学名师等高层次人才的选拔、培养、考核的管理办法，完善中青年学术骨干和青年优秀骨干教师的培育机制。高层次人才的培养可以通过项目资助的方式进行培育，这既可以提升培养对象的科研水平，提高应用型本科院校的专业建设水平，也可以为申报省级乃至国家级的人才培养项目做基础性的积累。

（3）探索多种形式的引智引才方式。应用型本科院校受科研平台以及科研条件所限，引进高层次人才具有一定的困难。但可以探索“智力引进，柔性使用”等新型模式，通过短期聘用、合作研究、学科顾问、兼职教授等灵活方式吸引一批教学名师、工程大师、学科领军人才为学校发展服务，弥补学校的学科建设、专业发展中高层次人才匮乏的问题。

第九章

公安高等教育学术创新

高等教育的研究与实践已经充分表明，教育战略与教育制度是决定高等院校生存与发展的核心问题。我们知道，教育战略决定做什么，不做什么；而教育制度决定能做什么，不能做什么。有了合适的教育战略和合理的教育制度，我们的高等学校才能生存与发展。

目前公安高校制度建设是以促进公安高等教育的高度社会化、实用化，并有效发挥公安高校在公安领域中的重大作用为背景，这对公安高等院校的学术研究提出了越来越高的要求。但公安高校的制度不论如何制定，都必须符合高等教育的本质和发展规律。实际上，高等院校的发展的内部规律在于学术性，这是毋庸置疑的。我们知道，学术自治与学术自由是现代高校制度的根基。而如何在公安高校中有效地实现学术自治与学术自由，学术评价是其中至为关键的一环。但是，目前公安高校教师的学术评价仅仅局限于对教师的专业研究的学术评价，实际上，从一定角度看偏离了教师的职业特点。也就是说，应该从“多维”的角度进行高校教师的学术评价。经过深入一线教师和公安部门的调查表明，公安院校的教师除要掌握高深的公安专业的理论知识外，还必须了解、掌握、发现教学知识和警务实践知识，通过三方面的考核评价，得到客观、合理和符合公安高等教育特点的学术评价制度。

另外，研究公安院校教师学术评价制度，可以为我们认清和克服现行学术评价制度存在的弊端，改进和完善学术评价制度，正确处理学术评价制度与职务聘任制和职称评审制之间的关系，防范和减少学术造假及学术腐败，推动公安高校的科学研究良性发展，更好地开展警务人才培养、发展公安科学和直接为公安服务的职能，起到理论上的指导和借鉴作用。

本章意图在公安院校中创立“大学术”理念，从而对公安高等教育现有的教师评价制度进行改革与创新。“大学术”顾名思义是从多维的角度评价学术问题，即专业学术、教学学术、实践学术总体构成的“大学术”。

第一节　高等教育的学术文化

美国加州大学比较教育学家伯顿·克拉克教授从组织的观点出发，把高等教育看作是由生产知识的群体构成的学术组织。他运用系统论的原理，围绕知识的传承与创新这一高等教育的基本职能，把工作、信念和权力作为分析高等教育系统的基本要素。这种研究范式为我们提供了解读纷繁复杂的高等教育系统、探索高等教育运行规律的钥匙。既然“高等教育是由生产知识的群体构成的学术组织”，那么它就是一种社会结构，也是一种文化，其中信念是学术文化的核心。本节试着解析伯顿·克拉克的高等教育系统中的学术文化思想及其意义。

一、学术文化的基本内涵

高等教育系统是一个非常宽泛的概念。克拉克教授将其界定为：广义是指“一个正规实体的集合体”，狭义是指“包括从事中学后教育活动的任何人员”。这里我们取其狭义的概念，即人们统称的正规的大学、院校、研究所及其相关的高等教育管理机构与一般的学术组织(如专业学会、联合会等)。学术文化主要是针对具有“正规实体性”的高等教育机构(如大学及其学院)而言的。我们把能够维系人们从事高等教育事业的共同价值观、行为规范(科学规范)、利益和信念称为高等教育系统的学术文化。研究高等教育不能仅仅注重表层的制度、机构、学科设置、培养计划等特征。

我们认为大学存在的本真意义正在于它的学术文化的维系作用，理解学术文化的主流及其泛化，能使人懂得大学兴衰史，这是探索高等教育自身发展规律的重要切入点。相对于社会的其他组织机构而言，高等教育或大学是一种文化性的存在方式，大学的主流文化是历史的积淀。诚如哈佛前校长洛韦尔所说：“大学的存在时间超越了任何形式的政府，任何传统、法律的变革和科学思想，因为它满足了人们的永恒需要。在人类的种种创造中，没有任何东西比大学经受住漫长的、吞没一切的时间历程的考验。”“学术自由”“大学自治”曾被“学者共同体”视若神话，这是支撑高等教育发展的动力之源。尽管今天的高等教育已非昔日的“象牙之塔”，“学术自由”“学术自治”等大学理念也面临着挑战，但由学科到专业、院校及其国家学术系统的文化是逐级形成的，各层次的文化在高等教育系统中具有不同的特征，各自发挥着不同的作用。

二、学术文化的结构及其特征

(一)学科文化

高等教育系统的学术活动是围绕着学科划分和组合及根据院校的划分和组合来进行的。它依据独特的理智任务，各门学科都有一种知识传统，即思想范畴和相应的行为准则。这种组织方式是由学科的基本性质决定的。即每门学科都垄断了一定的知识，各门学科的组织体系都标定了其特定的问题域和认识域，从而使学科成为联系专家、学者的纽带，专家、学者正是以“学者共同体”的身份参与其中，从而实现了专门化。

学科文化只能由其成员含糊地感受到，而不易为外行所知觉。如数学强调数概念的内涵严密和逻辑推演的一致性，其基本风格是优雅和精确的完美结合。一般来说，“社会学、政治学和历史学相对开放；相比之下，数学、物理学和化学更可能在封闭的文化系统中运作。系统的知识引起的自治，既沿着物质的路线又沿着象征的路线发展”。

学科文化具有如下特征：首先，各门学科由于其独特的问题域或认识域，使学科文化具有独特的个性。即每门学科的成员拥有共同的生活方式和行事准则。在此独特的领域里，他们分享有关理论、方法论、技术和问题的信念。“一个范例是一个科学团体的成员共享的东西；反过来，一个科学团体是由共享一个范例的人们组成的”。由此，我们可分辨文学家的豪放和数学家的严谨。其次，各学科的文化并非不可整合，它们既有个别差异性，又有共性。即科学家共同体也有着同一的价值观。诸如客观性、民主精神、勇于创新的求索精神等科学信念，是融合自然科学、社会科学和人文科学的思想认识基础。这对整合学科文化、促进科学繁荣、提升人的尊严和价值具有重要的意义。

(二)院校文化

院校文化是在学科文化的基础上产生的，是对学科文化共性的升华。它往往成为院校生存和发展的动力之源，并带有鲜明的独特性(组织个性)。院校文化的主要内容包括：院校自治、教学自由、学习自由；院校培养目标；院校的社会服务功能及声誉等。此外，作为院校文化的亚文化，还有教师文化、学生文化和行政管理人员文化。

(1)教师文化类型依学科划分，如前述的学科文化；依使命和任务可划分为科学研究、教学及社会服务。

(2)学生文化有人划分为学者型、社团型和不规范型等。学生文化因学生的流动性，常常被认为是教师文化和行政管理人员文化的依附型。

(3)行政管理人员文化主要是院校内部专职的管理人员的文化。大学或学院在最初管理的职位是由教授兼职的，虽然今天一些院校中仍保持着这种传统，但由于院校组织系统的不断膨胀，行政管理职位日益演变为专职化倾向。在今天的高等教育管理中，“学者治校”代表教师利益的部分和“行政命令”的长官意志的行政管理之间的矛盾，导致了院校文化的分化。

归纳起来，院校文化具有如下特征：

首先，院校文化具有象征性。学院拥有一个传说并为传说所支配，这是对院校的当前特征的共同理解。因为在一起工作了几十年的人们，会形成关于“他们”组织的某种共同感情；这是一套信念，它有助于确定他们在生活中的地位，也使他们把如此多的时间和精力贡献给特定院校这一事实获得意义。近年来有人写文章或专著以“哈佛人”“北大人”为题，这都是院校文化在文学上的反映。人们认识名校正是从这些极富传奇色彩的故事中了解院校的鲜明个性的。

其次，院校文化产生忠诚。院校所具有的丰富传奇的文化也有助于组织转变为共同体，在情感上温暖着院校，给个人以归属感。对院校的忠诚和归属感一旦上升到师生员工的意识形态，便成了道德资本，这是激励院校奋发有为的士气库中的“资源”，也是困难临头时的“银行户头”。

最后，院校文化的泛化。即院校为狭隘的使命感所驱使，容易使院校故步自封、保守刻板或使院校对外部反应僵化。院校文化的上述特征，在我国高等教育改革中具有重要的借鉴价值。

(三)专业文化

高等教育系统的工作人员一般被称为“学者”“教授”或“知识分子”，他们作为“学者共同体”的成员，形成了特有的专业文化，拥有自己的信念和追求，享有共同的使命感和科学规范——“智慧生存”是专业文化的本质特征。专业文化的一般特征表现为民主和自由的观念。民主是学者应有的共同态度，它有两层含义：

(1)真理面前人人平等、尊重知识、崇尚科学，鼓励怀疑、剔除成见。

(2)科学无禁区，学者有从事科学研究的权利。自由的观念主要指“学术自由”和“教学自由”，两者既相联系又相区别。“学术自由”是教学自由的基础和前提；“教学自由”是指教师及其学生对学术问题广泛地阐述他们的主张和见解。尤其是社会科学学科的教学，真正做到“公其非是于学校”是社会民主进步的标志。

总之，民主和自由的观念都意在追求工作自主权而反对外部控制，使学科的观念贯穿于自由信念之中。

(四)系统文化

这是一个国家高等教育学术系统文化的最高层次，是建立在院校子系统文化基础之上，由国家高等教育的固有传统和管理体制的作用形成的。它主要表现为四种基本信念。

(1)入学信念。国家采取怎样的高等教育政策，是实施“精英教育”还是“大众化”的高等教育？它涉及国家的教育质量标准的界定、政治经济制度和产业结构。传统的高等教育都是从精英教育的阶段过渡到今天的大众化高等教育阶段。显然，科学技术和生产力发展水平是制约“入学机会”的重要因素。农业社会和工业社会时期，各国普遍实施精英型高等教育。到了知识经济时代，社会各部门需要“知识型”劳动力，必然要求高等教育提高就学率，以满足社会对人才的不同需求。另外，特定历史时期的政治制度直接制约了高等教育系统的健康发展。

(2)专业信念。高等教育是培养“通才”还是培养专才，这是与该国的教育系统、社会制度密切相关的。如美国在本科阶段注重学生学科知识的广度，即实施所谓“通识教育”或普通教育；而欧洲大陆国家的高等教育注重学生的专业培养。

(3)就业信念。这是指高等教育系统在培养目标上的价值取向。高等教育是以毕业生本人的兴趣爱好与自主择业为出发点，还是体现国家社会的需要，因国家政治经济制度不同而侧重点不同。如美国高等教育主要以市场为导向，苏联则体现国家意志，招生计划、培养目标与就业岗位都与国民经济各部门密切联系。

(4)研究信念。对于高等教育的研究与教学是否结合或怎样结合，各国持不同的信念。这与该国的高等教育传统、院校的层次或研究实力有密切的关系。如德国大学的教授是教学与科研结合的典范，即著名的“洪堡模式”；法国高等教育的信念是考试和教学；苏联把科研作为研究所或科学院的特有职能，大学则是教学中心。

在上述四种文化中，学科文化和院校文化主要以高等教育系统的实体部分为基本存在方式，即离开了学科这一特定领域，就没有什么学科文化和院校文化。专业文化和系统文化是学科文化和院校文化的拓展。这四种文化是相互联系、相互制约的关系。学科文化和专业文化作为“学者共同体”的主流文化，如学术自由、教学自由等信念，是维系高等教育自身独特性的核心价值观。院校文化和系统文化具有整合专业、展现院校独特风格，使院校和高等教育系统更具人性化的文化性格。

第二节　大学术的意义与特征

本节在介绍大学的学术形成与发展基础上提出了“大学术”概念，基于多种学术属性扩展了高等教育的学术范畴。从“大学术”角度来定位不同类型大学的学术范畴，不仅符合在实现科学研究、人才培养和社会服务方面的办学目标，还能对大学学术的构成与特征具有深刻的认知，有利于构建不同类型高等教育的学术定位。研究表明，在大学学术定位与发展中，不仅存在着基于“学”与“术”专业属性的学术范畴，还存在着基于“学”与“术”教学属性的学术范畴，以及基于“学”与“术”实践属性的学术范畴。并且，大学学术发展模式是一个寻求专业“学”与“术”的相互融合、教学“学”与“术”的相互融合、实践“学”与“术”的相互融合。

学术的意义、属性和范畴伴随着高等教育的发展，来自不同时期、不同类型大学的办学理念、办学目标。从大学学术范畴的现实状况来看，不论是对大学办学水平的评价，还是探讨大学教师的职业发展，大都以科学研究作为体现教师学术水平和办学水平的重要标志，这是毋庸置疑的。但是，如果仅仅从论文与科研项目的实现情况来理解与评价学术水平，就会在一定程度上将大学的学术意义、属性和范畴导向就学术论学术，无法全面体现大学的学术价值。随着高等教育全面与深入的发展，大学的学术范畴不是仅仅来自科学研究，对学术范畴的合理定位是决定大学能否适应经济社会发展，提高办学水平的保证。近些年来，围绕着大学科学研究的属性与分类、大学学术的定位与评价，已经成为我国高等教育的研究热点之一。而国外教学学术的提出，将教学纳入学术范畴，强调了大学教学工作的学术性，不仅扩展了大学的学术意义、属性和范畴，关键在于从专业学术与教学学术相互融合的角度解释科研与教学的关系。我们提出了我国大学实践学术的思想，强调了学科专业实践、社会实践的学术性，从多维学术的角度扩展了大学的学术范畴。实际上，对学术意义、属性和范畴的评价是一个多维化、系统化的问题。

一、从传统学术到“大学术”

（一）传统学术的意义、属性和范畴

在《现代汉语词典》中，学术是指有系统的、较专门的学问，只要涉及学问就会有学术研究。并且大学的办学目标之一在于继承、传播和创造知识，要实现这个办学目标，就要具有在继承、传播和创造知识的整体上达到应有的学术水平。实际上，对大学学术的定位一直是学术界讨论的话题，它不仅决定了如何评价大学的学术水平，还对大学的办学目标和发展方向产生重要影响。在现有的学术问题讨论中，大都从传统的学术属性构成上来定位学术含义，即从学科专业的“学”与“术”角度对学术进行了划分。如果从学术的普适意义上来分析，“学”在于“获取知识”，体现在对事物的基本规律、运行法则以及基本理论的追求。“术”在于“致用”，或者称为“技艺”，即“学也者，观察事物而发明其真理者也；术也者，取所发明之真理而致诸用者也”。（《学与术》，梁启超，1911）。由于“学”与“术”的不同意义，将其结合成整体“学术”，可以表示不同的学术属性。

在大学的发展进程中，传统学术范畴是基于科学研究的办学理念，通过对科学研究意义、属性和范畴的有效定位来决定大学的办学目标与社会角色。从现代大学的产生（欧洲的中世纪）至今，这种学术范畴的定位是基于对“学”与“术”的属性划分。通过“学”与“术”统一、分离、再统一的过程，不断地确定、调整与完善大学的办学理念、性质和发展的目标。例如，在现代大学产生的初期，由于科学技术处于较低的水平，理论与应用没有确切的划分，对学术的认知仅仅体现在“学”的方面，即对知识的需求与发现是大学的基本目标，大学的学术属性具有“学”与“术”的统一特征。当时大学的主要任务是科学研究，这种以“纯科学”的学术定位不仅推动了西方高等教育发展，也对我国高等教育产生了较大的影响。

从中世纪文艺复兴后至19世纪初，科学与技术有了明显的划分，主张以“学”与“术”不同学术属性的大学教育，是以教育家洪堡为代表的新人文主义教育。大学学术范畴的划分来自19世纪中期的西方高等教育，以美国为代表的高等教育，将大学的学术范畴划分为两类：一是以“学”为核心培养精英人才的研究型大学，二是以“术”为主培养应用型人才的学院和大学。从形式上看，虽然在“学”与“术”的属性上具有明显的区分，但并不是完全的分离，而是“学”中有“术”，“术”中有“学”。同时也体现了大学在学术范畴上的有效划分和相对统

一。例如，蔡元培在任北大校长期间，就主张“学术分校”，对我国后来的高等教育影响深远。

（二）“大学术”理念的构建

传统大学对学术范畴的认知与实践，为今天的大学学术理念与定位奠定了理论与实践基础。在其发展过程中，虽然通过“学”与“术”的属性划分来确定人才培养的规格，但是，其学术定位的角度仅仅局限于科学研究范畴。诚然，科学研究是大学不可缺少的一个重要任务，不论是“学”属性，还是“术”属性的科学研究，都是通过其“学术水平”来反映大学的办学水平。但是，人才培养与社会服务（社会实践）也是大学必须完成的任务，也存在着“学”与“术”的属性。从这个意义上来说，大学的学术范畴就不能仅仅局限于传统意义上的科学研究，也必须将人才培养（教学）、社会服务（或称社会实践）纳入学术范畴。也就是说，大学的学术范畴是由科学研究（专业研究）、教学研究（人才培养研究）和实践研究（社会服务研究）构成的。

在此，将人才培养研究、社会实践研究纳入大学的学术范畴，从而构成了以学科专业学术、教学学术和实践学术三位一体的学术范畴，即“大学术”。基于“大学术”的理念，大学学术范畴的合理、有效的选择与定位，是增强大学综合学术水平、优化大学办学目标的关键。

在“大学术”的范畴中，教学学术与实践学术也存在着“学”与“术”的属性。也就是说，对于教学学术来说，既要研究专业教学的理论与知识创新，还要研究专业教学的技能；对于实践学术来说，既要研究专业实践的理论与知识，还要研究专业实践的技能。从传统大学人才培养角度，“学”与“术”的合理定位反映了大学人才培养目标的选择。具体来说，“学”是指学术型人才，主要从事基础理论研究的人。“术”是指实用型人才，主要从事应用研究与技术实现。但是，当代高等教育的理念是培养复合型人才，因此，就要从综合的角度划分“学”与“术”的属性关系，重新建立基于人才培养的大学学术范畴。

如何建立适应高等教育发展要求，符合大学办学理念与目标的学术理念与模式，乃是各类大学亟待解决的问题。具体体现在两个方面：首先，按照传统的说法，不论是基于“学”属性的研究型大学，还是基于“术”属性的应用型大学，本质上都要实现科学研究、人才培养和社会服务这三个基本任务。因此，不论是哪一种类型的大学，都要将知识创新的科学研究，结合到大学的人才培养和社会服务的过程之中。也就是说，大学的学术不仅仅体现在科学研究方面，还要体现在人才培养与社会服务上。其次，人类社会的发展在很大程度上改变了人们对自然与社会领域的认知，基于理性的知识与基于感知的经验，在某些领域已经向相互融合方面靠近。即“学”中有“术”，“术”中有“学”已经充分体现在某些领域的学术研究中。因此，对大学学术理念与模式的确定，要结合大学的办学目标，基于学科领域的基础研究与应用研究的自身特点，来对科学研究的学术属性进行合理划分，对学术资源进行合理的配置。

二、“大学术”的属性分析

今天，人类的知识与技能在认识和解决自然和社会问题方面的能力得到了前所未有的巨大提升，显著特点是在多维化的相互融合中进行知识发现、技术开发与应用。因此，大学的学术范畴与属性以及运行模式也要符合当代社会发展的特点。

（一）多维学术属性

传统意义上，我们将学术属性划分为“学”与“术”两方面，而当代学术属性的意义，则在于学与术的相互融合。也就是说，学术不仅仅是单纯的学问，不仅仅是单纯的技能，还是一个探索知识与运用知识的过程，是一个研究学问的系统，是一个研究学问的职业。美国学者欧内斯特·博耶（Ernest Boyer）于1990年提出的多维学术观（Multiple - Scholarship），从四个维度拓展了学术的理念，这种学术思维体现了大学多维学术属性。本书根据学术性质的不同，认为我国大学教师具备5种学术属性：

（1）发现型学术属性，是指大学教师从学科专业的知识探索角度确定自己的学术研究方向，其学术属性不涉及实际的意义与作用，而在于现有知识的完善和对未知的追求。

（2）应用型学术属性，是指大学教师将自己所在学科专业的专门知识运用于相关的领域，其学术属性不涉及学科专业方面的知识创新，而在于解决实际问题所体现的价值。

（3）交叉型学术属性，是指大学教师运用所在学科专业的知识，解决与本专业相关的跨学科之间的知识创新。其学术属性虽然不具备本学科专业的知识创新特点，但是，从学科专业交叉角度体现出了知识创新，这也是现代科学发展的基本特点。

（4）教学型学术属性，是指大学教师通过教学过程对其专业领域的知识理解、知识的运用、知识的完善与创新。其学术属性不涉及专业的具体探究，而是针对教学内容、教学方法以及教学模式的研究，并且在与学习者的讨论中，得到教与学方面的知识创新，即教学相长。

(5)实践型学术属性，是指大学教师针对自己的学科专业，通过实践活动获取所需要的知识。其学术属性不涉及具体的探究与应用，但实践本身也是一门学问，具有相应的理论、方法和经验。任何学科专业都存在着实践问题，只不过具有不同的角度和背景。对有些学科专业来说，没有实践学术就不是完善的学术，也就是说，“实践出真知”“实践是检验真理的唯一标准”。

在5种学术属性中，前三种学术属性体现了大学的专业学术研究范畴，而教学型学术属性和实践型学术属性体现了教学与实践学术范畴。

(二)“大学术”的学术属性

实际上，任何一所大学的学术属性都不是绝对的，要根据学术资源的状况、办学目标的可信性，确定核心学术属性、辅助学术属性，可扩展的学术属性，以及这些学术属性实现的程度和具体的标准，从而构建符合大学需要与发展的学术范畴。在大学的学术范畴中学术属性与学术运行模式是两个重要的问题，它决定了大学办学目标能否实现，以及多大程度上的实现。在传统大学的划分上，仅仅考虑到研究型与应用型两个方面，如何将大学的学术划分建立在“大学术”理念下，对多种学术属性进行合理组合与配置，会有如下符合不同办学模式的学术范畴：

1. 发现型“大学术”

对于所定位的研究型大学，教师立足发现型学术属性，从事专业化、专门化的研究工作，学术属性体现在纯知识的基础研究方面，其学术水平直接反映大学的研究水平，但并不能完全代表办学水平。要实现真正的办学水平，还要完成研究型高端人才培养的教学任务和实践工作。也就是说，要具备研究型人才培养的教学学术水平，还要具有研究型的实践学术水平(例如，基础研究的实践方式体现在学术的交流与合作)。实际上，综合起来就是基于发现型“大学术”的办学模式。其学术的运行模式为：发现型专业研究→研究型人才培养→研究型实践过程→发现型专业研究。

在任何一所大学里，要完全实现发现型学术模式不是容易达到的。也就是说，每个从事发现型学术研究的人不可能都是科学大师，未来的每名毕业生不可能都是高端的人才。这完全决定于大学对办学目标与水平的设定。同时，传统研究型大学也需要一定程度上的复合型学术属性和应用型学术属性，关键是如何做好学术属性的合理选择和资源的优化配置。

2. 复合型“大学术”

复合型学术属性是来自现实对大学学术研究的需要而存在的。具体来说，这种学术属性体现在基础研究与应用研究的相互联系、相互作用方面。具有两方面的特点：一是运用基础研究的方法、方式和结果来研究应用问题；二是从具体应用问题研究出发，发现并进行新的基础问题研究。这两个特点可以简称为：基础应用研究与应用基础研究。在现今的大学学术研究模式中，复合型学术属性具有较大的普遍性。传统的研究型大学在一定的学科专业上都相应地选择这种学术属性。当然，对于教学研究型大学来说，复合型学术属性是大学教师的主要学术研究模式。其学术运行模式为：应用基础专业学术→应用教学学术→应用实践学术。以培养复合型人才为目标的教学研究型大学，大学教师是以复合型学术属性从事科学研究，基于自己的复合型学术水平从事教学学术研究和实践学术研究。教学研究型大学的办学目标和水平的设计与实现，决定于复合型“大学术”模式的选择与优化。

3. 应用型“大学术”

教学应用型大学的学术特征，要充分体现学科专业在实现应用过程与结果方面的实际作用与价值。对于大学教师来说，从事应用型的学术研究虽然不同于发现型学术与复合型学术强调对知识的探索，但在学科专业应用领域的知识研究是不可缺少的。实际上，要实现应用型学术研究的真正作用和理想的学术价值并不是容易做到的。具体来说，这种学术研究是建立在专业的应用教学学术与专业的应用实践学术基础上的，并且，通过对“学”与“术”在教与学的交互认知过程，以及应用领域的实践过程来得到其学术价值。因此，教学学术的过程、结果与实践学术过程、结果是选择应用型“大学术”模式的关键。其学术运行模式为：专业应用学术→应用教学学术→应用实践学术。

三、“大学术”理念下的学术研究

现代大学对学术研究的理解与定位正在逐渐跳出传统的“纯学术”意义，也就是说，“大学术”是大学科学研究的必然模式，也是大学立校、强校之本。

（一）基于“大学术”的专业研究

从传统的意义上来看，将大学的专业研究划分为基础研究与应用研究两个方面。基础理论研究始终在大学的科学研究中处于核心的地位，也是评价大学学术水平的重要标志。特别是21世纪以来，基础理论研究在促进科学技术迅猛发展中所发挥的巨大作用已经得到充分证明。基础理论揭示了自然与社会现象存在与演化的原理、性质、模式和规律等知识体系，是判断与处理自然与社会现象的基础。随着人们对自然与社会现象的感知环境的改变、知识理解和运用，以及认知能力的提升，需要对原有基础理论的不断完善，或者在现实问题的发现中建立新的理论，即对基础理论的创新研究。这是一个完善基础、从旧的基础到新的基础的超循环过程。强调专业基础研究在大学科学研究中的地位与作用的同时，必须理性认识到专业基础研究的学科定位与资源配置，必须理性认识到专业基础研究在应用基础研究方面的学术价值，以及在大学人才培养与社会服务方面的学术价值。例如，在我国每年的国家自然科学基金、国家社科基金等不同层次的科研项目中，都有较大比例的基础理论研究，每年都会产生数量较多的学术论文，并且逐年递增明显。各类大学几乎都将发表SCI、SSCI论文作为评价学术水平的标准，都会有不同层次的基础理论方面的科研项目。那么，如何评价基础理论研究的学术水平以及学术价值，乃是一个值得关注的问题，本书研究表明，基于“大学术”理念可以从一定意义上对基础理论研究的学术水平与价值给出合理的评价。

（二）基于“大学术”的教学创新研究

根据现代大学的办学理念要求，教学改革与创新是任何类型大学的重要任务。大学科学研究不仅仅局限于基于专业的基础研究和应用研究，要将教学研究纳入学术研究的领域，从大学术的角度正确认识科研与教学的关系。教学与科研的矛盾是大学教师工作中长期关注的焦点，这也成为困扰我国高等教育发展的重要问题。就大学自身的发展而言，大学的声望关系到其生存和发展，而对大学的评价主要取决于其科研实力和成果，“重科研、轻教学”在许多大学已成为不争的事实，大学教学学术地位并没有得到广泛的认同。实际上，基于大学术的理念，大学的科研与教学是不可分离的学术领域，单纯评价哪一方面都是不符合现代大学教育理念的。要构建以科研促教学、以教学促科研的学术运行模式。在科研与教学相互融合的学术气氛中，要全面认识教学学术的意义和本质，不断提高教学学术水平。实际上，教学学术是传播知识和改进教学实践的学术，倘若没有教学，知识的连续性就会中断，人类知识的积累就会面临被削弱的危险。没有教学的支撑，学术的发展将难以为继。

另外，教师掌握了学科专业知识，并不等于学会了教学；教师的专业学术水平高，并不意味着学生能从他那里学到需要的知识。传授知识需要教师通过分析、综合以及反思把知识以一种新的、更有效的方式呈现出来，需要教师具有传播的方法和能力，在教学活动中表现出独有的创造性。教师在传播知识的同时还要不断学习知识，自身也获得创造性的发展。同时，大学对教师的学术评价不仅包括专业学术，还应包括教学学术。

当前，学校管理制度的导向决定了教师会把主要的工作精力放在科研上，即：对教师的考核与评价侧重于教师的科研工作和成果，忽略教学工作业绩；对教师的学术评价主要侧重于专业学术水平，忽略教学学术水平。现代大学教育理念要求对大学教师的教学投入、教学能力、教学成效等教学工作的评价应有一种新的视角，而不仅仅是对教师教学工作的量化评定，教师的教学能力以及在教学上的付出可得到与科研成就同样重要的评价，这样也会增强教师作为教育者积极参与教学研究和改革、提高学生学习质量的内部动力和要求，自觉加强教学学术研究，提高教学学术水平，最终促进大学教师专业的全面发展和高等教育质量的全面提升。

（三）基于“大学术”的应用与实践学术

在传统的学术研究中，似乎有一种学术认识倾向，对应用研究的学术价值与重视程度不如基础理论研究。实际不然，应用研究的学术价值不仅不低于基础理论研究，在一定的环境下，它的学术使用价值、实用性和现实性要强于基础理论研究。必须坚信，基础理论在科学研究中的重要地位，以及对科学技术发展所发挥的作用。但是没有应用研究，基础理论研究也不能完全体现它的科学价值。尽管一些前沿的基础理论研究成果在短期内没有产生应用价值，但只要应用研究的水平达到理论与现实相结合的条件要求，基础理论研究一定会产生它的研究价值。因此，不论从基础理论研究角度，还是从现实需要角度，应用研究的学术价值都不可忽视。

实际上，要真正做好应用与实践研究并不是一件容易的学术过程。因为，应用与实践研究的学术价值是通过对研究效果的直接验定，例如，一般情况下，都是通过经济效益与社会效益来评价应用与实践研究的学术价值和学术水平。另外，大学应用与实践研究的学术特点在于实现大学的社会功能，它是通过应用与实践的学术过程来完成的。并且，实践学术水平决定了应用研究的学术价值与水平，通过对问题、对象、方法以及过程的设计与控制，通过实践的“学”与“术”的研究，保证应用与实践研究的目标实现。

（四）学术属性的相互融合

在“大学术”的办学理念下，开展专业学术研究、教学学术研究和实践学术研究的同时应注重不同学术研究之间的相互融合，即专业学术与教学学术的融合、专业学术与实践学术的融合、教学学术与实践学术的融合。如图 9－1 所示：

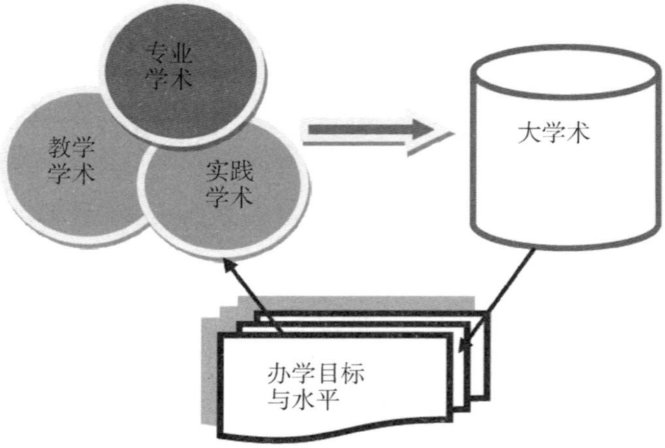

图 9－1 三种学术之间的相互融合

专业研究从形式上体现了发现型的学术价值，大学本质上是实现学术价值的基础。具体来说，一是基础理论研究的内容与结果能够有效地结合到大学的学科建设、专业发展、教学内容的完善与创新方面。二是能够作为应用研究的基础理论，并且通过实践分析找到基础理论研究的现实背景。首先，基础理论的研究成果如何有效地引入到教学内容上，就需要针对不同的教学对象，通过教与学交互过程的研究，在新的理论与知识的理解和认知方面，会有不同角度的补充与完善，同时，还能提高不同规格要求的人才培养质量。这就是从教学学术角度实现了基础理论的学术价值。其次，基础理论的实践学术水平也是检验基础理论研究学术价值完备性的一个重要方面。基础理论研究的成果补充、完善了应用研究所需要的理论基础，那么，就需要对基础理论研究的结果进行实践学术研究。最后，教学学术与实践学术有着紧密的关系。教学目标与质量的完善需要通过领域的应用与社会实践来验证，如何科学地、系统地进行应用与实践研究是决定教学学术水平的重要环节。因此，在大学运行与发展中，只有将各种学术属性相互融合，才能真正实现大学的办学目标，从而促进大学的进步与发展。

研究表明，“大学术”范畴与理念是对传统学术意义的扩展、是对大学学术价值的完整体现，也是我国高等教育发展的必然。“大学术”的提出不仅完善了大学的学术范畴，更为重要的是它适应了我国大学必须要实现人才培养、科学研究和社会服务这三个基本任务。同时，将“大学术”作为大学的学术范畴，不仅更加系统地定位了大学的学术属性，并且从大学的本质上确定了大学的学术价值。

第三节 公安院校教师的教学学术

一、教学学术与教师专业发展

作为大学教育活动的组织者、教学方法的实施者和教育目标的实现者，大学教师在教育教学中占有主导地位，在高校人才培养中肩负着重要的使命和责任。大学教师的专业发展水平，直接影响和决定着高等教育的人才培养质量。“大学教师专业发展是大学教师从事教学、研究及服务工作时，经由独立、合作、正式及非正式等进修、研究活动，引导自我反省与理解，增进教学、研究及服务等专业知识与精神，主要目的在于促进个人自我实现，提升学校学术文化，达成学校教育目标，从而提升整体教育质量。”

大学教师专业发展的实质就是教师的学科专业发展和教育专业发展，人才培养是大学最基本的职能，教学是人才培养最基本的途径和方法，大学教师教育专业的发展是大学教师专业发展的核心。目前，对大学教师的教育专业发展仍然存在重视不够、认识模糊不清的问题，对大学教师专业发展的认识也主要局限于其学科专业的发展，认为教师具有硕士博士学历、掌握了学科专业知识就等于学会了教学，就是一名合格的大学教师；教师的学科专业水平、科研能力等同于教师的教育能力，这使得大学教学难以促进学生的全面发展，高等教育的质量难于得到真正的提高。从大学教师专业发展的内涵而言，教学学术是大学教师专业发展的重要内容，提高教学学术水平是大学教师专业发展的核心所在。倡导大学和大学教师重视教学学术，鼓励教师投身教学和研究教学学术，提高教学学术水平，是实现大学教师专业发展的重要途径。

大学教师职业具有双专业特性，教师专业发展不仅体现在其学科专业的发展上，还体现在其教育专业的发展上。要成为一名优秀的大学教师，使自己的专业得到全面的发展，教师必须具有崇高的职业道德修养、现代的教育理念、完善的知识结构、较高的综合教学能力。教师掌握了学科专业知识，并不等于学会了教学；教师的专业学术水平高，并不意味着学生能从他那里学到需要的知识。传授知识需要教师通过分析、综合以及反思把知识以一种新的、更有效的方式呈现出来，需要教师具有传播的方法和能力，在教学活动中表现出独有的创造性。教师在传播知识的同时还要不断学习知识，自身也获得创造性的发展。同时，大学对教师的学术评价不仅包括专业学术，还应包括教学学术。现代大学教育理念要求对大学教师的教学投入、教学能力、教学成效等教学工作的评价应有一种新的视角，而不仅仅是对教师教学工作的量化评定，教师的教学能力以及在教学上的付出可得到与科研成就同样重要的评价，这样也会增强教师作为教育者积极参与教学研究和改革、提高学生学习质量的内部动力和要求，自觉加强教学学术研究，提高教学学术水平，最终促进大学教师专业的全面发展和高等教育质量的全面提升。

二、提升教学学术水平，促进教师专业发展

（一）更新观念，确立大学教学的学术性地位

更新观念，改变过去单一的学术内涵，提高对大学教学学术的认识，是提升大学教师的教学学术水平、促进教师专业发展的基础。从大学建设自身的价值取向而言，首先应该明确人才培养是学校的基本职能，教学工作是学校的中心工作，把教学活动真正看作是一项学术工作，确立大学教学的学术性地位，在校园里营造尊重教学学术、研究教学学术的学术氛围，强化教师的教学责任意识，鼓励教师积极研究、探索和发展教学学术；要以教学学术的理念规范和完善高校的教学管理制度，使教师所从事的研究和发展教学学术的工作得到应有的回报，所取得的成果得到应有的奖励。对大学教师而言，只有深刻理解大学教学的学术内涵和特征，提高对大学教学学术的认识，才能真正树立新的教学观念，扩展学术研究的视角，把教学学术的发展作为其专业发展的重要组成部分，把教学学术水平作为学术水平的重要标志，教师才会有研究、探索和发展教学学术的内在动力和要求，才能以极大的热情全身心投入到发展教学学术的工作中去。

（二）加强制度建设，形成正确的学术评价导向机制

加强制度建设，形成正确的学术评价导向机制，是提升大学教师的教学学术水平、促进教师专业发展的关键。作为对教师学术活动及学术成果的价值、有效性的评判和检验，学术评价对教师的职称评定、岗位评聘有着重要的影响，对教师的价值取向也具有明确的导向作用。要从制度建设上保证激励和促进教师教学学术的发展，建立科学合理的学术评价制度，形成有利于教师教学学术发展的学术评价导向机制。首先，要把大学教学学术作为教师学术评价中的重

要内容。对教师的学术评价不仅包括专业学术，还应包括教学学术，以使教师的教学投入、教学能力、教学成效等教学工作以及在教学上的付出可得到与科研成就同样重要的评价，改变目前教师职称晋升的主要依据是教师科研成果和学术论文的状况。其次，要建立教学学术的基本规范和教学质量标准。这些规范和标准要使对教师教学学术的评价具有科学性和可操作性，从教师的教学质量、教学成果与教学能力等方面，全面评价教师教学的学术水平。最后，要不断完善教师专业发展制度。不仅要促使教师的学科专业发展，学习和更新专业知识，掌握学科专业发展的前沿，同时也要重视教师教育专业的发展，鼓励教师积极研究、探索和发展教学学术，倡导教师教学学术自由，让教师在教学和教学研究中拥有更大的自主权。

（三）强化教学培训，构建教师终身教学的学习体系

强化教学培训，构建教师终身教学的学习体系，是提升大学教师的教学学术水平、促进教师专业发展的有效途径。在我国，对大学教师的入行要求主要体现在学科专业背景和学历上，大部分青年教师是由硕士或博士研究生毕业后直接到大学任教的。目前各高校对青年教师入职前的教育主要是岗前培训，针对教育学、心理学、教育法律法规等课程进行短暂的突击式训练。但这种岗前训练由于时间短、内容不全面、定位不明确而有很大的局限性，难以适应现代大学发展对教师的要求。实际上，大学教师专业发展是一个连续的和动态发展的过程。要不断提高大学教师的教学学术水平，不仅要重视青年教师入职前的培训和教育，更要重视教师在职后的专业训练，构建终身教学学习的培训体系。教师在教学生涯的不同发展阶段，应该有不同的要求及与之相匹配的训练内容。对于所有的大学在职老师来说，要通过政策和制度导向，改变目前教师只重视学科专业知识的学习和提高、只重视学历补偿教育的学习与培训的状况，让教师在教学中投入更多的时间和精力，注重教学学术的探索、研究与提升，通过讲座、教学研讨、教学观摩等多种形式，构建终身教学学习的培训体系，不断提高其教学能力和水平，成为一名真正的教学学术型教师。

（四）深化教学学术研究，提高教学学术水平

深化教学学术研究，让教师成为教学学术的研究者，是提升教师教学学术水平、促进教师专业发展的核心。教学学术的研究与其他学术研究一样，也是教师运用科学的理论和方法，有目的、有计划、有组织地对教学中的问题进行研究，以解决教学中的问题，揭示教学规律，为提高教学质量提供理论依据和实践指导。教师研究教学的过程就是其探究、整合教学知识，应用教学知识、

技能，发展教学学术的过程，也是教师成为教学学术型教师的过程。

首先，要鼓励教师结合自己的教学实践进行教学学术研究。教师工作在教育教学的第一线，为教学学术研究提供了现实基础，只有激发教师进行教学学术研究的积极性，促使教师以教学学术的视角审视教学，以理性的态度看待教学问题，教师才能在日常的教学中不断地学习、反思和实践，对教学对象、教学内容、教学方法与教学管理等方面进行深入研究，探求改进教学、提高教学质量的有效途径和方法，总结并升华自己的经验，在潜心研究中生成和发展教学学术。

其次，鼓励教师以教学研究项目为纽带，开展合作研究。大学教学工作具有很强的个体性和相对的独立性，教师都有自己独特的学习经历和个体化的知识结构，教师之间往往缺乏充分的合作与交流，教师之间的优势和特长不能得到互补。为此，可以在日常教学之外，大力加强教师间在教学研究与改革、课程建设、教材建设等各类项目之间的合作研究，这样既可解决教育教学过程中的理论和实际问题，形成新的教学思想、理论和方法，培养和提高教师的教学学术研究能力，又可通过梯度化项目研究团队，实现教师的知识交流与共享，促进教师的专业发展。

再次，发挥教学团队在教学学术研究中的作用。教学团队是教师围绕教学工作、以提高教学质量为共同目标而组织起来的目标群体。近年来，随着经济社会和科学技术的发展，随着学科的分化和交叉，大学越来越注重复合型、创新型人才的培养，注重对学生科学素质、人文素质和综合素质的培养。大学迫切需要对现有的课程体系和教学内容进行改革，对相关课程的内容进行整合，这将使得许多教师单一的知识结构和传统的教学方式面临巨大的挑战。面对这一挑战，大学应当通过建立有效的团队合作机制，促使具有相似或不同学科背景、知识结构的教师共同开展教学学术研究，更加充分地合作与交流，研讨和交流教学经验，提高教学学术水平。

最后，强化教研室在教学学术研究中的地位和作用。近年来，随着各高校纷纷设立二级学院，教研室作为大学教师进行教学交流活动的基本功能已逐步淡化，许多大学教研室的主要功能已转变成一些事务性的工作。这种现状亟待改变。必须强化教研室在教学学术研究中的地位和作用，加强教研室的内涵建设，让教师参与到集体教研活动中来，通过现场教学观摩、专题教学研讨、教学研究等方式，对教育教学的内容、方法与手段等进行全面的研究与交流，在开展教学学术研究中，使教师不断完善自身的知识结构，提升自己的专业素养和能力，提高教学学术水平。

第四节 传统教学与创新教学

大学创新教学理论是在对大学传统教学模式批判基础上形成的。它系统地批判了大学传统教学模式的理论基础“系统知识传授说”、典型特征“老师讲—学生听”、学生被动地“接受学习”，这些都对创新人才培养造成了非常不利的影响。大学创新教学把创新能力培养作为核心目标，以探究式学习代替接受式学习，以问题情境设计代替传统的PPT放映，以激发学生最大限度地参与作为教学成功的标志，这种教学模式对于我国大学创新创业教育的开展具有极为重要的意义。

一、大学创新教学概念

可以说，提出一个新概念即意味着进行一次理论创新。“大学创新教学”概念是在对大学传统教学进行批判性实践的基础上提出的。在提出大学创新教学概念之前，首先需要对“大学传统教学”概念作一界定，否则大学创新教学就变成无的放矢了。我们基本确认，大学传统教学就是把知识传授作为目标，以讲授法作为主导方法，强调以教师讲授为中心的教学模式，其典型表现就是“老师讲—学生听”。这种教学方法是不适应培养创新人才要求的，必须进行改革。所谓大学创新教学，就是以培养创新人才为目标，以培养创新能力为中心，以“教师引导—学生探究”为主要方式的教学。可以说，大学创新教学与大学传统教学是相对的，两者是在相互比较中存在的。

“大学创新教学”概念是如何产生的呢？显然这是在进行了一番比较分析借鉴之后的结果。在我们的印象中，一提“传统教学”，自然就想到了它的对应物——现代教学，因为“传统”与“现代”是对应的。在人们的语义中，“传统的”往往就意味着是过去的或习惯的甚至是过时的、落后的，“现代的”就是新的、先进的。这种理解不能不说有点简单化，因为现代是对传统的批判继承，而不是简单的否定。我们之所以要批判传统教学，就是因为它已经不适应培养创新人才的要求了，为此就需要进行创新。因此，用“创新教学”概念来形容培养创新人才需要的教学模式就具有很强的适切性，其喻义首先是它本身是创新的，其次是它是为了适应创新人才培养要求的。

我们之所以回避使用“现代教学”这一概念，不仅是因为人们习惯上容易把现代与传统对立的缘故，而且是因为当年杜威曾经使用过这个概念。杜威在批判赫尔巴特的时候曾经把“现代教育(教学)”与“传统教育(教学)”对应了起来，因此人们一提到“现代教学”就会自然地与“现代教育”联系在一起，从而就会是对杜威观念的搬用。事实上，我们在提出“创新教学”概念时确实是借鉴了杜威的理论，但认为杜威的理论还不能解释当下我国的教育情境。因此，为了避免与杜威理论产生误会，我们才刻意地用了“创新教学”这一概念。可以说，“创新教学”与“现代教育(教学)”之间具有内在的联系，但区别点则更大，因为我们这里主要是用来形容大学教育，是为了培养创新人才，此与杜威当时主要用来指代基础教育和发展人的社会适应能力之间具有很大的不同。

此外，必须指出的是，“创新教学”概念也是对日常语言的一种提炼或借用，因为人们在日常生活中经常会说“对教学模式进行创新”，有时也会使用“创新现在的教学模式”等用语。显然，此时的“创新”是缺乏固定内涵的。当我们在针对传统教学的特征进行批判之后，创新教学的内涵就自然而然生成了。换言之，我们赋予“创新教学”以确定性的内涵，使之成为一个专门化术语，即区别于一般意义上的泛泛使用。这一做法也符合语言学规则，因为语言本身就是一个约定俗成的产物。

之所以借用“创新教学”这个概念，一是因为这个概念不突兀，与创新时代的气质高度吻合。二是因为它符合高等教育改革的目的要求，即培养创新人才。我们把创新能力培养作为“创新教学”的核心目标，就是对高等教育改革的呼应，其中蕴含了对创新精神、创新意识和创新思维的培养。三是它确实表达了对传统教学的理论上的突破和超越，甚至可以说是颠覆。要达到这三重效果，就需要借用一个大家比较认可的或不怎么拗口的名称。

毋庸置疑，创造一个新概念本身就意味着提出了一个新的理论，因为要创造出一个新概念就必须超越传统的概念范畴，对新概念作一个理论界定并提出自己的理论根据。但这里“创新教学”概念不单纯指一种新的教学理论，也不是对一种既成事实的简单概括，而是对一种未来事实的预见，或代表一种改革的理想导向，因此也隐含着强烈的实践指向，故而具有生成性特质。换言之，“创新教学”概念不仅是一种新提法，而且代表一种新做法，在此意境下就可以理解为“教学创新”。

确实，中国大学的教学已经形成了一些明显的模式化特征，其核心特点即是强调知识的系统传授，我们称之为“知识系统传授说”，它的基本观点是认为教学任务就是要把最先进的知识系统地传授给年青一代，使年青一代迅速地成为科学人才，成为各行各业专家，并认为最有效的途径即采用“老师讲、学生听”的讲授法，这与杜威所谈的当时欧美基础教育情形是完全不一样的。不得不说，中国大学的传统教学模式形成是由多方面因素共同影响或作用的结果。第一位的重要影响因素就是传统的计划体制，因为它曾经是一种国家制度，具有权威性、强制性或不可抗拒性，而它赋予学校、教师、学生的自由度都比较小，所以，按计划执行常常就是按国家制定的教学大纲和教科书执行，教师的独立意志是难以发挥的。在此不得不承认的一点是，它具有意识形态的因子，在“政治正确”旗帜下是不能提出异议的。第二位重要的影响因素则是中国传统文化，因为在中国传统文化中把教师放在了一个非常尊崇的地位或者说一个不容挑战的地位，如“天地君亲师”赋予了它以伦理上的正当性。我们知道，儒家文化一直在中国传统文化中发挥着正统作用，“尊师重道”就是在这种文化氛围下形成的。当然，“尊师重道”一直被我们认为是积极的文化特征，即使如此它也可能产生异化。如“传道、授业、解惑”的规范使得教师的责任无比重大，从而他们也不敢自由发挥。“言必称其师”就是这种文化特质的反映。虽然韩愈也承认“弟子不必不如师”，但那样异类的弟子是非常少的，因为那样可能被视为“欺师灭祖”——这虽然是武林门派之争中经常出现的词汇，但也经常用来形容各种不尊师命的行为。可以说，传统的上下尊卑关系确定了教师所拥有的真理传播人的地位，所以“老师讲、学生听”是一个天经地义的命题。中国传统文化中的“顺者为孝”伦理观也表现在“师徒如父子”的师生规训中。第三位重要的影响因素是行为习惯模式，因为一旦教师习惯于作为一位讲授人的角色后就不容易再挣脱。可以说，这种教师形象从中小学时期开始形成，到了大学期间依然模仿或沿袭，这也是人们关于教师的刻板印象的由来。换言之，人们常常用中小学教师印象来推测大学教师，人们对中小学教师产生的深刻现象也会在大学教师身上复演。第四位重要的影响因素则是便利性，即人们发现运用讲授法来培养教师比较容易，而教师们发现采用讲授法进行教学也最为轻松，尤其在科研压力比较大的情况下，这是一个比较容易应付教学任务的办法。当然，这也为一些对教师职业不忠诚的人提供了偷懒乃至投机的机会，如有的人一次备课内容可以多少年反复使用，从而造成了大量陈旧课程内容现象的出现，这样自然而然就脱离了社会发展要求，不仅与专业发展趋势相脱离，而且与学生发展需要极不相称。可以说，这四点是我国大学传统教学模式形成的主要原因。

此外，还有一个因素也非常重要，那就是观念的因素，这个观念往往来自一种定式心理，甚至可能来自某种教学论的教条，也可能来自人们对知识的神秘化态度，甚至来自对知识一成不变的信奉，但从根本上说是来自传统的教化伦理。它认为大学教学的任务就是传授最先进的知识系统，因为这些知识是人类文明的结晶，传授知识就是对人类文明传递责任的承担；传授知识是教育的根本使命所在，而使命承担的直接方式就是课堂教学和班级授课——这些是传承人类文明最快、最有效的方式。因此，“教书育人”既是对教师职责的概括，也是对教师工作方式的概括，其中“教书”不仅是作为前提和手段，而且在不自觉中被异化为目标了。教学的智育化倾向也与此有关，而且被制度强化，如考试制度就是对知识传授程度和掌握程度的检验。如此一来，传统教学不形成一种僵化的模式也很困难。

针对大学传统教学所表现出的特征，我们从三个层面来进行揭示，第一个层面是直观层面或基本层面，分析传统教学的明显特征和创新教学的对应特征；第二个层面是本质层面或核心层面，分析传统教学的内在特征或支持传统教学运行的逻辑基础以及创新教学的对应特点；第三个层面是操作层面或实践层面，分析传统教学在制度规范层面的特征和创新教学的相应特征。因为我们把传统教学与创新教学视为一对范畴，所以在分析过程中总是把创新教学与传统教学进行比较。我们把直观特征称为基本特征，把其背后的内在依据与价值诉求称为核心特征，而把两者之间的中介机制称为实践特征。因而，基本特征代表对大学教学外部特征的概括，核心特征则是对大学教学内在特征的概括，实践特征则是对大学教学的一些制度化行为特征的概括。

二、大学创新教学的基本特征

大学创新教学具有一些明显的外部特征，这些特征是可以观察到的。可以说，如果没有这些基本特征，也就很难判定一种教学是否属于创新教学范畴。

（一）传统教学重视教师传授，创新教学重视学生探究

大学传统教学强调教师是知识的拥有者——在人们的印象中，教师就是有学问的人，学生跟着教师学习就会长学问——这个印象至今仍然是人们的基本共识，所以，教师拥有课堂的主导权和决定权，那么课程计划、教学计划和教案统统由教师来设定，学生只能作为服从者。这其中隐含了一个假设：学生是未成熟的人，需要接受教育，只有在教师的教导下才能尽快地走向成熟。它所暗含的另一个假设是：教师无论是从阅历上还是从智力上都是学生的导师；同时，教师也是人格上的完善者，从而能够引导学生尽快地成人，这也是教师所具有的育人责任所在。

大学创新教学则是视学生为教学活动的主体，即学生不仅是学习的主体——指理解、消化、吸收教师所讲的内容，而且是知识探究的主体——他有理由提出自己的质疑，教师不能以学生年幼无知而加以拒绝。因为人们一般都

承认：教是为了学，服务于学生学习才是教学改革的出路，从而教师是引导者而不是主宰者，是辅助者而不是决定者，是督促者而不是控制者。

（二）传统教学重视知识获得，创新教学注重能力培养

这一点是判别一种教学究竟是属于传统教学还是创新教学的根本尺度，也可以说是传统教学与创新教学的分水岭。这也是提出“知识中心”向“能力中心”转移的基本依据。判断大学传统教学成功与否就在于看教师传授了多少知识，传授了什么样的知识以及学生掌握了多少知识和掌握到什么程度。教学方法是服从于传授任务的，衡量手段则是采用闭卷考试，通过对学生的测验来衡量教师水平，学生成绩是对教师教学能力的测评依据。

大学创新教学则是看学生究竟发展了没有，发展到什么程度，而知识掌握仅仅是一个工具。所掌握的知识量不是主要的衡量因素，甚至所掌握的知识难度也不是主要因素，它把掌握的知识是否合适作为最关键的评价要素。所谓合适与否，就是看是否激发了学生的学习兴趣，是否激发了其求知热情。一旦学生开始主动投入学习，学生发展潜力就是不可限量的，这样所获得的知识都是个人建构出来的，而不再是那种掉书袋式的知识。个人发展程度就在于他能够解决实际问题的程度，这也是他的实际才干。换言之，创新教学注重的是经世致用而非应付考试能力。

（三）传统教学重视人类知识传承，创新教学注重个体人格培养

无论什么样的教学，都不可能脱离知识作为中介，但不同教学的出发点不同，从而对知识的选择也不同。如果以知识传授本身作为目的，自然要选择那些比较成熟的知识，最好都是那些经典的知识，但这些知识未必就是有用的知识。不能不说，它们在人类文明发展谱系中具有非常重要的价值，但对每个个体的价值就很难确定了。传统教育的一个主导思想，就是把每个个体培养成为社会共同体的一员，从而不倡导个体的价值，这是一种集体主义价值观表现，也是社会本位思想的体现，中国传统文化尤其强调这一点。而西方文化则强调个体本位思想，认为社会发展是为了个人的发展。这不是说西方社会不强调共同体观念，而是说西方社会普遍认为个体发展是社会发展的基础，社会是个人之间的联合，是通过契约关系建立的，他们的基本理论是：社会是由个体构成的。中国文化则认为个体是属于社会的，没有社会就没有个人，所以不太注重个体的独立价值，这与中国注重伦理教化的社会风尚有关。西方社会非常注重个人价值，所以社会文化是一种智性的文化，从而崇尚竞争，同时也注重规则建设，形成了一种法治文化传统。任何教育都不能仅仅以知识传播或传承作为

自己的目的，必须以培养人作为目的，但大学传统教学认为只要学生掌握了知识，其他方面不需要努力就可以自然而然成长起来，认为学习好就代表了一切。其实，应试教育就潜藏了这个假设。

在封建专制时代，教育是为了培养最高统治者的高级奴仆，所以根本不注重人的主体意识和个体人格的培养，甚至是反对个体的独立意志。在极“左”思潮盛行时代，提倡个体独立人格培养容易被污称资产阶级教育思想。在今天，如果要培养创新人才就必须注重独立人格精神的培养。因为具有创造性的人必须具有自己的独立判断能力，是不能依附于别人的，它的价值理想是：每个人都应该成为自己的主人，依赖于他人的命运是可怜的，当然也不可能有什么创造性，因为那样他就只能以巴结他人作为自己能力发展的方向，这样导致的结果是人与人之间相互倾轧或相互践踏，从而变成了一种钩心斗角的社会。所以，牺牲个人价值的社会是不明智的和不理智的。在这种情况下，知识就是一个手段，作为手段就是可选择的，而非唯一的。作为一个走向成熟的人发展所需要的知识是不同的，如果不能把他们作为独特的个体对待，那么就把他们作为统一的容器对待了。一个容器是无法具有创造性的，因为创造性只能属于具有独特个性的主体，而非知识储存到一定阶段就会出现飞跃变化。

（四）传统教学注重书本知识学习，创新教学则重视社会实践体验

书本知识代表了人类智慧的结晶，从而一定是理论知识，那些未达到系统化程度的知识是散乱的，因而也是不适宜传播的，因为这样的知识具有不确定性，所以是存在潜在危险的。书本知识则是作为确定性知识的载体出现的，而且是得到权威部门审定的，从而危险性也最低。而且在大学里，教师自身就是作为权威或专家出现的，因为课程普遍是由教师个人独立负责的，即使有学术委员会对课程开设的审定程序，但基本上属于形式性审查，很难做到实质性的审查。事实上，这也是对教师职业权利的基本尊重。所以，教师设计的课程内容如果没有遇到学生的投诉，基本上都可以过关。即使出现了学生投诉情况，教师要为自身辩护也比较容易。至于这些知识对学生而言有什么作用就很难说了，因为人们一般都强调知识的非功利品性，这也导致了忽视知识用途现象的普遍化。历史上人们把有用性与职业教育联系起来，而且与对奴隶的训练联系起来，认为这样的趣味不高雅，高雅的追求应该是一种闲逸好奇，追求所谓的“无用之大用”。这种迂阔的观念在精英时代基本上成立，因为之前接受高等教育者都属于有闲阶层，不属于劳动阶级，对于那些出于谋生需要的阶层而言，这种追求显然是不适合的。如果学生对这些知识没有兴趣，自然就没有任何作

用。知识的有用性首先在于能够激发学生的学习兴趣。

大学创新教学则主张学生的学习兴趣来自对问题的发现，而这些问题发现只能通过亲身经历才行，否则就只能依靠个体的天赋了。实践教学主要是为了帮助学生发现问题并激发其探究兴趣的，所以大学提供必要的实践条件是必需的。如果教学过程缺乏了与具体实践的联系，只进行单纯的书本知识传授，那么，教学过程往往会变得机械、呆板、无趣。

（五）传统教学强调个体记忆式学习，创新教学重视团队合作探究式学习

在知识接受的模式下，个体的努力和自觉最为重要，他人的辅助往往作用甚微，甚至是被轻视的。因为要记忆知识，个体必须努力用心，必须找到与自身的经验联系点，如此才能使新知识固定在自己已有的经验锚点上。这个过程往往是比较痛苦的，因为新的理论知识很难从自己的经历中找到这样的锚点，所以，记忆式学习往往容易变成机械性的死记硬背。是故，每到期末考试时，我们就能够在校园内、图书馆看到许多死记硬背的身影，我们不知应该佩服这种精神还是为这种行为感到嗟叹。在这个过程中，学习者不妨找到一些记忆的诀窍，这些诀窍在应试过程中也被证明屡试不爽，但这种知识因为脱离学生的生活实际，定向性非常强，因此一旦离开了具体对象往往就无法发挥作用，从而很容易被遗忘。

大学创新教学一般不鼓励个体的苦思冥想，而是鼓励学生相互交流和互相启发，通过不同视角来构建一个完整的认识，在相互启发中收获到认识世界的乐趣。这是一种深度参与式的学习方式，而非传统的隔离式记忆式学习，因为所探讨的对象是自己所经历的，从而能够感受其价值和意义的存在，进而对个体发展起到一定的激发作用。如果所学习的对象与自己距离非常遥远，就很难体会到学习的价值与意义。

三、大学创新教学的核心特征

大学创新教学的核心特征是相对于大学创新教学的基本特征而言的，它指的是大学创新教学的内在特征或本质特征。显然，这些特征是不容易观察的，是经过逻辑分析获得的，但它们是大学创新教学的内在依据或逻辑基础。就此而言，创新教学的核心特征也可以称为理论特征，因为它也是通过理论归纳的结果。不过，人们很少使用“理论特征”一词，常常用核心特征或本质特征来表达。

（一）传统教学信奉系统知识传授说，创新教学推崇知识建构说

系统知识传授说，可以说是大学传统教学论的最坚强的支点，因为这意味着教学可以占据科学的前沿，意味着对最精粹知识的传递，意味着可以将知识的光明普照人间，意味着与国际对话和知识的普及化，也意味着大学找到了合适的传递人和接受者，意味着大学不辱使命。显然，这是精英时代形成的知识观和教育观，它的基本观点是：真正的知识应该是普遍的，知识的价值是不容怀疑的，知识获得者就是获得了福音，知识的接受者应该带有一种感恩的心理，应该对知识充满膜拜的心理，甘心听从知识或真理的召唤。然而后现代主义粉碎了这些关于知识的迷信，认为知识不再是公正的代言人，知识可能是带有意识形态色彩的，知识的片面性是普遍存在的，知识是普适性的观点不再可靠，从而颠覆了传统的知识观。在大众化高等教育阶段，受教育者不再承担真理或知识传承的使命，他们不再是知识探索的英雄，而是一些凡人，往往是只关注个人利益的小人物，没有什么宏大抱负，对精神需求是微弱的，更看重自己的物质存在；他们更希望获得自身的价值体验，这种价值感不是外在赋予的，而是由自己内心产生的，于是大学传统教学论的基础就不复存在了。大学创新教学论的登场意味着知识的接受者同时也应该是知识的主人，他们自身希望获得对知识力量的体验，所以大学教学应该达成他们的愿望，这就要求必须将他们从被动的接受式学习者变成主动的探究式学习者，新的教学必须从问题设计出发，让他们感到自身的价值存在，通过知识的体验来构建自己的知识，这种知识也成为他们生命的一部分，成为个性的有机构成。

（二）传统教学主张教师即是权威，创新教学主张教师是引导者、辅助者、督促者

在知识匮乏的时代，教师几乎就是知识的化身，因为他们成为知识的来源，从而拥有权威的地位。然而在网络时代，个体教师的地位不断地被信息搜索引擎挑战，于是对自身的无力感由是产生。在此情境下，他们不得不从知识的传授者地位中走出，转而变成知识探索的引导者、辅助者和督促者。每个人事实上都背着一个图书馆，这在过去时代是不可想象的，而智能手机实现了这个愿望。由于学生不必再去死记硬背一些东西了，于是过去的学习模式宣告失败。要培养创新人才就必须改变学生的学习模式，而替代这种学习模式只能是一种探究式学习，事实上，探究式学习的效果远远高于死记硬背的浅层次学习。那么教学模式也只能从传授式转向探究式，这是一种以问题为导向的教学模式。

（三）传统教学倚重“老师讲—学生听”，创新教学依靠“教师设计问题情境—学生开展团队探讨”

对于大学传统教学模式的典型特征，人们的认识是比较一致的，即“老师讲—学生听”，这一概括充分显示了教师在其中的中心地位或主宰地位。之前，这一模式一般表现为教师对经典的阐释，因为教师通过自己对深奥经典的理解和注释的贡献获得了对经典的传播资格。而在目前这种传播多沦为 PPT 放映。之前的照本宣科一般是由教师设计教案，教师需要预先设计讲课顺序之类，目前这些功能都已经被放映机取代了，教师只要按照固定的程序进行放映就行了。之前，教师的举动经常面临着学生们眼睛的注视，需要教师培养自己的定力，否则当场表现可能不尽如人意。目前的机器代劳就不需顾及学生的注视了，因为很多时候就是照着 PPT 读出来。这样的教学自然越来越无趣了。

改变这种状态的方法只能从设计问题情境出发，让学生意识到探究的必要，从而主动投入其中。但这显然对教师的能力和耐心提出了极大的挑战，因为教师也无法预先确定究竟什么样的问题才能吸引学生，什么样的问题才比较适合学生，这不仅考验教师的学术功底，而且考验教师是否具有与学生进行对话的能力，因为要调动学生集体的注意力委实不易。必须靠那些具有实践含量的问题才可能胜任这样的设计要求，这就需要把学生关注的中心问题、社会关注的中心问题和专业关注的中心问题融为一个共同的问题，以此为线索展开问题设计。

四、大学创新教学的实践特征

在教学实践中，一般可以分为三个基本环节：目标—过程—结果。大学创新教学的实践特征则是在这三个方面体现出来的。

（一）传统教学目标是培养知识的接受者，创新教学目标是培养创新人才

大学传统教学最注重接受性理解力的培养，因为这关乎知识能否有效传承的问题；而大学创新教学最注重批判性分析能力的培养，因为这关系到对传统知识的检验、丰富和发展。毋庸置疑，大学传统教学一般都带有教化的目的，从而存在着施与者与接受者的区别。在大学创新教学中师生则是一种共同的探讨者，不存在施与与被施与的严格区别。因为大学传统教学总是把学生当成一个不成熟的主体，认为他们的行为需要外部监督即外铄；在大学创新教学中，学生被视为相对成熟的主体，具有自我审判能力，在研讨过程中能够确定自己的前进方向。大学传统教学不重视个体的经验，认为个体经验是不标准的或充满杂质的，从而对标准知识的接受是有害的；大学创新教学则认为个体经验是有益

的，是进行自我知识建构的基础。大学传统教学把学生以往知识作为受体或载体存在，大学创新教学把以往知识作为反思的主体对待。大学传统教学主要培养听话者或循规蹈矩者，大学创新教学重在培养具有独立主见者和开拓性人才乃至冒险家。大学传统教学具有很强的政治意味，是统治阶级培养人才的重要工具，它要培养忠诚于统治阶级利益的接班人，属于一种臣民教育范式；大学创新教学旨在培养公民，每个人都是社会的建设者，每个人都是自我意志的主张者，都为自己的主张担负责任，因此属于公民教育范畴。

（二）传统教学的互动模式是单向的，创新教学的互动模式是多向的

大学传统教学模式绝非完全没有互动，但其互动方式往往是单向的、浅层的（或称为直线型互动），没有形成一种集体互动的氛围（或称为网络式互动），那种互动很容易变成简单的问答式互动。这种单向的互动更加强化了教师的权威地位和学生的被动角色，不利于培养学生的科学质疑精神。深度的互动应该是多向的，不仅在师生之间展开，而且能够在学生之间展开，这种互动氛围是鼓励学生进行质疑的。只有在这种情况下，才代表学生是自觉地参与其中，而不是一种被动的参与，教师的引导作用往往体现在对各种交错意见的点评上，因为这能够给学生进一步探讨指明方向。所以，师生互动模式能够代表教学的实践属性，特别是能够反映学生的主体性是否已经实现。虽然“教学相长”原则是人们耳熟能详的教学规律，但在传统教学模式下，教学往往成为教师单边的输出和学生单边的接受过程，在使动和受动之间缺乏真正的互动性。而创新教学则注重师生之间互动的深度，特别是注重生生之间互动，因为创新教学是在教师引导下的学生共同探讨的过程，教学内容具有不确定性的特征，要求每个学生只有深度参与其中才能学到知识并培养自己的能力。

（三）传统教学注重统一考试结果，创新教学则注重个体成长表现

大学传统教学往往采用统一的维度来评价学生，从而以示考试的公平。由此看出，大学传统教学与传统的等级式社会是相适应的。大学创新教学则注重按照个性潜能指示的方向培养学生，认为只要个性潜能得到最大限度的发挥就是教育的成功，显然这与社会需要多样化人才的环境是一致的。如此，大学传统教学重视竞争，而大学创新教学注重个性发展。事实也是如此，大学传统教学往往是通过竞争来激励学生发展的，但其发展取向是同质化；大学创新教学则不然，它注重的是发挥各自的个性特长，注重人才的丰富多彩，从而鼓励合作，使彼此能力获得最大程度的发展。进而，大学传统教学重在结果衡量，而大学创新教学注重过程展示。这种衡量的结果是大学传统教学以分数论英雄，

以通过测验作为教学成功的依据；而大学创新教学则注重个体的成长，把潜能发展作为自己衡量的标准。显然，大学创新教学不排除结果，但主张通过一个主动努力过程而获得，它强调个体的独特性和不可比性；大学传统教学则奉结果至上，为了获得结果而不惜进行机械训练，最终不可避免地导致了急功近利。

总体而言，传统教学是知识短缺时代的产物，创新教学是知识经济时代的呼唤。任何事物发生发展都有自己的时代背景。大学传统教学从根本上而言是产生于知识短缺的时代，是教育封闭性的必然产物，其时知识具有一种神秘化特征，认为知识生产是少数精英或具有特别天赋的人的专利，这样大学就变成了高深学问的场所；在信息化时代，知识失去了神秘化特征，知识成为一种消费品，个体知识具有了合法化的场景，换言之，知识不再被一元化宏大知识垄断，知识的多元性使之具有选择性。故而，大学传统教学注重经典知识、标准化知识传播，创新教学注重适合个性发展的知识；大学传统教学注重教师讲授，大学创新教学则注重研讨和相互启发；大学传统教学奉理论知识为尊，创新教学则注重实践知识探索。对于传统大学而言，经典知识只有通过教师讲授，才能使知识传授具有正统性、合法性，而且因为理论知识抽象性强，无法直接感知，必须由专家讲授才能迅速完成传承的任务。它所内含的是社会本位观。实践知识则必须把个体作为主体，因为只有个体才能对自己的实践效果作出恰当的判断，所以它所内含的是个人本位观。与此相适应，大学传统教学强调苦学和意志磨砺，大学创新教学注重激发兴趣和特长发展。对于那些脱离生活背景的经典知识或标准化知识，大学传统教学中学生不得不以个体的巨大意志努力作为代价才能接受所传播的知识。当考试成绩决定一个人的出路时，这种意志的磨炼是成功所必需的。其结果使得个体只有与标准答案趋同才可能有出路。而大学创新教学则不以标准答案掌握作为成功的依据，而是以对传统答案的丰富、补充乃至颠覆作为依据，从而就鼓励了学生的个性化表达和创造性发挥，如此就为学生的兴趣发展和特长发挥提供了舞台。

五、大学创新教学面临的基本挑战

（一）大学创新教学推行的现实难题

1. 大班教学与个性化教学问题

大班教学对开展创新教学实践是一个巨大挑战，因为大班教学很难适应个性发展要求。在目前确实很难取消大班教学，但从长远看，如果大班教学不能提高教学质量，那么它被取缔是必然的。国外采用了一些弥补大学教学劣势的方法，如采用大班授课、小班讨论的方式，这不能不说是一个很好的措施。当然，这只是平衡教学效果和办学成本的一个折中办法。我们认为，随着适龄人口下降和生源竞争的加剧，以质取胜是高校竞争的必然趋势，大班教学必然会被作为质量差的标志而首先被革除掉。日本和我国台湾地区等出现的少子化现象可能也会在我国大陆高校发生，另外随着全球化推进，留学更加便捷也会对生源竞争产生影响，所以，大班教学现象总体上看是不可能长久的。

显然，取消大班教学并非取消班级教学。在今天放弃班级教学是不理智的，因为班级教学不仅是提高办学效率的一个举措，而且也可以与个性化教学相辅相成。个性化教学绝不意味着就是进行一对一的教学，那样的教学效果未必一定好，因为教学需要一定氛围，班级的存在对营造教学氛围、促进学生社会化都是非常有利的，特别是开展研讨必须具有一定的班级规模，否则就难以起到促进学生思维碰撞的作用，因此，适度的班级规模无论是对个性发展，还是对群体发展都是有利的。

不得不说，对个性发展评量也是开展创新教学的一个难题。在班级教学中容易造成“按照一个模子培养”的问题，但没有统一标准就很难对学生发展程度进行测量。为此，必须矫正过去偏重结果性而忽视过程性评价的倾向，把更多注意力转向学生具体成长过程。我们认为，创新教学的基本法则是“求异存同”，即鼓励每个人发表自己的意见，但也保护共同的或一致的意见。对个性发展的评价，主要看个体的创造性发挥程度和对社会需要的满足程度以及对团队的贡献程度。

2. 教材选择与课程设计问题

毋庸置疑，无论什么样的教学，完全没有教材是不可取的，因为教材实际上就是提供了一定的教学标准。但如果教学采取照本宣科的方式进行，则会严重束缚教师和学生的主动性。因此，教材应该是参考性的，不应该是强制性的，仍然要鼓励教师根据课堂教学情境和实际教学需要制订一个弹性的教学计划，编制自己的教学大纲和讲义。换言之，必须给教师充分的教学自主权，允许教师根据需要进行创造。生成性教学的要义就是鼓励教师根据具体的教学情境需要设计教学进程。

就课堂教学设计而言，一般都需要设计出总体时间安排，设计出教学难点重点，设计出主要教学场景，设计到分组教学，设计出具体的教学时间分配，设计出探讨问题的难易度和具体进度，设计教师该如何进行引领。但课堂教学设计不宜过于精细，因为那样就会变成一个机械的操作流程，不利于根据情境生成一些具体教学方案。总体而言，课堂教学设计宜粗不宜细，需要给学生留下足够的自由空间，不能过于细化而使教学变成机械训练。

显然，不同的课程类型和层次对教学的具体要求是不同的，如对通识课程与专业课程的要求就应该是不同的。因此，在教学组织上也应该体现出各自的特点。这对教学管理部门提出了一个很大的挑战，即要针对不同课程采用不同的教学管理方式，从而引导大家共同参与教学改革探索。

3. 教学效果评价问题

教学效果显然不能只看学生的满意度，虽然学生满意度是必须观照的一个方面。教学效果评价必须要看学生在课上对探讨问题的参与度、课下的努力程度，以及小组内部协作程度，特别需要看学生在课下作业的完成度。当然，教师如何引导学生也是考查教学效果不可忽视的一个维度，但考查的主体方面应该是学生的反应或变化。所以，开展创新教学，对学生如何评价是一个很大的难题，这对教师的创造性是一个很大的挑战，当然也是对教学管理部门的一个巨大挑战。

4. 学生参与性衡量问题

显然，学生对教学活动的参与性是可以在一定程度上进行量化的，但要进行完全的量化也很难。如学生是否注意听讲就是考查学生参与性的一个直观指标。人们使用课堂“抬头率”来代表参与性也是一个非常便捷的指标。用“是否发言”来衡量参与程度也是可行的。但参与程度比较难以衡量。如发言的次数很难作为一个有效的指标，很多时候它可能是一种表面参与；对于参与小组研讨的参与性比较难以衡量，因为很难杜绝“搭便车”行为。

（二）大学创新教学面临的几个理论争议性问题

1. 基础课与通识教育课程教学问题

基础课教学是否采用讲授法效果更好？对这个问题，人们往往从直觉出发，认为必须先接受一些理论，然后去运用和检验它进而去发展它。似乎不先接受一些理论就没有学习的基础。但这无视了一个基本事实：人一旦接受了某种认识，就很难跳出这种思维框框。讲授法教学就是强化了接受式学习，不易激发人们开展探究式学习。为了让人们快速接受知识，讲授法仍然是比较好的教学方式。但如果要培养创新人才，那么讲授法就不应作为首选，只能作为辅助方法，而要善于运用启发式教学。

就通识教育而言，它是为了培养学生对人类、对社会、对自然的共同认识，它是一种基本的价值观教育，而非某种具体的知识传授，所以不应该仅仅是一种扩展知识面的教育。在过去强调专门人才培养，导致所培养出的人视野狭窄；

现在人们普遍提倡加强通识教育，似乎就为了扩展知识面。这种认识是错误的。通识教育重心在于培养人的批判性思维能力，使人学会思考，不是简单地知道一些表面知识或了解一些表面现象。因为通识教育的一个重要功能就是为了让学生找到自己的兴趣所在，为后续的专业教育打基础，如果通识教育的教学不深入就无法达到这一目的。目前通识教育乱象丛生，很多只是过去的公共课的简单翻牌。作为思维训练的通识教育课程，更应该注重研讨，注重深度，注重与现实的结合，唯有如此才能发现问题，才能激发学生的探究兴趣。而且通识教育课程更容易开展研讨课，因为通识教育所讨论的都是一些普遍问题，如哈佛大学开设的“幸福课”，这是每个人都关注的话题，从而更能够引起人们探究的兴趣，进而也能够把不同方面的声音反映出来。只有不同声音的交会，才能真正显示出思辨的力量，才能达到真正意义上的通识。所以通识教育就是为了增强普遍认识或共同认识，但它不应该是表层认识，而应该是深层认识，是那些对价值观产生重要影响的认识，可以说，它担负着塑造共同价值观的责任。比如社会主义核心价值观，就属于这样的课程，它不应该是被灌输的，而是经过大家充分讨论后的理性认识。

2. 教师的教学自主权问题

一旦推进创新教学，必然要赋予教师以更大的自主权，这会不会导致教师的教学自主权被滥用？不能说这种担心是没有道理的，但是有防范措施可以解决这种担忧。这就要求开展创新教学是建立在自觉自愿基础上的，而非一种强迫。如果建立在自觉自愿基础上，则一个人必然会作出自己的承诺，即不能滥用教学自主权。“人无信不立”，古今中外皆然。教学改革要想有效地开展，必须给予教师充分的信任，如果对教师没有充分的信任的话，是不可能希望他们培养出高质量的人才的。高质量的教学是建立在高度的信任基础上的，这不仅是教学有效开展的条件，也是对教师人格的基本尊重。

3. 翻转课堂的有效性问题

目前在教学改革中，翻转课堂常常被作为一个改革举措而受到推崇。事实上，翻转课堂并不完全是新的，在理念上与我国古代书院所推行的“自学—辩论”没有根本性差异，它只是把一些视频资料融入自学环节并增加了网络互动环节。对于是否翻转课堂，不能仅从视频材料或讲授内容是否提前学习了或课堂上是否组织了讨论来判断，关键是看学生是否围绕问题在进行主动探索而非对材料的简单接受。否则，就与传统课堂没有本质区别，而且失去了传统课堂的高效快捷的优势，只能导致一系列不良后果，如浪费时间，学生失去学习兴趣。所以，对于翻转课堂这个时髦概念，我们必须从实效性上去判断它，如果它是低效率的就应该被抛弃。显然，翻转课堂需要以激发学生主动探讨为前提，绝不是把讲授内容提前学习，理想的状态是课前学习一些导引性材料，激发学生兴趣，让学生产生一些值得思考的问题，然后在课堂上集中讨论。如此，课前的学习材料提供非常重要，必须是适合学生自学的，而且能够激发学生探究兴趣的，否则就无法达到预期效果。

4. 学生自主学习的效果问题

不少人认为，创新教学以学生自主研讨为主体，很难达到教师讲授的高度和深度，如此就会降低教学质量。出现这种质疑仍然是迷信讲授式教学的结果，这种质疑没有认识到学生最终要形成自己的知识体系，而非在于接受别人的知识。如果这个观念不转变，就可能形成不正确的教学导向，因为学生探究的水平永远赶不上教师的认识水平。创新教学是以学生为中心的，不是以教师为中心，最终考查的不是教师的讲授的知识水平，而是学生自己建构的知识水平，特别是学生解决实际问题的能力和水平，这是衡量学生知识建构程度的集中体现。

5. 实践教学中的安全责任问题

在推进创新教学实践中，一个重要的工作是要加强实践教学，这样就必然要加强教育教学的实践环境建设。如此可能会与过去的课程教学大纲要求产生一定的冲突。如果教学大纲对教学实践实习要求非常低，这可能会阻碍实践教学的开展。这需要审辨传统教学大纲是否合理，是否符合人才培养要求。教学大纲往往具有滞后性，所以不能把教学大纲看成是绝对的。我们认为，判断一门课程教学是否需要实习的主动权应该交给教师。如果教师对教学进程没有发言权，那么教学效果就不会好。目前，实践教学被忽视的另一个非常重要的原因就是安全隐患大，如此，开展实践教学必须回答安全责任该由谁来承担的问题。对于安全责任问题，只要教师尽到了自己的义务就应该是免责的，而管理者不能推卸自身应肩负的责任，必须从培养人才的大局出发主动担当责任。我们知道，影响教学质量提高的一个重要因素是实践环节的缺失。空洞的理论教学容易造成枯燥乏味，难以激发学生求知兴趣。但加强实践教学环节，就会遇到许多阻力，如果行政部门采取“多一事不如少一事”的做法就往往会产生懒政、怠政行为，不利于教学质量提升和教学改革推进。

第五节 公安院校的实践学术

教师在从事日常教育教学工作中自身如何发展？教师的专业发展具有什么知识基础？为什么教师学了教育学、心理学，还是不会教书？教师如何提高自我专业发展的意识和能力？这些问题是本节探讨的焦点。本节从教师的知识构成入手，将教师的知识分成“理论性知识”和“实践性知识”，然后对教师实践性知识的定义、内容、状态和形成机制进行分析，并强调了“教师实践性知识”这一概念的赋权意义和专业建设意义。

一、公安院校教师的知识分类

什么是知识？“知识是人类认识的成果或结晶，包括经验知识和理论知识；就个人而言，知识是个人通过生活经验与教育所获认识的总体。”为了更有力地论证本节的主题，本定义不特别强调理性主义所看重的知识构成中的逻辑成分和知识形成中理性的作用，或经验主义所看重的感觉经验中两个观念之间的一致性、相似性或因果性，而更倾向于实用主义的观点，即认为“知识”是一种行动的工具，具有实践性和能动性。“教师专业发展”不仅指教师专业规范化和教师专业自主权，更重要的是关注教师个体的专业自主发展以及教师得以安身立命的条件保障。提出“知识基础”这一概念的前提是：教师作为一门专业(而不仅仅只是一个谋生的职业)，需要一定的知识作为条件；教师的专业发展不仅需要一定的知识积累，而且需要有效的知识增长和更新的机制。

对公安院校教师专业发展的知识基础进行探讨，首先需要了解教师具有何种知识。这里将教师的知识分成两类：“公安理论性知识”和“公安实践性知识”。前者通常可以通过阅读和听讲座获得，包括公安学科内容、学科教学法、课程、教育学、心理学和一般文化等原理类知识。后者包括教师在公安教育教学实践中实际使用和(或)表现出来的知识(显性的和隐性的)，除了上述行业知识、情境知识、案例知识、策略知识、学习者的知识、自我的知识、隐喻和映像外，还包括教师对理论性知识的理解、解释和运用原则。前者通常停留在教师的头脑里和口头上，是教师根据某些外在标准认为“应该如此的理论”；而后者是教师内心真正信奉的、在日常工作中“实际使用的理论”，与教师的思想和行为，体现在教师的教育教学行动中。

公安理论性知识通常呈外显状态，可以为教师和专业理论工作者所共享，是教师知识冰山露出水面的部分。而实践性知识则通常呈内隐状态，基于教师的个人经验和个性特征，镶嵌在教师日常的教育教学情境和行动中，深藏在知识冰山的下部。前者因其外显性、系统性、可表述性，比较容易被把握，已经得到了比较成熟的研究。而后者因其隐蔽性、非系统性、缄默性，很难把握，研究也很少。

然而，实践表明，教师的实践性知识是公安院校教师专业发展的主要知识基础，在教师的工作中发挥着不可替代的作用。首先，它虽然不如理论性知识显而易见，但在教师接受外界信息（包括理论性知识）时起过滤的作用。它不仅对教师所遭遇的理论性知识进行筛选，并在教师解释和运用此类知识时起重要的引导作用。其次，它具有强大的价值导向和行为规范功能，指导（甚至决定）教师的日常教育教学行为。虽然大部分教师对自己所拥有的实践性知识缺乏明确的意识，但它实际上影响着教师对有关问题的看法和做法。最后，教育是一种特殊的实践活动，涉及很多因素，具有高度的丰富性、复杂性和情境性。虽然研究界已经概括出一些教学理论和原则，但不能完全有效地指导纷繁复杂的教学活动，必须有教师实践性知识的支持。这一点生动地体现在一个大家经常听到的问题中："为什么教师学了教育学、心理学，还是不会教书?"即：一是教师"会教书"的条件之一是知识，其中不仅有理论性知识，而且更重要的是实践性知识；二是实践性知识比理论性知识更重要是因为：①它影响着教师对理论性知识的学习和运用；②它支配着教师的日常教育教学行为；③它是教师从事教育教学工作不可或缺的重要保障。需要指出的是，强调实践性知识是教师专业发展的主要知识基础，并不意味着排斥理论性知识的重要性。两者都是教师专业发展不可缺少的充分必要条件，而且两者密不可分、相互补充、相互影响；但前者比后者更重要（处于主要位置），发挥的作用更大。此外，由于前者很少得到学术界的系统研究，因此更加需要研究。

二、教师的实践性知识

（一）有关教师实践性知识的定义

有关教师的实践性知识，学者们有不同的提法和定义。有人使用"教师个人实践理论"指称这类知识："教师个人实践理论应称为教师个人关于教育的实践理论'，其含义基本等同于教师个人所持有的教育观念……此概念具有较强的包容性，包括理想的和现实的、情境性的和稳定的（后者即教育信念或个人教育哲学），内隐的和外显的方面。但是，与教育观念相比更强调个体性、实践性。它是教师真正信奉的、在教育实践中体现出来的教育观念。教师的个人实践理论是一个庞杂的系统，是一些有组织的、心理的，但未必是逻辑的形式，由个人的无数的关于教育的观念组成。”此类学者特别强调教师个人在实践中体现出来的教育观念，认为这些观念决定了教师的日常行为。其他学者则从教师的个人经验出发，强调“教师个人实践理论”在特定专业知识场景中的作用。他们认为，教师个人实践理论不是客观独立于教师之外被习得或传递的东西，而是教师经验的总和。它存在于教师以往的经验中，现时的身心中，未来的计划和行动中，贯穿于教师实践的全过程，有助于教师把握现在，重构过去与未来。这些学者在实证研究的基础上确定了一些术语来表现这种理论，如形象、惯例、实践原则、个人哲学、比喻、周期、节奏、叙述连贯性、专业知识场景等。他们对教师日常工作和叙事的分析表明，教师不会自动地将教育理论和教育政策转化为教学实践，并从而转化为学生的学习，教师的个人实践理论以及他们工作的知识场景对其教学实践具有决定性的影响。还有学者使用“教师个人理论”来探讨教师的实践性知识，这种理论被认为具有如下特征：

(1)它是一种服务于实践的理论，随探究的展开而逐渐出现，试图梳理出行动过程中各种现象之间的合理联系。

(2)它是一种行动的理论，使用的是行动者的概念、范畴和语言，体现的是行动的意义和逻辑。

(3)它是在具体的时间、地点、人物情境下对独特教育问题进行探究的结果，只适合特殊情境，为其他类似情境提供案例和备选方案。

(4)它反映了教师个人的愿望，是一种个人知识，但因其独立于个人的要求而超越了主客观的分离。

(5)它是不确定、不完全的知识，具有无限的开放性；它开始于问题，终结于问题，在行动的过程中不断地得到修正或证伪，从而有可能走向创新。此类学者强调的是教师个人理论的实践性、行动性、情境性、个体性和开放性。对比上述“教师个人实践理论”和“教师个人理论”，笔者本人倾向于使用“教师实践性知识”，主要理由有两方面。

(1)教师的实践性知识不完全是个人的、独特的，它具有一定的普适性，并具有道德上的规范作用。这是因为，虽然这种知识的大部分内容无法言表，但却是可以意会的；而可意会则意味着可提取，可交流，可传承(扬弃、整合)，可以通过学习或感悟而习得。此外，此类知识与实践密不可分，而实践必然是价值有涉的。教育是一项规范性活动，期望教育者以一种正确的、良好的、恰当的方式影响学生。教师的实践不仅具有认知和行为上的意义，而且具有文化传承、价值导向、社会规范和情感渗入的特点，教师的实践性知识必然包含有“理想”“信念”“态度”等规范意义。

(2)“知识”这个概念比“理论”更加宽泛、能够囊括更多的内容，包括不够系统、严谨、逻辑的“认识、理解、解释、看法、观点”等。教师实践性知识是一个非常丰富、复杂的范畴，需要相对宽松、模糊的概念，才能将其完全包容进去。由于教师的实践性知识比较难把握，有关研究比较少，而且很不系统。根据笔者自己粗浅的理解，提出一个初步的定义：“教师的实践性知识是教师真正信奉的，并在其教育教学实践中实际使用和(或)表现出来的对教育教学的认识。”下面笔者试图从构成和状态两个方面对其进行分析，目的是进一步细化研究问题。更深入、广阔、细致的研究有待开展，可能的思路有：

(1)从哲学的角度探讨教师实践性知识的哲学基础以及此类知识的认识论特点；

(2)从历史的角度追溯教师职业发展和教师知识基础的演变过程；

(3)从知识社会学的角度探讨教师知识乃至身份的社会文化意义，分析教师在社会权力结构中的地位和发展空间；

(4)从教师日常工作入手，考查教师实践性知识在典型知识场景中的具体行为表现以及教师自己的意义解释；

(5)结合国家基础教育课程改革，探讨教师实践性知识在校本课程开发、校本教师培训和校本管理中有可能发挥的作用；

(6)在教师实践性知识初步系统化、条理化的基础上，研究并尝试以激发教师自主专业发展为主要目标的教师教育方式。

(二)有关教师实践性知识的构成

根据笔者目前对教师实践性知识的理解，此类知识包括如下六个方面的内容。这些知识既来自教师自己个人经验的积累、领悟(直接经验)，同行之间的交流、合作(间接经验)，也来自对“理论性知识”的理解、运用和扩展。

(1)教师的教育信念，具体表现为对如下问题的理解：教育的目的是什么？学生应该接受什么样的教育？什么是“好”的教育？“好”的教育应该如何实施和评价？如何看待教师职业？教师的信念是积淀于教师个人心志中的价值观念，通常作为一种无意识的经验假设支配着教师的行为。它是应用型的，通过教师的行动得以实现和表现，教师的不经意行为往往最能体现其教育信念。教师信念的形成通常受教师个人生活史(特别是学习经历、关键人物、事件和时期)的影响比较大，受外在教育理论的影响比较小。

(2)教师的自我知识，包括自我概念、自我评估、自我教学效能感、对自我调节的认识等。此类知识主要体现在教师是否知道运用“自我”进行教学，是否了解自己的特点(性格、气质、能力等)和教学风格，扬长避短(扬长补短)，适度发展；能否从错误中学习，并及时调整自己的态度和行为。教师自我概念的形成与教师对反馈信息的敏感度有关。如果教师乐于并易于接受外界信息，通常能够获得比较现实的自我概念，找到提高自我效能感的有效途径。

(3)教师的人际知识，包括对学生的感知和了解(是否关注学生，受到学生召唤时恰当地作出回应，有效地与学生沟通)；热情(是否愿意帮助学生)；激情(是否有一种想要了解周围世界的渴求，一种想要找到答案并想向别人解释的欲望，能否用这种激情感染学生)。教师与学生的关系具有一种特殊的个人品质：教师不仅仅是向学生传授知识，而且是以一种个人的方式体现自己所传授的知识。因此，教师在与学生交往时会通过身体力行表达自己对某些人际交往原则(如公平、公正、分寸、默契)的理解。教师的人际知识还反映在课堂管理中，包括对学生群体动力的把握、班级管理惯例、体态语、教室的布置等。

(4)教师的情境知识，主要通过教师的教学机智反映出来。教学机智是教师作瞬间判断和迅速决定时自然展现的一种行为倾向，它依赖教师对情境的敏感(根据情境的细微差异调节自己的实践原则)、思维的敏捷、认知灵活性、判断的准确、对学生的感知、行为的变通等。它不是一种按步骤、分阶段的逻辑认识过程，也不是一种简单的感觉或无意识的行为，而是教师直觉、灵感、顿悟和想象力的即兴发挥，在一瞬间把握事物的本质；同时表达了教师对学生的深切关注，是“有心”(thought - ful)与“无意”(thought - less)的巧妙结合。教学机智帮助教师克服理论与实践之间的分离，反思与行动同时发生。

(5)教师的策略性知识，主要指教师在教学活动中表现出来的对理论性知识的理解和把握，主要基于教师个人的经验和思考。此类知识包括：教师对学科内容、学科教学法、教育学理论的理解，对整合了上述领域的教学学科知识(pedagogical content knowledge)的把握，将原理知识运用到教学中的具体策略(如比喻和类推)，对所教科目及其目标的了解和理解，对课程内容和教学方式的选择和安排，对教学活动的规划和实施，对教学方法和技术的采用，对特殊案例的处理，选择学生评估的标准和手段等。

(6)教师的批判反思知识，主要表现在教师日常“有心”的行动中。所谓“反思”就是深思熟虑的思考。教师的反思是一种实践取向的反思，表现为“对实践反思，在实践中反思，为实践而反思”。表面上看，教师工作繁忙，几乎没有反思的时间和机会，但反思是有不同类型的。教师可以用语言描述自己的行为和思考，也可以对自己的经验进行系统梳理，甚至对自己反思的方式进行反思，但他们更经常做的是“在行动中反思，以行促思”。虽然教师在与学生交往时的瞬间行动通常不是由反思产生的，但这种“冲动”本身就充满了全身心的关注，可以被看作是“行动中的反思”。批判反思型教师不仅进行反思，而且还对自己所处的权力场域以及自己与他人的关系进行批判。与任何社会机构一样，学校也是一个权力争斗的场所，教师与其他所有人(学生、家长、校长、同事)都有利益的关联。有研究表明，上述各部分知识在强度上和力量上存在差异，越是处于中心的知识对教师行为的影响越大，也越难改变。如教师的教育信念在教师的实践性知识中占有最中心的地位，因此对其他知识的影响也最大。同时，所有知识内容之间是一种相互联系、互相影响的关系，如教师批判反思知识的深化有助于教师教育信念的更新，而教师人际知识的增长有利于教师情境知识的丰富和自动化。

(三)有关教师实践性知识的状态

按教师对其实践性知识的意识和表达的清晰程度，此类知识可分为三类：一是可言传的；二是可意识到但无法言传的；三是无意识的、内隐的。第一类大都属于教师对理论性知识的理解和解释，比较容易用概念和语言表达。后两类大都来自教师的个人经验，与波兰尼提出的“默会知识”非常类似。根据波氏的观点，人类的知识是一种信仰，一种寄托，人只有相信某一知识的合理性和可靠性，才会认为该知识是真实的、客观的。因此，所有的科学知识都是个体参与的，都是“个人知识”。然而，只有那些寄托了科学家群体的信念并被其客观化、语言化之后的知识才被接纳为科学的“焦点知识”，而其他的“附带知识”虽然在科学家和其他所有人的日常生活中起关键的引导作用，却成了“默会知识”。“默会知识”的特征是：

(1)不能通过语言、文字或符号进行逻辑的说明，只能在行动中展现、被觉察、被意会——“我们所认识的多于我们所能告诉的”；

(2)不能以正规的形式加以传递，只能通过学徒制传递；

(3)不易大规模积累、储藏和传播，因此很难获得社会公共机构及公共权力的重视和支持；

(4)不能加以批判性反思：默会知识是通过身体感官或理性直觉而获得的，不像显性知识那样通过明确的推理过程而获得，因此不能通过理性加以批判反思。由于教师的大部分实践性知识都属于“默会知识”，因此也具有上述特点。此类知识不是不能加以批判反思的。既然是“默会的”，那就是可意会的，也就是可以反思的（这里对“反思”的概念有不同的理解，不再是“通过明确的推理过程而获得”，而是通过一般意义上的“思考”和“行动”）。“哪里有反思，哪里就会有中止”。反思意味着从自己的皮肤里跳出来，观看和分析自己。当我们说“我们本应该这样做……”时，这不只是桥下的流水——当我们反思自己的经历时，已经有了认识这些经历之意义的机会。另外一种反思是“有心”的行动，全身心投入行动之中，而不是从情境中抽身出来盘算各种办法和后果。

在“有心”的行动中，实践的反思把经验和理论的或哲学的探究结合起来了。此外，心理学的研究表明，直觉、顿悟和想象等无意识行为是需要一定量的有意识行为作为基础的，经过一定的积累和沉淀才会转化为无意识。人们通过对有意识行为的反复操练和运用，达到“熟能生巧”“炉火纯青”“运用自如”后，才会形成定式和习惯，转化为无意识行为。如果对无意识行为进行刺激（反思），储藏在大脑中的有意识因素会被激活，并重新建立起系统的联系。无意识行为本身也可以通过刺激（反思）而被激活并系统化，其基本条件是：刺激时提出的问题与无意识知识具有相似性。除了可反思性以外，教师的实践性知识还具有强烈的实践感和行动性。“实践感”这一概念来自法国社会学家布迪厄，笔者在此将它扩展到对教师实践性知识的探讨。“实践感”被认为具有四种特性。

1. 紧迫性

行动者需要在有限的时间内迅速作出决定，并采取行动。这种紧迫感预先就排除了许多在理论上完全可能的行动路线和方案。实践的紧迫性并不意味着行动者只生活在瞬时性的现在；相反，它意味着行动者必须面对包含在现在之中的未来。因此，对教师实践性知识的探讨不仅需要考查教师在特定时间压力下作决定的方式、他们在瞬间所呈现的行为和思考，而且需要了解他们蕴含在当下行动之中的对未来的期待和筹划。

2. 条件制约

行动者在实践中面对许多不可或缺的条件限制，其实践动力来自自己与社会世界的主体间性，受到社会结构和运作条件的塑性。行动者的身体处于社会世界之中，而社会世界又处于行动者的身体之中。行动者不可能随心所欲地选择行动，也不可能有意识地、系统地、意向性地（唯智地）从事实践活动。行动者所处的权力“场域”规定了其行为的可能性，并在其身体层面形成“惯习”——社会关系的身体化、组织化行动的结果。真正的行动只能与某些利益相吻合，并具有被这些利益激发的潜在可能。因此，对教师实践性知识的探究不仅需要针对教师本人，还需要对其所处的教育场域、客观条件以及教师与其他利益群体之间的关系进行分析。

3. 模糊性

实践感是行动者通过长期沉浸在社会世界之中而对其获得的一种前反思的、下意识的把握能力。它是先于认知的、模糊不清的，在前对象性的、非设定性的层面上运作，超越了身与心、知性与感性、主体与客体、自在与自为之二元对立。实践性知识是一种“没有认知目的的知识”，具有“没有意图的意向性”。它类似亚里士多德所说的“实践智慧”，使行动者感到“适得其所”，“在家里”，“在手边”——不一定遵循理性，但总是合情合理。实践或许具有一种逻辑，但那并非逻辑学家的逻辑。“实践逻辑的逻辑性只可以提炼到特定的程度，一旦超出这种程度，其逻辑将失去实践意义。”既然实践感是模糊的，那么对教师实践性知识的探讨也不可能精确。这里所使用的“教师实践性知识”在内涵和外延上都不够精确，与学术界定义的其他概念有重叠之处（如素质、能力、动机、态度、信念、人格等）。但我认为这个概念本身是否精确并不重要，重要的是用什么办法捕捉到并表达出教师的这类知识。抽象的学术研究需要使用尽可能准确、清晰的概念，但对教师实践这类模糊现象需要使用具有较大包容性和弹性的概念，才可能展现教师生动、丰富、“混沌”的“生活世界”。

4. 总体性

社会实践是一个总体，不像社会科学那样分裂成各种不同学科的碎片。此外，实践感的模糊性也要求跨越各种学科界限来考虑实践问题。为了将实践作为一个总体进行分析，研究者应该也必须构建维持人类实践基本统一性的“总体性社会事实”，结合经验性研究和理论性探索，从事跨学科的研究。因此，在对教师实践性知识进行探究时，我们应该意识到如下三点：

(1)它是一个不可分割的总体，不能被简单地划分为道德的、心理的、生理的、技术的，也不能只对其中一部分进行片面、孤立的研究。

(2)它依赖情境而存在——通过丰富、复杂、动态的关系反映出来，植根于生动、具体、完整的教育场景中。

(3)它不仅处于当下各种横向的关系之中，而且有自己的历史起源和发展轨迹，需要对其构成进行生成性分析。

教师实践性知识的“行动性”具有两方面的特征。

(1)行动者与世界之间的前对象性接触具有一种固有的肉体性，行动者社会化了的身体是某种具有结构形塑潜力的能动知识的载体，而不是一种客体对象。作为行动者的教师，其真正的能动性知识是用自己的身体体现出来的知识。教育是一种不断进行阐述性思考和行动的实践活动，教师的知识只能体现在自己的行动中。教师行动时通常用身体化的方式记录和记忆自己的经验，并通过行动唤起那些被储藏在身体里的知识。

(2)行动意味着问题解决，“理解一种理论意味着把它理解为解决某个问题的尝试”。教师的探究与实践几乎是同一的，问题一旦出现，教师最先的反应就是迅速采取行动解决问题。他们通常是在行动中考察、探究，而不是先探究，再行动。在这里“知识”是由“求知”“探究”所引发的，知识的用法由名词变为动词，知识就是求知的过程。因此，在教育实践中，“教师怎样做”(实践取向)比“教师是什么”(本质取向)更重要，教师的知识蕴含在如何做之中。

教师实践性知识的形成和变化也是一个不断建构的过程，可以用同化与顺应来解释。同化是指把新信息吸收到个人已有知识系统中，顺应是指当新信息不能被个人已有知识系统接受时产生的结构重组。同化和顺应都导致教师信念的改变，但后者的作用更大。成功的顺应需要满足如下条件：一是教师对原有知识不再满意；二是新知识具有足够的吸引力，被证明是有效的、合理的(因此行可能先于知)；三是原有知识系统同化新知识的努力被教师知觉为不成功；四是新知识对教师产生了积极的情感体验。教师的实践性知识一旦形成，便很难改变。这是因为个体往往对那些支持自己信念的信息比较敏感，而忽略那些与自己信念相悖的信息。在极端情况下，个体甚至会歪曲所提取的信息乃至提取信息的过程，以保护自己的已有信念，获得必要的安全感和稳定感。

第六节　教学与科研的协同性

教学与科研作为高校的两个重要职能既有区别，又有必然的内在联系，是可以互相影响、互相促进的。本节分析高校实际工作中在处理教学与科研关系时存在问题的原因，试图探讨高校如何正确处理和协调教学与科研关系、避免教学与科研产生矛盾和冲突的对策，使教学与科研和谐发展。只有这样，才能不断提高高校教学科研质量，推动学科建设，达到高校培养具有创新能力的高素质人才的目的。

随着我国高校的快速发展，高等教育已从“精英”教育转向“大众化”教育阶段，由此带来了教育功能、教育思想、教育模式等一系列的变革。教学与科研作为高校教育的两大支柱，面对这种新的变化，如何在实际工作中正确处理与协调教学与科研的关系，促使它们之间和谐发展，这是牵涉到高校的功能发挥、建设与发展，以及如何更好地为社会主义现代化建设服务的重要问题。

一、高校教学与科研之间的关系

高等学校的首要任务是教学，是人才培养的关键环节，而广大师生通过参与科研活动和技术开发的实践，不仅有利于促进理论与实际的结合，又有利于知识转化为能力，特别是科研成果的应用，既可直接服务于社会，又可提高教学质量和教学水平。

（一）科研对教学的影响作用

1. 从事科研有助于提高高校教师的素质和学术水平。虽然高校有一定数量的专职科研人员，但是，教学的中心地位决定了高校科研的主体是教师，他们同时肩负着教学科研的双重任务，其水平如何又决定了高校科研水平的高低。为此，作为高校教师，在参与科研工作的过程中，需要对研究课题的选择、国内外相关的资料和动态的收集与整理、科研技术和方法的运用等一系列问题予以考虑。在解决这些问题的过程中，使教师的科研能力、学术水平得到更快的提高。同时，科研工作本身进一步锻炼了教师的敬业精神、创新意识、实践精神，从而大大提升了教师的自身素质，使他们在教学和科研过程中潜移默化地影响学生。

2. 科研有助于提高教学质量。教师的教学能力，除了依靠改进教学方法和积累教学经验外，提高自身的科研学术水平也非常重要。通过参加科研有助于教师知识的更新，促使他们更好地了解现代科技发展的趋势，掌握最新的理论研究成果，进而站在新的高度，将本学科的最新知识充实到教学内容中。这既有利于促进教学改革，又有利于提高教学质量，加强学科建设，唤起学生对学习新知识的兴趣。

3. 科研有助于高素质人才的培养。教师在直接指导学生参加科学研究活动的过程中，要对学生进行研究方法、研究习惯、研究能力的训练，教给他们搜集资料、查阅文献、设计实验的方法与思路，指导学生做好毕业设计、撰写论文等。而这些环节，对于培养学生严谨的科学态度、工作中的责任感和事业心、独立钻研的创新能力会大有裨益。其中很多良好习惯的养成，是课堂教学环节所不能比拟的。因此，指导、帮助学生参与科研，对于培养出时代需要的、具有较强适应能力的高素质人才具有十分重要的意义。

（二）教学对科研的影响作用

1. 教学有助于教师将科学知识系统化，并为自己的科研活动厘清思路。实践证明，一个具有敬业精神的教师在授课之前，必定要查阅大量的资料，对所要讲授的内容进行重新审视和思考，力求做到融会贯通，不仅使自己对基础理论的理解得以升华，而且也为科学研究活动打下更好的基础。

2. 教学是对科研实践的理论传播和验证。通过教学与科研的结合，可以使科研成果作为知识形态纳入教学内容之中，使之与原有的知识体系发生联系。而当发现教学中的问题时，又常常会引发教师对新的科研课题的思考，成为科学研究的新起点。

3. 教与学是教师与学生的一种双边活动。在教学中，学生并非被动地接受知识，他们也往往会向教师提出各种意想不到的问题，在与学生的交流过程中，对学生提出的这些新的想法、问题，不仅使教师本身开阔了视野，启迪了思维，同时也有助于引发学生的科研兴趣，从而提高科研工作的活力。尤其是高年级的本科生和硕士、博士研究生，他们直接参与到教师的科研活动中，无疑会给高校科研注入新的活力。因此，教学与科研既有区别，又有必然的内在联系，它们之间是互相影响、互相促进的。

二、存在的问题

教学和科研作为高校事业发展的两翼，若将二者关系处理好，可以使教学与科研相得益彰、互相促进。但由于各种原因，在高校实际工作中有时并不能把二者较好地统一起来，使教学和科研产生许多矛盾和冲突。主要表现在以下几个方面：

“重科研、轻教学”

(1)从目前教育主管部门对高校各种评价体系或综合实力评价主要的指标来看，重点学科的数量、重点实验室的数量、博士硕士点数、科研经费、学校排名等，多与科研成果多寡挂钩；高校要想通过教育部本科教学水平的评估，科研成果也占有相当的比重。这样的评价体系，使不少高校为了追求所谓的声誉、获取更多的上级经费支持往往都非常重视科研。有些高校为了使科研尽快取得突破，采取政策倾斜的方式，激励全体教师都参与科研活动，并在课题的立项、科研经费的取得、研究生导师资格的确定、薪酬的多少等方面，与教师的科研成果相联系。

(2)由于教师的科研成果成为职称晋升的主要指标，致使教师在教学与科研的投入精力比例上失衡。近年来，大多数高校在岗位考核工作中，多采用了量化考核的办法，对科研和教学分别制定了具体评分细则。但是，由于教师的教学质量和效果不易量化且难以在量化评分标准中与科研成果的评分相平衡，极易使得教师把主要精力放在课题的申报、经费的申请、论文的发表、专著的出版以及奖励的获得上。而有的科研成果缺乏理论与实际的联系，质量不高、推广应用的少。即使是自己有创造性的科研成果，一旦课题结题、文章发表，便有大功告成之感，使研究成果失去了应有的价值。相反，对于自己的教学本职工作，则显得关注不够，甚至采取敷衍了事的态度，教学方式照本宣科，教学效果很难尽如人意。

(3)不重视让学生参与科研活动。我国高校的教学方式仍多以课堂教学、单向灌输知识为主，教师讲学生听，学生完成作业、考试合格就完成任务的状况尚未得到根本的转变。在实验课程中，学生习惯于按照指导书上的步骤亦步亦趋地完成实验任务，缺少自己独立思考的过程。有的学校缺乏浓厚的学术氛围，学生不知道科研工作该如何进行。在这种教育模式下，学生缺乏自己动手和动脑进行主动创造的机会，有的甚至到毕业也没有弄明白什么是科学研究，更谈不上具备科学研究的素质。

三、处理和协调高校教学与科研关系

(一)要树立教学与科研和谐发展的办学理念

教学质量是高校的生命线，科研是增强高校活力的源泉。因此，应牢固树立教学与科研和谐发展的办学理念，把二者作为一个有机整体来抓，作为一个系统工程来抓，这是高校管理者必须认真考虑的重要问题。当今，高校一般分为研究型、研究教学型、教学研究型和教学型四类。但不管是哪种类型的院校，人才培养始终是高校的中心任务，教学工作始终是高校的中心工作。所不同的是，在不同类型的高校，其教学内容与教学方法、人才培养的目标定位有所不同而已。因此，不同类型的高校，在处理教学与科研关系的时候，不能搞“一刀切”，而应做到“因校制宜”。即使研究型或研究教学型高校在重视科研的同时也不能忽视教学，而教学型或教学研究型高校的工作重心虽偏向于教学，但也不能忽视科学研究，要以适度的科研服务于教学，服务于人才培养。此外，高校在制定各项人事、教学、科研管理制度时，也应遵循教学与科研和谐发展的理念，把着眼点放在如何为教师和学生创造良好的学习环境和研究环境上，使他们能在教与学的互动中，共同提高知识水平和研究能力。

(二)建立科学的教学与科研管理体制和运行机制

目前，我国多数高校的教学和科研工作多是从上到下分属两条线管理，从主管教学的校长、教务处到各系主管教学的主任、教务秘书等形成一条教学管理线；从主管科研的校长、科研处到各系主管科研的主任、科研秘书等形成另一条科研管理线。由于两条线分工明确，分权施政，容易出现互相扯皮或令出多门的现象，这是造成高校教学和科研出现矛盾的重要原因之一。要改变这种现状，就要建立科学的教学与科研管理体制和运行机制，做到科学规划、宏观调控、统筹协调。在教学与科研的管理机构及人员配备上，也应尽可能考虑两者之间的均衡，加强工作上的协调与教学和沟通。

（三）建立协调的教学科研评价和激励机制

高校要根据自己的不同情况建立教学和科研的科学评价机制，既能正确衡量教师教学能力又能正确衡量教师的科研能力，这对正确处理教学与科研的关系是十分必要的。同时，在建立对教师的各种激励机制时，也要充分考虑发挥教师教学和科研工作上的两个积极性，消除教学与科研相互掣肘的矛盾。

1. 在科研管理上，要严格把好科研成果的质量鉴定关

只有严格掌握科研成果评定时的量化标准，才能净化学术风气，消除科研“泡沫”，端正教师和研究人员的科研态度，从根本上解决科研和教学价值导向失衡的问题。

2. 在教学管理上，要认真研究教学工作的量化标准

评价教师的教学工作有质量标准和数量标准。就教学质量而言，其标准的量化，涉及标准本身是否具有科学性、执行标准操作过程的可行性等多个因素。因此，高校要认真研究并制定出适合本校特点的、科学的、与科研成果价值可比的教学评价标准，从而为建立起教学与科研和谐发展的教师激励机制打下基础。

3. 应根据高校的各自情况合理确立教师教学和科研工作量的比例

高校教师承担教学与科研的双重任务，而教学和科研本身需要承担者具备不同的素质。由于个人在兴趣、经历、天赋等方面存在差别，有的高校教师更擅长于科研，而有些教师则更擅长于教学。因此，对高校教师进行合理的分配，就是摆在高校管理者面前的一项意义重大的工作。在教师普遍“重科研、轻教学”的情况下，高校可以根据自身的情况，合理安排教师教学和科研工作量的比例。同时，通过设计适当的激励制度调动教师提高教学水平积极性，在有关考核、奖励、晋升制度上，保障教学效果好的教师能够获得较好的待遇，使学校制定的政策措施真正起到既保证不断提高教学水平，又有利于促进开展科学研究的作用。

4. 建立合理的学科带头人制度

学科带头人，是高校学科建设与人才培养的主力军，他们不仅具有较高的学术造诣和创新才能，而且具有较强的教学、科研、组织、协调能力，对学科发展和教学科研工作的开展起着重要的作用。高校要根据自己的优势和特点，大力选拔、培养或引进优秀的学科带头人，通过他们的努力，带领教师集体攻关、互相协作进行科研，努力取得具有品牌效应并有实际应用价值的科研成果。在此过程中，教师之间还可以根据自己对本学科前沿理论和最新研究动态的掌握，互相融合和交流，使科研成果更好地应用于教学之中。

5. 解决好教学和科研在仪器设备上的矛盾

为避免教学科研所需仪器设备等的资源重复投入，造成浪费，高校要创造各方面条件，在保证实验教学需要的前提下，充分利用双休日或暑、寒假，为师生开展科研工作提供必要的仪器设备。鉴于有的学校大型仪器设备尚无力购买的实际，可以采取走出去的办法，和兄弟院校或科研院所合作，做到资源共享，取长补短，共同提高。也可以走横向与纵向相结合的道路，充分利用教师个人的技术特长，与企业联合搞科研，发挥企业的设备优势和资金优势，共同合作，调动两方面的积极性，实现双方共赢。

6. 采取多种措施鼓励学生开展科研活动

(1)高校应高度重视实验教学，适时研究总结实验教学的开展情况，加大对实验教学的组织领导。

(2)加大毕业设计与科学研究和生产实际相结合的力度，使学生真正亲历科研和工程训练，以提高学生实践能力和创新能力。

(3)把学生参加的科研活动纳入学校整体科研管理工作之中。本科生的毕业论文也可以和教师科研结合起来，这样，既能提高学生的科研能力，又能缓解科研人员紧缺的矛盾，同时，也防止了学生理论与实践相脱离的空对空的毕业论文现象。

(4)加强对学生课外科技活动的指导，培养学生的创新能力和科研能力。

总之，高校要妥善处理好教学与科研的关系，坚持以教学带科研，以科研促教学，使教学与科研实现良性互动、共同提高。要通过高校自身教学、科研管理体制以及内部分配制度的高校或科研院所合作，做到资源共享，取长补短，共同提高。也可以走横向与纵向相结合的道路，充分利用教师个人的技术特长，与企业联合搞科研，发挥企业的设备优势和资金优势，共同合作，调动两方面的积极性，实现双方共赢。

第十章

公安高等教育管理与决策

第一节　高校管理系统的构建

高等学校的管理工作，是一项复杂的系统工程。高等学校作为一个系统来考察，它是由教学、科研、管理、后勤保障等子系统所组成的。用系统学的观点考察高校的管理系统，它具有目的性、整体性、层次性、稳定性、开放性、协调性等系统的特性。据此，本节介绍了高校系统管理运行模式，即由决策系统、咨询系统、执行系统、信息反馈系统和监督系统形成一个结构合理、功能齐全、运转协调、灵活高效的高校管理系统的运行机制，以提高管理的整体效能。

一、高校管理的系统特性

用系统工程理论来考察一所高等学校，它是一个复杂的系统，是由教学、科研、管理、后勤保障等若干个彼此相互作用且有机联系的要素组成的，具有系统特定功能的复合体。系统理论认为，系统和要素是相对而言的，任何一个系统都是较高一级系统的要素，而任何一个要素本身，又是较低一级层次的系统。因此，高校管理系统既是高校这个大系统中的要素，同时又是由管理体系、管理方法、管理制度等相关子系统组成并与管理有机结合的复杂系统。这些子系统具有一定的结构，相互制约、相互作用，并通过与外界的信息交流形成和维持着管理系统整体的时空功能、有序结构的动态稳定，发挥出管理系统的整体功能，从而实现优化管理学校的目的。从高校管理系统与其他系统(教学、科研、后勤等)之间的关系以及与外部环境的关系，我们可以看到该系统具有以下的特点：

1. 高校管理系统的目的性

教育是有目的的社会活动。因此，高校的整体结构和它的子系统结构都以一定的目的而组建、而存在，并根据一定的目的而调整和更新，目的和动机是相联系的。从新时代中国特色的社会主义高等教育的性质和任务出发，遵循社会主义办学方向，遵循高等教育客观规律和市场经济规律，优化结构、提高效益，是高校管理的目的之所在。因此，高校管理的目的性也可以说是高校管理的方向性和适应性。

2. 高校管理系统的整体性

一所高校作为一个统一的有机整体，各组成要素是它的各个部分，部分是从属于这个有机整体的，这个整体具有总体功能大于个体功能之和的性质，这种性质取决于高校系统中各要素相互联系、相互作用的形式。为了发挥高校管理系统的整体性，发挥它的总体效能，就应深入了解管理系统内部各个子系统（要素）之间的关系，及其各自在整个学校管理系统中的地位和作用，寻求系统内部诸因素之间的最佳组合，不断提升高校办学水平和效益的提高。

3. 高校管理系统层次性

物质世界是分层次的，其中每个层次也都是由若干因素构成的系统，都是一定的结构和性能的统一，而每个不同层次具有各自的性质和遵守的规律，表现出不同的功能。同样，高校管理系统也是分层次的，是由多层次的结构组合而成的。高校管理系统中，分为决策层、指挥层、操作层、监督层、反馈层、咨询层等，各层面相对独立并为着同一个管理目标协同工作。

4. 高校管理系统的稳定性

每个系统都有一个组建过程，当系统形成后，又总是向稳定方向发展。随着时间的推移，已经稳定的系统不会向另一种不稳定变化。高校管理体制的改革，主要是对原有的不适应改革的制度进行更新，逐步建立科学合理的新的管理体制。管理系统的稳定是相对的，永远不变的系统是不存在的。但是，一个管理系统建立后，必须有一个相对的稳定时期，没有一定的稳定，就很难发挥出系统的效能。

5. 高校管理系统的开放性

开放系统是指一个系统受到环境的作用，而又作用于环境，即与外界有着物质、信息、能量的交换关系。用此观点考察高校管理系统，可以看到高校与社会的联系日益广泛、密切，办学出现了多元化趋势，产学合作办学，中外合作办学，国际合作教育，随之而来的是教育管理关系日益复杂多样。较之原先，教育管理系统的开放度越来越大，这就为广泛吸收中外高校成功的管理经验创造了条件。高校的开放使高校管理面向现代化、面向未来、面向世界的方向发展。

6. 高校管理系统的协调性

高校管理系统内的诸要素存在着相互联系、相互制约的关系。管理系统与教学系统、科研系统之间，管理系统内部各层次(要素)之间都应协调共事、合力工作、协同运行，才能产生出整体效应。只有高校管理系统内的各组成部分之间协调关系，以及各组成部分比例关系基本适应协调，只有管理系统与周围环境以及未来发展基本适应协调，才能形成良性循环的管理系统。

二、高校管理系统的运行机制

高校管理系统的功能是根据社会实际需要和高校实际情况，确定学校的发展目标、步骤和措施，协调、控制学校的各项工作，使高校的管理工作处于动态稳定的过程之中，并且通过与高校系统内的其他子系统功能协调一致共同发挥作用，实现高校系统培养人才的整体目标。高校管理系统功能的强弱对高校的发展至关重要。随着知识经济的兴起，现代社会生产力的发展，高校的办学功能，由单一的传授专业知识变为培养人才、科学研究和社会服务等多种功能，并与社会在横向、纵向之间有着日益紧密的多种形式的交流和联系，形成了立体交互的网络系统，从而使高校管理工作日趋复杂化。因此，高校管理系统功能必须在加强的同时，随之转变并不断优化。

目前，在高校进行的管理体制改革，就是高校管理系统的优化措施。用系统思想来看，管理体制改革的措施应当形成一个由时间、体制、机制和功能组成的四维结构。对于时间而言，高校管理体制改革应当是有序的，在每一个时期内，应当处理好改革的目标、改革的力度和学校承受能力之间的关系，既要适应经济和社会发展的需要，又要考虑远期效应和教育效益滞后的特点，而不能急于求成一步到位。对于某一个时期，管理体制改革方案应当是由体制、机制和功能组成的一个协调的三维结构。体制是一种社会系统内部的机构设置、职责权限、管理方式的结构体系。机制原指机器的构造和运动原理，引申到管理系统，一般是指系统内存在的工作方式和活动方式，是系统中各个部分相互联系、相互制约的运行状态。高校管理系统中的体制、机制和功能、效益之间有着十分密切的关系。可以这样认为，体制是机制的有形载体，机制是功能的无形动力，功能是效益的潜在源泉。高校管理体制改革应当组成一条牢固有力的作用链：体制—机制—功能—效益，即改革从体制入手，作用在体制上，而新的体制应当形成良好的运行机制，运行机制应当为功能提供充足的动力激励，从而产生极大的功能效应，提高学校办学的整体效益。

按照系统工程的方法，对高校管理系统必须通过深化改革、理顺关系、调整结构、提高效益，建立一个由决策系统、咨询系统、执行系统、监督系统、信息反馈系统组成的高校管理系统运行模式。这五个子系统相互依存、相互制约、有机联系，构成一个连续封闭的闭合系统。

(1)决策系统

正确的决策是有效管理的基本保证。在高校的管理系统中，学校党委和行政领导组成的决策中心，对学校的办学方向、机构设置、长远规划、学科建设、人才培养、师资建设、校办产业、社会服务等重大问题作出决策。基于决策行为在管理活动诸要素中的重要意义，因此，提高高校决策行为的科学化程度，实现由经验决策向科学化决策的转化，是提高高等学校管理水平的中心环节。尤其是在当前面临改革开放、发展社会主义市场经济的背景下，每个高校都面临着机遇和挑战并存、困难和希望同在的新形势，历史的机遇稍纵即逝，因此，应建立、健全高校教职工代表大会制度，发挥学术委员会、教学专门委员会等的作用，使各类相关专家与实际工作者能参与重大问题的决策，形成科学化、民主化的决策系统，保证决策的正确性。

(2)执行系统。执行系统主要由高校各级行政部门为主组成。通过履行其各自的职责和权力，发挥执行系统的功能，根据决策制订具体实施计划并采取实施措施，处理学校的日常事务并进行协调控制，为教学科研服务等对学校各项工作的管理，做到常规工作制度化，执行制度规范化，具体实施程序化，管理水平科学化。执行系统优化的重要问题是明确层次，理顺关系，确定职、责、权、利的统一。

(3)咨询系统。咨询是决策的外脑。在现代社会中，单凭借高校领导者个人的阅历、资历、知识和经验难以对变化多端的实际工作事事作出快速敏捷的反应。加之当今世界新兴学科层出不穷，各种科学决策的手段、方法日新月异，而高校管理工作是一个多变量、多分支、多层次、多结构、综合性的系统工程，需要有一批智囊团，为高校的重大决策作咨询、拟方案、搞论证，其组成人员应由学科知名带头人和具有丰富教育行政管理经验的专家、学者组成，具体可依托学校政策研究室和高等教育研究所，这不是仅仅为领导的既定方案寻找依据，要尊重事实、尊重科学，为重大决策提供咨询参考意见。咨询人员不仅要急领导之所急，想领导之所想，而且要急领导之未急，想领导之未想，超前性、客观性、公正性、科学性。

(4)信息反馈系统。信息机构是决策机构的耳目，是沟通管理诸要素相互联系的纽带。信息反馈系统的功能是及时、准确、不断地把决策、实施过程中反馈出来的各种问题和情况及相关的其他信息传递给决策系统，以便决策者根据实际情况进行修正偏差或制定应变的对策。高校管理信息系统可以校长办公室和学校的信息中心为主，自上而下组建信息网络，人员可为兼职。这个系统与各职能部门相结合，形成一个兼容并蓄比较完整的高校管理系统的信息反馈网络。通过制定完善的制度和规范的工作程序，使信息反馈工作标准化、连续化、程序化、科学化。对高校领导者更有直接意义的是负反馈和前馈回路的融合。负反馈是在决策执行后把问题和偏差的信息输送回来，使系统偏离决策目标的运行得到纠正。但由于发现偏差总是在运行完成之后，往往造成一定的滞后，因此必须结合运用前馈方法。前馈可以在系统运行中或初始时就将运行状态的信息随时反馈给决策系统或执行系统，从而实现优化的目标。

(5)监督系统。决策系统和执行系统的正常运行，要由监督系统来保证，高校党委主要监督学校对上级政府的方针、政策、法规的执行情况，保证其办学的方向。管理监督系统则应检查决策的制定和实施情况，作为专门的监督机构(如纪律检查委员会、监察、审计)应该具有相对的独立性，以进行有效的监督，各级教职工代表大会、学生代表大会也应具有监督作用，这有利于加强民主管理和民主监督。监督系统功能的优化主要在于建立、健全机构、强化监督控制职能，明确职责、权力，经常对各项决策执行情况进行评价，做到在管理系统内与各层机构上下贯通，并将信息及时反馈，通报给决策和执行机构，使高教管理系统形成封闭环流，正常运行。

三、高校系统管理的保障机制

教育是一种复杂的社会现象，不仅它本身有着复杂的层次和结构，形成了一个完整的系统，而且教育和其他社会现象还有着密切的联系，这就决定了教育，特别是高等教育必须与社会、政治、经济、科技、文化的发展相协调。我们进行高等教育管理体制改革的根本目的是建立主动适应社会发展需要的运行机制，构建这种新的教育管理体制，其实质是增强高等学校办学的适应机能、创新机能、发展机能和完善机能。在重构新体制的同时，要不断完善高等学校办学的自我运行的保障机制，使高等教育管理改革引向深入。从理论上考察高等学校科学管理的保障机制的结构和体系，应包括以下几个方面。

(1)教育政策的导向机制。政策是利益的体现，而利益又维系着教育活动的根本动因。因此，通过高等教育的政策导向和利益协调，保证高等学校办学的正确方向，调动广大师生员工的积极性，促使高等学校的稳定、提高、发展。

(2)教育管理的约束机制。国家从宏观上协调各级各类高校的发展，使宏观调控与自我约束相协调。在高等学校“四定”(定任务、定规模、定编制、定经费）的基础上，由国家根据社会需要和学校实际，制订学校招生计划，确定办学层次和培养目标，以此规范高等学校的办学行为。

（3）教育立法的保证机制。高等教育立法，主要是由国家立法机关通过法律形式规定各级各类高等教育的权利、义务和社会责任，它既是政府宏观管理、协调发展高教的重要手段之一，也是高教自身发展的保证与基础条件之一。建立和完善高等教育的法规体系，是使高等教育稳定和发展的根本保证。

（4）教育竞争动力机制。为使高等教育适应经济与社会发展的需要，应将竞争机制正确、恰当地引入高等学校，通过学校内部竞争、校际竞争、国家扶优汰劣，促使办学质量的提高。

（5）教育民主管理机制。高等学校的民主管理、民主决策、民主参与、民主监督是学校自我约束机制的重要组成部分。应完善学校教职工代表大会制度，建立各类咨询、审议机构或组织，以保证学校正确的决策顺利地实施。

（6）教育制度规范机制。高等学校内部的制度规章建设，是自我约束机制的一个方面。高等学校通过规章制度建设，形成一种制度文化和观念文化，以此来规范教职工的个体行为和价值取向，形成学校内部的凝聚力，共同办好学校。

（7）教育评价监督机制。从目前我国高等教育管理的“决策、监督、反馈”系统来看，“监督、反馈”的功能较弱。要逐步建立多层次和多形式的教育评价与监督网络，对学校的教育质量、办学水平、办学效益进行综合评价与监督，实现高等教育管理的科学化、民主化。

（8）社会参与教育机制。教育是一种复杂的社会现象，是培养人才的社会活动。高校的办学方向和目标、人才培养的规格应取决于社会经济发展和产业结构调整的需要。高校主动适应社会需要和发动社会积极参与教育，形成合力，通过建立高校的校务委员会和顾问团的形式，吸收社会各方面的专家、行家，共同参与有关高校发展的重大方针和决策制定，听取社会对发展高校的建设性意见和建议，充分发挥社会参与办学的积极作用，使高校办出特色和水平。

第二节　从和谐管理到 SWOT 管理决策

一、如何面对现实的挑战

在新时代中国特色社会主义建设对高等教育的需求牵引下，创新与发展是高等教育的主要任务，如何理解高校管理思想、如何构建高校管理的新思维是高校各级管理者亟待解决的问题。几年来，我校作为一所新建公安本科院校，实现了如此巨大的历史性的跨越，一定会伴随许多问题，特别是一些深层次的矛盾会逐步暴露出来。高校发展速度过快，配套措施跟不上，质量和效益都不高，质量问题越来越显现出来。如果处理不当会导致高校系统危机。学术价值和校园文化的不和谐，影响了学校的秩序和规则。另外，高校行政管理需要改变其管理理念，向着服务型的管理进行转变，但是，在实际的转变过程中还存在一定的问题。解决深层次的矛盾问题就需要我们把以人为本、构建和谐社会的理念转化为高校的现实，这是对高校管理者最大的挑战。

对于高校管理者来说，当我们从教学、科研岗位进到管理层，往往是充满信心的，相信自己有能力做好新的工作。上岗之前你可能做了一些思想准备，也必定会有如下的各种想法：

(1)我的愿景、目标是什么?

(2)我怎么才能比上一任领导干得更好?

(3)群众对上届领导最大的意见是什么?

(4)这个问题是他没有发现还是不敢闯这个“雷区”?

(5)老师们对我的期望是什么?

(6)我在群体中有多大的影响力?

(7)上任之后，我要不要选择突破口?

(8)我可能遇到哪些棘手的问题?

从管理的角度，成就属于那些做好充分准备的人。是什么束缚了我的目标实现，管理工作能够给你带来乐趣吗?还仅仅是职务、责任、奉献?对于有些管理者来说，进入学校机关以后，你是否陷入了“行政旋涡”之中。每天行政事务缠身，在平凡的、重复性的工作中还有发挥我的想象力和创造力的空间吗?最大的苦恼是时间不属于自己，而属于别人。最难理解和处理的是你是否会放弃你的专业研究。

二、如何理解和谐管理

人类发明了“组织”，设置了一个又一个台阶让人去攀登，管理上就有了晋升制度。晋升制度是把优秀人才提拔到更能发挥他的优势的岗位上。晋升也可能使有些人失去了自己的优势，这个岗位对他是痛苦的，很难取得成就，这个岗位就是他的彼得高地。在组织中只要有足够的时间和晋升机会，他的最后一个岗位就是他不胜任的岗位。单位的成绩都是那些没有进入彼得高地的人创造的。解决高校和谐发展的问题，理想和现实之间往往有很大的距离，管理的目的就是要缩小这个距离。一是创新与改革；二是激励自我、开发潜能。

21 世纪初，有一本《鱼》的书，引起了管理者的注意。书中的主人翁(玛丽)被调到一个工作消沉、效率低下、人际关系紧张的部门担任负责人，她感受压力很大，也很苦恼。鱼市的经理告诉她：任务和内容是无法选择的，但完成任务的方式和工作态度是可以选择的。成就来自工作中体味乐趣。工作就是让别人快乐，人人甘为他人服务，世界将会更加美好。做人做事都要全心投入，积极的、建设性的态度就会使你拥有丰富多彩、更有价值的人生。书中主人翁后来就创造了把平凡的事情转化为精彩，把烦恼的事情转化为快乐。让糟糕、难管的部门变成充满活力的部门，让一群消沉难管的人发自内心地爱上自己的工作。《鱼》的启示：态度是决定一切的。

不能改变思维的人，永远也没有能力改变现实，也就永远不会有什么进步(萨达特)。只是担心问题而不去面对问题，是所有不幸的基础。有些事人们之所以不去做，只是他们认为不可能，而许多不可能，只存在于人的想象之中(林肯)。

1. 追求和谐的管理哲学

世界本来是和谐的，但在发展中打破了原有和谐(标准、秩序、规则)出现了不和谐，管理就是在发展中建立新的和谐，和谐是我们创造出来的，而不是等来的。所谓管理改革就像跳双人舞，始终有两种力量影响着它的发展：促进力量与制约力量，改革能否成功取决两种力量的平衡，而不是消除某种力量。

实际上，我们在工作中是在不断寻找新的平衡点，在必须转弯处要加大提前量。事业发展过快，使相关因素不能同步协调发展，就会远离平衡态最后导致系统危机。正确解决问题的方案并不只有一个，公平≠一样，只有兼顾各方面的利益之后，才说 OK。

2. 追求和谐是管理者的人生观

在处境艰难和困境中，管理者要保持建设性和创造性的心态。当周围的许多人都主张放弃的时候，管理者总是能够走出一条脱困之路。他应对各种压力，在追求卓越中体味乐趣。他喜欢变化，把自己引发变化的能力视为成功的至关重要的因素。他善于和不同类型的人交往与沟通，巧妙地对待各种棘手的人物。他有构建“双赢”局面的创造力，同时不放弃底线的坚韧性。

3. 以人为本是和谐管理的基础

以人为本就是让教师和学生在教学、学习、生活、科研中体味幸福、快乐和更有价值。但是，现代人的生活方式感到时间的紧迫感，差别的加大出现了心态的不平衡，流动的加快是机遇也是威胁，形成了不安全感。竞争加剧了人与人之间的利益冲突，感情因素相对淡化了，机会和条件的不公平让人有挫折感，未来的不确定性使人焦虑不安，于是产生了浮躁、焦虑、郁闷、失落、孤独等心理问题。怎样以人为本呢？管理者要尊重、信任、理解每个人，相信他们都有自己的优势，我们要把他们放在最能发挥优势的岗位上。管理的重点是开发教职工和学生智力的潜能，帮助他们排除各种障碍。学校要创造一个民主的和谐教育环境，使大家在相互的合作中，发挥每一个人的独创性。管理就是激励大家的工作热情、责任感、成就欲。特别是会赏识你的下属，为他们的发展创造机会和条件。要利用或消除人与人之间的矛盾和冲突。学校领导不仅要有理性行为，还要有感情驱动，吸引和留住优秀教师是办好学校的关键，工作条件、工资报酬不是留住人才的主要方面，而是他们对领导有没有信心，对学校有没有信心，这才是最重要的。

学校管理者是关键人员，他要把先进的教育理念、社会的需要、上级下达的任务与师生们的态度、感情、需要、才能结合起来，以创造质量和效益。

4. 学校组织需要构建和谐的机制

(1)要有一个流畅的信息沟通的机制，使社会、教师、学生、校长之间相互理解、信任和支持。

(2)合理的利益协调的机制，使学校中各个不同利益群体都得到兼顾。

(3)学校中有安全保障的机制。

(4)矛盾爆发前的敏感的预警机制和矛盾爆发后的疏导机制。

(5)制度化的教育质量的运行和评价机制。

三、基于 SWOT 分析的管理决策

不论什么样的管理思维与方法，其前提都是以自我管理为基础的，因此高校管理者首先要完善自我管理。管理者必须具有如下自我管理的能力：

一是提出概念的能力；二是决策论证的能力；三是信息与感情沟通的能力；四是组织实施与运筹的能力；五是自我激励与反省的能力。

SWOT 分析法，即态势分析法，就是将与研究对象密切相关的各种主要内部优势、劣势和外部的机会和威胁等，通过调查列举出来，并依照矩阵形式排列，然后用系统分析的思想，把各种因素相互匹配起来加以分析，从中得出一系列相应的结论，而结论通常带有一定的决策性。运用这种方法，可以对研究对象所处的情景进行全面、系统、准确的研究，从而根据研究结果制定相应的发展战略、计划以及对策等。SWOT 分析法常常被用于制定一个组织发展战略和分析竞争对手情况，在战略分析中，它是最常用的管理决策方法之一。

所谓高校 SWOT 分析，即基于内外部竞争环境和竞争条件下的态势分析，就是将与研究对象密切相关的各种主要内部优势、劣势和外部的机会和威胁等，通过调查列举出来，并依照矩阵形式排列，然后用系统分析的思想，把各种因素相互匹配起来加以分析，从中得出一系列相应的结论，而结论通常带有一定的决策性。

运用这种方法，可以对研究对象所处的情景进行全面、系统、准确的研究，从而根据研究结果制定相应的发展战略、计划以及对策等。如图 10－1 所示：

	O机遇	T威胁
S实力		
W缺欠		

图 10－1　SWOT 分析图

其中：S(Strengths)是优势(即实力)、W(Weaknesses)是劣势(即缺欠)，O(Opportunities)是机会(机遇)、T(Threats)是威胁。按照高校管理战略的完整概念，战略应是高校"能够做的"(即组织的强项和弱项)和"可能做的"(即环境的机会和威胁)之间的有机组合。如图 10－2 所示：

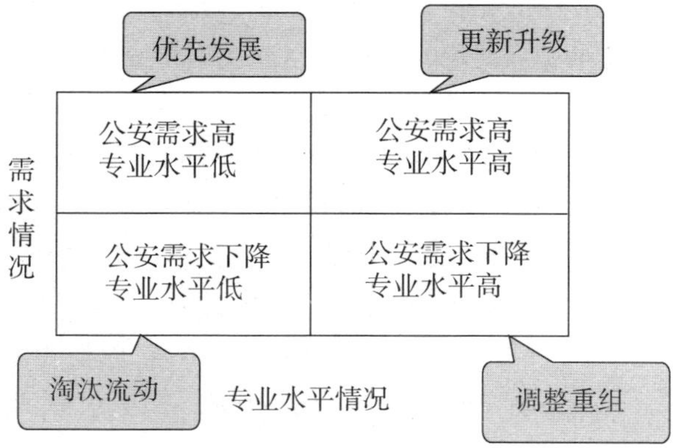

图 10－2　公安高校 SWOT 管理决策

学校管理离不开资源(人、财、物、时间、空间、信息等)。资源发展是不平衡的，其中有优质资源，又有非优质资源，全是最优秀的是不可能的。统计学家帕累托发现80%的效益是20%优质资源创造的现象。在时间、经费、设备、信息、人才、专业、课程上都有“八二现象”。管理上要重视20%的优质资源的作用，同时给非优质资源以机会。

第三节 教师岗位分类设置与管理

开展教师岗位分类设置与管理是进一步深化高等学校人事制度改革，实施人才强校战略，实现学院创建一流公安本科院校的发展目标，根据《关于高等学校岗位设置管理的指导意见》(国人部发〔2007〕59号)、《教育部关于全面提高高等教育质量的若干意见》(教高〔2012〕4号)和教育部印发《关于加快建设高水平本科教育全面提高人才培养能力的意见》(〔2018〕2号)等文件精神，对我院如何开展教师岗位分级设置与管理问题进行初步探索。

一、高校教师岗位设置有关政策及规定

早在1991年4月10日原国家教委、人事部印发了《关于高等学校继续做好教师职务评聘工作的意见》第六条：“对以教学为主的教师(如公共课、基础课教师——应着重考核其教学效果、教学质量以及在教学改革、教学法研究方面的成绩；对以科研工作为主的教师，除了须考核其教学成绩外，着重考核其科研工作能力、学术水平及其在学术上，国民经济建设中的作用。”尽管该意见未从政策层面提出高校教师分类设岗的规定，但高校教师在教学、科研工作上的侧重逐渐分化的现象日趋显著。1999年6月，教育部根据《中共中央国务院关于深化教育改革全面推进素质教育的决定》和国务院批转教育部《面向21世纪教育振兴行动计划》的部署，为了尽快转换运行机制，增强高校的办学活力，提高学校整体的办学效益，以适应教育改革和发展的要求，出台《关于当前深化高等学校人事分配制度改革的若干意见》，要求高校要强化岗位意识，淡化身份观念，打破“铁饭碗”和平均主义“大锅饭”，由“身份管理”转向“岗位管理”。高校应自主依据本校承担的任务和主要工作性质，积极探索，大胆改革，采用不同形式的用人制度和管理体制。高等学校应根据教学科研任务和国家有关规定，独立设置和调整专业技术职务，按照授权自主进行专业技术职务聘任工作。

2004年2月10日教育部进一步出台《2003—2007年教育振兴行动计划》，在第八章实施“高素质教师和管理队伍建设工程”中强调：应加强学校编制管理，按照“精干、高效”的理念，科学设置学校机构和岗位；实施教师资格认证制度。

依照按需设岗、公开招聘、平等竞争、择优聘任、严格考核、合同管理的原则。再次强调，科学设岗、分类管理是内部人事制度改革，必须认真探索新的问题。

2007 年 5 月 18 日颁布的《国家教育事业发展“十一五”规划纲要》中明确“改进高校教师人事管理制度。完善教师岗位分类管理、公开招聘、业绩评价和薪酬分配办法，健全教师考核评价机制，严格管理，不断优化教师队伍”。

2007 年辽宁省出台的《关于高等学校岗位设置管理的指导意见》岗位类别设置中提到“教师岗位包括具有教育教学、科学研究工作职责和相应能力水平要求的专业技术岗位。学校可根据教师在教学、科研等方面侧重承担的主要职责，积极探索对教师岗位实行分类管理，在教师岗位中设置教学为主型岗位、教学科研型岗位和科学研究为主型岗位”。该意见中关于高校教师岗位类别的划分为高校内部人事制度改革提供了参考依据。

2010 年出台的《国家中长期教育改革和发展规划纲要(2010—2020 年)》在第五十五条中对健全教师管理制度作了如下规定即“制定高等学校编制标准。加强学校岗位管理，创新聘用方式，规范用人行为，完善激励机制，调动教师积极性和创造性”。纲要的提出进一步扩大了高校结合本校实际情况自主设岗、科学设岗的管理权，发挥本校优势，创新教师聘任制度。

二、教师岗位分类设置与管理

John Hattie 和 Marsh(2002)对高校教学科研二者关系的相关研究文献进行了总结，列出了主要的三种关系：(1)正相关关系，即教学可以促进科研，而科研反过来又能提升教学，二者之间可以互相增强、相辅相成；(2)负相关关系，即人的精力、时间和资源都是有限的，从事教学会对科研带来负面影响，同样，从事科研工作也会妨碍教学工作的正常开展；(3)零相关关系，教学和科研是两种不同类型的事业，从事其中的一种不会影响另一种。我们认为，高校教学科研的这三种关系是普遍存在的，我们希望和倡导的是正相关关系，尽量减少负相关关系的影响，允许部分个别的零相关关系的情况存在。遵循以上原则，应针对高校教师个体的特点和自身的职业生涯规划，优化配置教学科研比重，按照教学型、研究型、教学科研并重型进行分类管理，促进高校教师和高校办学目标的和谐统一发展。

教学型岗位。教学型岗位是主要承担公共基础课、专业基础课教学和教学研究工作的岗位。此类岗位主要设置在承担公共基础课、专业基础课教学的单位。承担公共基础课教学的单位是指承担思政、法律、外语、大学语文、公共体育、公共高等数学、公共计算机等课程教学的单位。承担专业基础课教学的单位是指承担3个专业及以上必修专业基础课程教学的单位。

教学型教师的知识结构要求具有“后顾系统性”特征，即对课程和专业的已有知识的系统掌握，其职业特征是把主要精力和时间资源配置在教学上。一名优秀的教学型教师不能完全排斥科学研究，适量的科学研究有助于教师对已有知识的掌握、理解和升华，有助于拓展教师传道、授业、解惑的途径和方法。此外，对不同专业学科的学生，教学型教师进行科学研究的内容和目的也有所不同。对于应用型公安院校来说，教学型教师主要在一些承担公共基础课的系部，其他大部分为教学科研型教师、实践教学型教师，只有少部分是科研型教师。

科研型岗位。应用型公安院校不是不搞科研，而是从事应用型科学研究。公安院校的科研型教师一般具有诱致性(或由强制性到诱致性)的公安科学研究偏好与警学学术积累基础。与教学型教师的知识“后顾性”特征相比，科研型教师一般必须具备知识与问题意识上的“前瞻性”特征。随着公安科学的进步和公安高等教育的发展，将会有满足公安学科领域研究需要的专职研究人员，这些研究人员不仅仅来自公安部门的专门研究机构，将会有较大比例来自公安院校。

教学科研型岗位。教学科研型教师是应用型公安院校教师的主体，这是公安院校最根本的职能——人才培养所决定的。教学是人才培养的主渠道，科研是人才培养的升华。教学科研型教师的发展充分体现了大学教学的研究性和大学研究的教育性的和谐统一。从时间资源配置角度看，教学科研型教师又可分为教学为主科研为辅、科研为主教学为辅与教学科研均衡并重几种类型，但在公安院校教师成长的不同历史阶段，或承担不同的工作任务时，侧重点也有所不同，公安院校的管理和激励机制也有所不同，在整个职业生涯的规划中是一个动力平衡机制实现的过程。

三、基于职称梯度的高校教师分类管理

梯度是指在发展空间中(包括自然、经济和社会三大范畴)引起的能量、物质信息运动或持续发展演化过程中存在的不均。梯度就是差异，一种广义的非均衡，它的存在成为产生一切运动和一种过程的基础。高校教师的职称梯度一般分为助教、讲师、副教授(副研究员)、教授(研究员)四个阶段。在高校教师的职业生涯中，基于职称梯度的各个发展阶段对教学科研工作的要求和侧重点是有所不同的，不论是高校的导向还是个人的需要，一种较为合理的发展历程如图10－3所示。

助教是新近教师初入大学的基础岗位，主要职责是助理教学，是从学生到

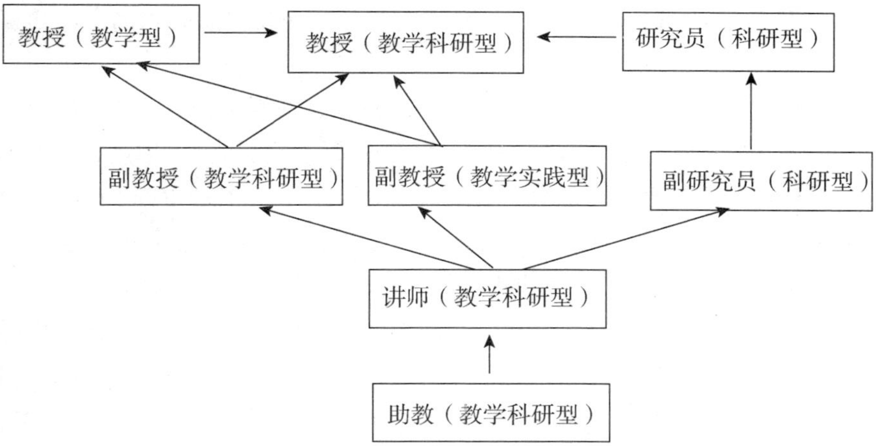

图 10－3　基于职称梯度的公安院校教师职业生涯规划

教师，从接受知识到传授知识的一个重要的角色转换，应具备基本的教学能力，跟从教授、副教授学习教学方法、开展科学研究，逐渐融入大学的教学科研之中。一般情况下，在博士研究生阶段就要进行一定的教学科研能力的训练，进入高校的教师队伍，教学研究工作是助教最主要最基本的任务。

讲师是一个以“讲”为主的大学教师岗位，教学工作依然是其主要的职能，但从高校教师的个人发展需要出发，尤其在教学型和教学研究型公安高校，必要的科学研究工作是其个人发展、职称晋升、学术水平提升的基础。高校教师经过助教和讲师两个阶段的训练以后，为个人的今后发展打下了坚实的基础，可以根据自身的特点、兴趣按教学型、科研型、教学科研型三条道路规划个人的发展。对于立志专门从事公安应用科学研究而在教学效果和教学能力方面稍有欠缺的教师将沿着副研究员、研究员的道路发展，当然我们也鼓励其能够提升教学能力，往公安院校的主导方向——教学科研型教授方向发展。其他大部分的教师要求在副教授阶段必须具备教学科研均衡发展的能力，努力形成正相关关系，促进教学科研和谐统一发展，这是因为他们还处在35—40岁的黄金年龄阶段，具有很强的可塑性，过早地进行纯教学工作，而脱离科学研究，无论是对个人还是对学科和学校的发展均会带来不利影响，因此我们建议在副教授阶段不宜设置教学型的副教授岗位。教学科研型的副教授经过多年的发展，由于学科差异、个体差异、兴趣爱好的不同，必然有一部分教师在科学研究能力方面稍有欠缺，必然有一部分教师要将主要精力集中在基础教学工作，他们的兴趣爱好不是发现问题、解决本学科领域的问题而是如何上好每一节课，为此根据学科特点设置少量的教学型教授岗位是很有必要的。在职业生涯发展的终端，我们提倡无论是教学型教授还是科研型教授都应将更高要求的全面均衡的教学科研型教授作为自己的方向发展。

自2008年1月教育部直属高校率先根据国家有关规定，制定和实施岗位设置和聘用工作以来，各高校均把专业技术职务岗位根据正高、副高、中级、初级四个档位设置成一至十三级的岗位，拉长了原有专业技术职务的职称梯度。为更好地和高校教师职称梯度的发展相对应，我们同样可以规划基于岗位分级设置的高校教师的职业生涯发展规划。

在正高四级岗及以下的各个岗位的职业生涯发展，与基于职称梯度的职业生涯发展规划图是一致的，保持了政策的连续性。唯一的区别在于，我们强调了正高四级岗的进一步发展和提升的前提必须是从事教学研究并重型的教授，同时也希望和鼓励教学为主型的教授和科研为主型的研究员能够努力向教学研究型方向发展，这与国家的整体人才观是一致的，体现了高校发展的总体思路，体现了教学科研工作的和谐统一，只有这样，才能更好地促进高校、个人的可持续发展。

职业生涯规划和设计是人力资源管理中的重要内容，高校教师的分类管理是高等教育人力资源管理的发展趋势，职称和岗位分级设置是传统和当前的两种调节激励教师的手段。如何基于职称－岗位分级设置工作，依据高校教师的分类管理，规划和设计高校教师的职业生涯是我们研究的初衷。进一步的研究工作还需考虑高校专任教师和行政管理人才的关系，高校各类人才体系、人才梯队的发展规划等。

第四节　教师考核与评价

建设一流的应用型公安本科院校需要一支与应用型公安院校发展相适应的教师队伍，现有的教师考核评价体系已不能完全适应应用型公安院校的发展要求，建立与应用型公安院校相适应的教师考核评价体系，充分发挥考核体系的导向作用，建立有效的人才激励机制，充分调动教师积极性，使教师全身心地投入到学院的建设与发展中，是应用型公安院校师资队伍建设工作中的当务之急。

一、现行教师考核评价存在的问题

教师考核与实现我院的发展目标、管理目标密切相关，与教师的切身利益密切相关，有效的考核能促进学院办学目标的实现，同时成为调动教师工作积极性的最有效手段之一。否则，就会导致不公与不满，降低教师的士气和绩效，但现行教师考核存在不足，表现出与公安院校的办学特征与属性不相适应的局限性。

1. 考核定位不适应建设应用型公安院校的办学定位和管理目标

现行的教师考核定位模糊，未能与公安院校的办学定位、发展目标、办学宗旨相结合。不明确考核要解决什么问题，考核工作的管理目标是什么。考核缺乏明确的目的，为了考核而进行考核，使考核流于形式，耗费了大量的时间、人力和物力。考核结束后，考核的结果却不能得到充分利用。

2. 考核指标体系缺乏与公安院校特征相适应的针对性

现行的教师考核评价在很大程度上仍然沿用学科型大学的指标体系，主要以教学、科研工作为主，以教师承担的教学工作量、教学质量、科研工作量作为主要考核指标，缺乏针对公安院校特征的公安业务实践、掌握公安科学理论与警务技能和公安工作服务等考核指标。

3. 考核方法技术缺乏与公安院校相适应的合理化、科学化手段

现行的考核中很大程度上停留在定性，即考核者的主观印象或被考核者的语言文字中(述职)，未能采用统计分析和利用计算机技术，借助量化手段提高考核的效率和效果，以控制主观性，增加可观性、可比性和综合性。

4. 考核周期设置与公安院校师资队伍培养特点不相匹配

目前公安院校实施的考核是一年一次，这与公安院校师资队伍培养特点不相匹配，公安院校鼓励教师每隔一定年限到实战部门参加实践，鼓励教师与公安一线合作开展公安科技研发和警务研究项目，而这些活动的周期往往不是一年，因此很难在年度考核中准确反映教师的实际业绩。

公安院校教师的考核周期，除了采用常规的年度考核评价外，还应结合聘期考核、平时考核来评价教师的实际工作绩效。另外在实施年度考核时，把对教师一年工作的整体评价放在短短半个月内完成，容易产生以点代面的偏差。考核工作应采用关键事件考核法，平时记录有良好业绩、突出贡献的关键事件和不良事故(教学事故)，列出一年中关键事件的清单，作为考核的重要依据。

二、公安院校教师考核评价体系的特征分析

为建立与公安院校特点相适应的教师考核评价体系，首先应分析公安院校教师考核评价体系的特征。教师考核评价体系应具有以下特征：

1. 强调学院整体发展的目标

教师考核指标与学院的发展目标紧密结合在一起。考核指标参照学院发展

规划、学院教师的职责制定，而教师职责又是从学院的办学宗旨、办学定位演化而来，这样就保证了学院的发展目标层层向下分解，从而将学院的发展规划落到实处，通过考核教师绩效检验学院工作目标的实现程度。因此，评估体系不仅要关注教师个人的职业发展，同时也要重视通过系(部)计划、交流和系(部)人员共同参与的管理来推动学院的发展。

2. 考核指标应相互推动

对于应用型公安本科院校来说，教学固然是学校的中心工作，但教师科研能把最新公安研究理论、成果和公安工作的最新发展动向带到教材、课程中来，同时教师参与公安实践有助于提高教师的专业能力，丰富公安领域的经验，更好地为实战部门服务，从而提高学院的知名度和信誉度，推动学院向更高层次发展，提升学院的办学能力和办学水平。

3. 考核指标应具有可衡量性

制定的指标应是具体的，即考核指标直接与教师的工作内容挂钩；可度量的，即每项指标均可采用数学方法进行量化评分；可实现的，即各项指标是教师在适度时限内付出一定努力可以实现的；现实的，即教师在各项指标上的表现是可以证明和观察得到的；有时限的，即指标的实现是有时间限定的。这样的指标体系使得对教师的衡量尺度更为客观，在此基础上作出的评优、晋升决策更为科学、公正。

4. 应注重考核指标效率

通过限制考核指标的数量，将需要搜集的信息减少到考核者容易操作的程度，提高考核的可操作性，避免占用考核者和被考核者过多的精力和注意力，提高考核指标的效率。

5. 强调考核的连续性和延续性

考核过程不仅包括一年一度的学年考核，还应包括与聘任制相结合的聘期考核、平时考核以及在全年中教师与系(部)领导及各人员之间经常性的对话，可以随时对偏离学院发展方向的教师行为予以纠正。应将教师考核评价指标制定成动态的，反映不同时期学院的工作重点，考核体系要体现对未来工作的导向，因此考核表格应由三部分组成：自评、学院意见和目标计划，目标计划是对下一个考核期的工作展望，应由教师本人和考核者一起协商完成。

6. 强调自我评价和结果反馈

公安院校的考核应强调教师自我认识和学习的能力，并给予足够的重视。要重视考核结果的反馈，对考核结果的反馈能使被考核者充分认识他们工作中所取得的成就与不足，了解学院、系(部)、同行、学生对他们工作的评价信息，从而在今后工作中不断加以改善。

三、应用型公安本科院校考核评价体系构建

学院应将建立一个公平、公正、透明的教师考核评价体系作为学院管理构架中的重要组成部分。考核指标确立的指导思想要与学院发展公安高等教育，培养公安应用型人才，建设应用型公安本科院校的定位与发展目标保持高度一致，是学院发展目标落实到教师个人身上的直接体现。考核指标体系不仅应起到一个目标导向的作用，有利于教师自身的发展，还应能确保学院教学工作的质量和人才的培养、科研和公安服务工作的开展，从而推动学院的发展。

通过对公安院校办学特征、教师队伍特征和人才培养特点的分析，公安院校教师考核体系包括职业道德、教学、公安实践、公安应用性研究、学习与自我发展五个一级指标，在五个一级指标下设有二级指标(见表 10－1)。

表 10－1　公安院校教师考核体系

一级指标及权重	二级指标及权重			
职业道德(0.05)	出勤率(0.025)	教学事故率(0.025)		
教学(0.4)	教学工作量(0.1)	教学质量(0.2)	课程与教材设计(0.05)	指导学生(0.05)
公安实践(0.2)	参加公安实践天数(0.1)	解决公安一线实际问题的成绩(0.1)		
应用性研究(0.3)	科研工作量(0.1)	与实战部门结合开展的科研工作量(0.1)	科研成果(0.1)	
学习与自我发展(0.05)	继续教育小时数(0.025)	掌握新技术能力证明(0.025)		

(1)教师的职业道德：应包括工作态度和责任心，但难于量化，容易受主观因素影响，因此，选用易于量化和考核的教师开展教学、参加各项政治学习与

活动、参加各种会议和社会服务的出勤率，以及体现教师工作态度和责任心的教学事故率作为考核指标。

(2)教师的教学工作：教学工作量和教学质量应按照分类分级、分层次评价的原则进行考核，将教师分为公共基础课教师、专业基础课教师和专业课教师，不同种类教师应根据相应职称和教授的学科确定教学工作量。在教学质量方面，除课堂教学质量评价外，还应根据不同学科加入不同考核要素。教学领域包括所有教师与学生之间的互动交流。这种互动交流不仅局限于课堂教学，还包括课后的答疑、指导，指导学生完成毕业设计或毕业论文。除此之外，教学活动还包括与公安应用型人才培养与实战部门相结合的课程和教材研发、设计。

(3)教师的公安实践：这是应用型公安本科院校教师区别于其他普通高等院校的显著特征，应用型公安院校要求教师具有“双师”素质，除了能够教授理论知识，还要了解公安实际需求、发展趋势和动态，掌握公安专业领域的新技术、指导学生掌握专业技术、指导学生参加公安实践。因此应规定专业课教师每年参加公安专业领域的实践天数。同时教师应具有较强的实践能力，应用理论知识帮助实战部门解决实际问题，从而提高教师能力，同时于基层一线部门形成良好的互动关系，推动学校“战、学、研”的发展。

(4)教师的应用性研究工作：应用型公安院校的科研工作不仅局限于发表论文、著作，更重要的是体现研究工作的导向作用，应鼓励教师开展应用性技术研究以及与实战部门结合开展的应用性研究项目，体现应用性研究特色，多出应用性研究成果，因此，应确定科研工作量中应用性研究在整体研究中所占比例。要利用公安实践的警学理论、公安应用技术优势取得警务管理效果，以及社会效益与经济效益。一是促进科研成果的转化，二是使科研与公安工作实际相结合，通过了解公安工作、结合公安实际进行教学与科研，接受实战部门对人才素质的要求，确定人才培养目标，达到教学、实践、科研协调发展的目的。

(5)教师学习和自我发展：应用型公安院校的发展具有公安工作导向性的特点，在人才培养上必须根据公安部门实际发展需求，因此要求教师具有较强的应变能力和适应能力，教师必须通过学习和自我发展，不断更新知识，掌握新技术。教师学习和自我发展包括两项二级指标：继续教育时数和掌握新技术的能力。

各级指标间的关系：一级指标与学院的发展目标紧密相连，二级指标是为了达成一级指标，教师具体应做些什么，因此二级指标为教师绩效驱动因素，这些二级指标明确告诉教师平时在日常工作中应该做些什么，起到很好的目标导向作用。

四、教师考核计算公式

赋予每个一级指标和二级指标权重，定量要素直接量化，定性要素通过抽取样本(所取样本不能低于30人，低于30人得全员打分)的评分，用如下公式计算出各项的加权平均分：

$$U = \sum_{i=1}^{m} A_i D_i + F$$

A_i 为一级指标得分，D_i 为各项目的权重，m 为一级指标的个数，F 为特殊贡献加分。采用计算机考核信息系统对指标体系的各要素进行单项或多项数据进行统计、计算和汇总、分析和排队。能较客观、公正地反映教师的工作情况和工作业绩，涵盖了教师教学、公安实践、应用性研究、自我发展、职业道德各方面、各个环节，既包含了对教学、公安实践、应用性研究数量的要求，也包含了对工作质量的检验。应用型公安本科院校教师考核评价应区别于学科型高等院校教师考核评价体系，在考核评价体系构件中应依据应用型公安院校的办学目标，应用型公安院校教师的职责和应用型公安院校的特征来设计考核指标，考核指标应体现学院对教师的导向性。在考核评价中，除强调教学、科研外，还应包括教师的公安实践领域和教师的学习及自我发展，考核采用量化的考核指标体系，利用计算机信息系统进行统计和分析，确保考核能反映教师工作的实际业绩，形成有效的目标激励机制，明确教师的努力方向，成为教师不断奋发向上的推动力，有利于教师自身职业生涯的发展。同时，学院在教师管理的有关方面建立良好的教师考核评价体系，如为聘用、晋升、奖惩、薪酬等决策提供一个公平合理、客观实际的依据，有效保证学院各项工作的开展和办学目标的实现，以有利于培育应用型公安本科院校的办学特色，有利于提升应用型公安院校的办学水平。

第五节　教师职称评审系统的可信性

一、教师职称评审的意义与原则

一个大学组织在建立机构之后，能否发挥更好的功效，就要看其运行机制的建设，而要形成良好的高校管理与发展机制，制度建设是前提，运行模式是保障。如何构建一个科学、合理和有效的职称评审制度乃是目前大学制度建设与完善的关键，也是高等教育管理研究中的一个热点问题。对于高校教师职称评审问题，不论在学术研究上，还是具体工作实践方面，既是个老问题又不断面临新的挑战。多少年来，我们总是提出职称评定中存在着这样与那样的问题，总是在呼吁职称评审制度与运行模式要改革，但在具体运行时，又不得不因一些无法解决的问题而放弃对职称评定制度的改革与创新。

近些年来，许多研究者从不同角度对高校教师职称评审问题进行了深入研究，一些高校职称评审部门也从实际出发，探索符合本校办学理念、学科专业特点、教师发展导向的职称评审制度与运行模式。实际上，在众多的研究结果与现实职称评定的改进方案中，都是从不同侧面指出了职称评审中所存在的问题。例如，如何解决重视科研、轻视教学的现象；如何做到科学的、符合实际的学术论文评价标准；如何评价教学质量与效果问题；以及如何选择定量分析与定性判断，对教师的学术水平与任职能力进行综合评价；如何合理、有效地选择职称评审专家，以及如何提高专家评审的可信性等问题。但是，在现行的高校职称评审制度建立与运行模式方面还有一定的问题需要得到解决。

本研究在讨论现行高校职称评定中所存在的问题与原因基础上，就如何建立一个科学、合理、公正和可操作的职称评审制度进行了分析，从学术评价的可信性角度，对参评者的学术能力与水平进行综合评价，在一定程度上解决了职称评定中的职业能力认定的片面性、学术认知上的不一致性，以及在学术水平评价方面的不确定性。

二、存在的问题与原因分析

（一）存在的问题

职称是衡量教师学术水平、工作能力及学术成就高低的学术资格及职务称号，也是决定教师待遇与收入的基本依据。现行职称评审制度存在着一些不够完善之处，体现在评审方法不科学，评价标准不完善，广大教师特别是普通教师呼唤着科学、合理、公正的职称评审制度的到来。职称评审制度作为高校师资管理的基础制度，承载着优化教师队伍结构、激励教师提升学术水平等多项功能。制定和实施什么样的职称评审制度，反映出高校对待人才的态度，即是否愿意科学地甄别人才，是否愿意诚心地对待和培养人才。所以只要评审制度制定得科学，就会调动每个教师的工作积极性，并能够最大限度地减轻领导与教师之间、教师与评委之间、教师与教师之间的冲突与摩擦。要改革现行的职称评审制度，首先必须对它存在的问题有一个全面的、科学的认识。

（1）教师缺乏职业精神与个人学术发展目标。职称评审能否进入一个规范化、正常化与和谐的工作状态，决定于高校领导与教师对所在学科专业领域的学术认知。如果学校与教师在学术认知上能够达到相对一致，那么，所制定的职称评审制度就能得到理解和有效实施，但达到这一要求的前提是引导教师树立良好的职业精神。教师的职业是一个学术化的职业。什么是教师的职业精神呢？是具有传播、探索、发展、奉献的学术精神。但是，在普通高等院校中，教师们普遍认为："破格晋升职称只对极少数才华突出的教师来说才有可能，与绝大多数教师无缘。在现行的职称评审制度下，只要能完成基本的教学工作量，具有任职资格中所规定的教科研项目、教材、论文和著作，评高级职称就没有问题。"因此，许多教师基本上没有自己感兴趣的研究方向和学术发展目标，这样就很难实现整个学校的办学水平与发展目标。为了职称而评定职称，为了达到任职资格条件，找人代写论文或者付高价购买 SCI 等高水平论文。

（2）缺少对教学能力的可信评价。我们知道，教学、科研与社会服务（社会实践）虽然是高校职称评审中不可缺少的三个一级指标，并且都一致认为，教学工作则是高校的中心工作。实际上，在通常评价教学工作时，教学工作量是很容易统计和比较的，但在教学质量与效果评价方面缺少一个客观、合理的评价尺度。以往的教学质量评价是基于领导、同行和学生的综合评价，对于研究者和实际考核评价人员来说，这种评价方式已经讨论和运用了许多年，领导与教师们也都清楚是一个不得不完成的形式化工作，尽管得出了不同的结果，其可信度也会令人质疑。由于领导们无法得到教师教学工作的完整信息，所以，对教师教学质量的评价只能凭印象；对于同行评价来说，同行之间存在着相互利益、人际关系以及专业之间的认识问题，也会出现较多的偏差；而学生评价能够反映学生对任课教师的直接印象，可以从一定角度为教师的教学质量评价提供一定的参考，但是由于学生缺少对教育教学的认知，还存在着对任课教师情感方面的偏激，也会造成评价结果的偏差。

（3）未能处理好科研质量与数量之间的关系。科研能力与水平是职称评审中的核心内容，科研成果存在着质量与数量的关系，如何将两者有机地结合，才能真实、公正和科学地体现教师的科研能力与水平？在现行的职称评审中，将科研数量和质量分别作为参评的前提条件，但在考察学术论文的质量时，所有的学科专业几乎都将发表论文的刊物、科研项目与获奖的级别作为统一、唯一的标准，如果达不到质量要求，即使数量再多也不能进入评审程序。当然，刊物的级别、项目的层次的确是检验科研学术水平的重要标志，特别是对于自然科学来讲，具有较大的可信度。但是，衡量高校教师的科研能力与水平不仅仅采用单一的指标，还必须从科学研究的内容、科研工作形式，以及所产生的实际贡献来综合评价科研能力与水平。在科研成果数量与质量的学术水平评价方面，缺少一个具有理论依据和现实意义的可信评价方法。

(4)评审工作量大，过程较复杂。目前高校已经有了高级职称评审的自主权，从以往具有自主权的高校职称评审的经验来看，基本上都是采用如下程序：学校先分配参评指标，在系(部)进行一次初步评选，然后再由学校按全校的控制指标进行终评。也有的学校是先分配参评指标，按学科门类或一级学科分类组建学科组对所有参评教师进行初评，然后学校按全校的控制指标进行终评。还有的学校虽然不分配参评指标，但在学科组评审前先在系(部)里组织一个评审小组，对所有报名的教师进行初评，再交给学科组进行第二次评审，然后上交到学校职称评审委员会。在上述评审方式下，评审工作量大，过程较复杂。一般情况下要组织两级职称评审委员会(小组)，有时是三级，涉及众多评委。因为工作量大，有时初评与终评间隔时间较长，涉及的问题就更多，产生的摩擦也更多。每个过程都有人找到校、系(部)领导那里。即使整个评审工作百分之百的公正，这些问题也不可避免。

(5)评委投票筛选方式存在的问题。现行评审专家不记名投票的筛选方式实际上是一种暗箱操作，虽然有众多的评委，评审结论依然会出偏。学术评审是一块圣洁的领地，但依然有守不住的威胁。已有学者对此做过分析，即评审出偏的可能性潜藏于人性、文化和制度三个方面。具体表现为两类：一为善意出偏，即因为部门利益或同情心驱使而出现投票偏差；二为恶意出偏，即因个人利益冲突或压制年轻人而导致的评价偏差。这并不是因为评委们不想科学、公正地对待这项工作，而是参评者的教学、科研等工作业绩在达到任职资格的基本条件后，无法从数量与质量的综合评价中得出合理的排序。因此评委的选择只能凭感觉、以往的印象，以及自己熟悉的人或者找过自己的人。这样，评审的公正性和可信度就可能受到一些影响。在评选的方式方面，“不记名投票”可能为所有的偏差提供了庇护伞，而“记名投票”虽然可以制止少数评委不负责任地投票，但还会出现人情票的倾向。因此，不论是哪一种评选方式，关键要建立一个能够拒绝情面干扰、得到良心谴责的科学、合理的评价排序标准，评委们就可以更科学、严肃地对待评审工作。

(二)原因分析

首先，要明确如何建立一个完善的职称评审制度。制度是学校办学理念的具体化，也是学校价值取向的一种外在形式。有一个好的制度，就会有一个好的风气，就会为良好的管理机制奠定基础。每当在职称评审遇到问题时，总会听到职称评审制度需要改革的呼声。面对所存在的问题，我们的职能部门也是在力求调整与完善职称评定条件、标准和评价方法。但是，现有的职称评审制度中产生的问题主要来自以下原因：

(1)职称评审制度必须与教师的学术信念相互融合。所谓好的制度是来自理解制度的人。实际上，职称评审制度是一种学术评价规则，如果一个大学教师缺乏自己从事高等教育的学术信念，或者具有不正确的学术观念，那么他就不会完全理解体现在自身的学术评价规则。因此，大学教师的学术信念、认知教育，以及学术发展导向是职称评审制度能否得到有效实施的关键。

(2)职称评审制度必须融入教师绩效考核。教师的职务晋升是建立在教师履行岗位职能，达到上一级职称条件的基础上。所以，教师任现职期间的绩效考核结果是决定能否职务晋升的必要因素。也就是说，建立一个完善的教师绩效考核系统是决定职称评审能否可信的前提。实际上，高校绩效考核是当前高校管理的一项重要工作，虽然以往我们已经做了许多工作，但实实在在地说，绩效考核还停留在形式化管理方面，至于是否通过绩效考核，全面反映教师的岗位履职状况，并没有达到满意的结果，因此为职称评审工作带来了一定的困难。

(3)职称评审制度必须科学、合理和可操作。科学的职称评审制度体现在具有高等教育特点，符合教学学术属性、专业学术属性和实践(服务)学术属性的评价模式。合理的职称评审制度体现在不同的学科专业、不同的岗位类别具有不同的任职条件和评价标准。可操作的职称评审制度体现在评审指标的可理解性、评审标准的普适可达性、评审方法的可信性。

三、职称评审制度的系统思想与方法

(一)职称评审的基本原则与方法

职称评审制度是建立一种职称评定的规则体系(或称规则系统)，作为一个系统就必须具有系统化的特征，这种系统化的特征就是职称评审制度中的指导思想，即评审原则。

1. 职称评审的系统原则

我们知道，在目前的职称评定中之所以存在着一些不尽如人意的地方，并不是职称评定部门的主观意愿，而是受制于当前学术评价环境的影响。另外，由于制度制定与决策者们片面地强调公认的标准和通常的规则，缺乏对学校的性质、教师的属性、学术的特点进行自我的分析与研究，从而在职称评定上出现了许多方面的不相容问题，在一定程度上没有形成职称评定的正能量机制，对高校教师的发展起到了一定的负面作用。

在此，将系统思想与系统性原则作为职称评定的指导思想。所谓系统思想就是一种面向对象的整体思想，它的目的是符合高校教师整体的职称评定意识。系统理论研究表明，一个有序的系统在于它的局部优化要能够对整体产生正能量。例如，在日常所开展的某些“优秀专家”“教学名师”以及“各类人才”的评定中，由于忽视了这种局部优化对整体的正能量影响，评定的结果并没有完全对组织的运行与发展产生积极的作用。因此，一个职称评定系统要能成为一个有序的系统，必须实现系统性的原则。所谓系统性原则包括：整体性、层次性、动态性。也就是说，这“三性”就是高校职称评定的系统性原则。那么，如何在高校职称评定中实现系统性原则呢?

(1)职称评定的整体性特征。一般来说，高校职称评定制度的设计是建立在两个基本要求的基础上的，一是要符合高校学科建设与发展的目标要求；二是要符合高校教师自身的专业发展要求，这两者是相互融合的。也就是说，对教师的评价是建立在对高校学科专业发展目标与教师个人专业发展目标实现程度基础上的，因此，学科建设与发展目标与教师个人专业发展目标的设计与评价是职称评定的关键。例如，国内外的许多高校引进专业人才的条件就是依据学科专业研究的发展目标，与人才所具备的专业研究情况两者的融合程度。

(2)职称评定的层次性特征。在职称评定中要划分基础研究、专业基础研究与专业研究这三个评价层次。因为在高等教育中，不同的学科教育教学层次其目标与评价标准是不同的。例如，对于应用型公安高等院校来说，从事公安基础教育、公安专业基础教育和公安专业教育的教师之间，其教学、科研和实践的目标具有较大的差异。

(3)职称评定的动态性特征。所谓职称评定的动态性原则是指职称评价要体现教师专业发展过程，也就是说，要对个人发展与学科发展融合的实现过程进行评价。实际上，学科专业与教师自身发展目标是基于过程的可实现目标，所以，动态性原则显然是职称评定所要遵循的原则。

2. 职称评审的系统方法

定性与定量相结合方法是系统方法的主要特征。在目前的职称评定方法中，普遍采用定量评定方法和同行专家定性评定方法。实际上，不论是哪一种评定方法，只要评定的原则和指标体系设计科学、实际、合理，都是可以采用的。根据公安高等教育的现状和公安学科应用型的特点，在广泛调查研究的基础上，我们认为，公安高校职称评定模式应该采用定量与定性相结合的方法。在实际职称评定中，从定量与定性两方面对教师满足相应职称的基本条件和取得的学术价值量进行综合评价。

首先，采用定量的方法对教师实现的相应职称基本条件进行计量，得到一个参评教师满足职称基本条件的定量排序。例如，学历条件、现职务任职时间、完成的教学工作量、达到的教学学术基本水平、达到的专业学术基本水平、达到的实践学术基本水平[可以通过系(部)各个层面的教师研讨确定三方面学术水平的分值比例]。定量评价满分100分，可根据实际确定各个评价指标的分值与权重。其次，采用同行专家评议的定性方法对参评教师的教学、科研和实践质量进行评价，由于质量评价是一个模糊性问题，所以可以采用模糊综合评价的方法处理同行专家定性评价的结果。定性评价最终的结果也要转化为分值，满分为100分，最后，将定量评价与定性评价的结果综合起来得到最后的评价结果。

(二)教师工作业绩的综合评价

1. 任职资格的确定与评价

职称评审的基本规则体系包括三个方面，即任职资格、评价标准和操作方法。评审制度是由任职资格、评价标准和操作方法所形成的规则系统。在职称评审中，教师能否作为参评对象取决于是否具有参评职称的任职资格，而参评者是否具有任职资格在于他是否符合任职资格所规定的条件。任职资格条件的设计既不能降低高等院校对教师岗位职务能力的基本要求，也不能脱离自身学校的学科专业特点。在现行通常的职称评审方案中，一般将任职资格条件设计为基本条件和工作业绩条件两个方面。

任职资格的基本条件一般包括：参评者是否满足大学教师在思想道德表现方面的要求；参评者的学历、任现职时间等，有的高校还可以根据教师自身的岗位与学科专业特点来设计一些必备条件。实际上，基本条件主要体现在参评者的资历条件，虽然我们提倡不完全看资历而重在能力，但职称是教师的职务称谓，在职称评审中不同资历间的差别能够达到对老同志的认可，对年轻教师奉献教育事业的激励。

2. 学术水平的定位

实际上，高校教师的任职资格中的工作业绩，就是参评者应具备的任职能力，它是职称评审中的核心内容，也是对教师履职情况的学术评价。例如，对于高级职称来说，副教授与教授具有不同任职能力的条件要求，以及所达到的学术水平。从现行的高校教师职称评审的一级指标来看，任职资格的能力包括：教学能力、科研能力和社会实践(社会服务能力)三个方面。但是，在具体的任职资格条件的设计与确定时，还要根据不同的学科专业特点有侧重地选择任职资格条件。

根据职称评审的资格认定规则，参评者是否具备任职条件与能力是职称评定的前提，只要规则制定得科学、合理，任职资格的认定不会有太大的困难。但是，对参评者的学术(即学术水平)评价是比较困难的。我们知道，学术性是大学教师的基本属性，是教师存在与发展的内在逻辑，也是大学教师职业区别于其他职业的本质特征。在符合任职资格的参评者中，每名参评者的教学、科研与社会实践的能力贡献大小，即学术水平，决定了参评者的优先次序。按照现行的职称评定方法，根据参评者单纯的量化统计进行优先排序，然后通过评委会投票，最终得出评定结果，虽然这种做法从形式上能够反映参评者的学术水平，但未能真正反映出参评者的实际贡献大小。

从参评者任职资格的认定中可以发现，教学能力、科研能力与实践能力是一个绝对概念，是指参评者是否具备任职条件中的能力要求。而教学水平、科研水平与实践水平则是一个相对概念，是指某参评者这三种能力处于哪一个评价等级(例如，A：高，B：较高，C：一般)，或者在整个参评者中的比较结果。在高等院校中，教师之间在教学、科研和实践三方面存在着结构与发展方面的差异。例如，有的教师在教学上能力较强、专业实践水平高，但在科研方面能力一般；有的教师在专业研究方面水平高、在教学能力方面一般，但在实践能力方面一般。在学术发展方面的差异体现在学科专业特点，基础研究、应用研究和实践研究的不同要求。

通过实际调查分析表明，应用型公安高校职称评定的学术评价体系要符合“大学术”的理念。由于公安学科有其自身的学科与专业领域特点，因此，技术应用价值和管理实践意义是检验公安学科学术水平的重要方面。并且，在职称评定中，要从专业学术、教学学术和实践学术这三方面来建立职称评定的学术评价体系。

3. 教学能力与水平

人才培养是高校的一项重要职能，它是通过教师的教学过程来实现的。在高校的职称评定过程中，如何兼顾教学与科研的关系，如何强化职称评定中教学方面的贡献量，一直是职能部门所关注的问题。教学学术评价体现了教师在教学知识的掌握、教学方法的创新、学生学习能力研究等方面，所以，教学学术评价的指标应以这三个方面为基础。

在任职资格认定中，要从参评者的教学工作量、教学质量与教学效果等方面来认定是否具备了应该达到的教学能力。其中教学工作量是一项数量指标，在认定中不会出现太多的偏差，但对教学质量的认定就会带来许多不确定的因素。必须强调，教学质量的认定与评价是任职资格条件的重要部分，否则就会出现单纯依靠科研成果来进行职称评审，失去了教师岗位主要职能的意义。那么，如何对参评者的教学质量进行认定与评价呢？

第一，课堂听课质量。各系（部）每年都要填报《授课情况表》，主要包括授课教师、主讲课程、上课时间、上课地点等信息。评价小组（由不少于3人的同一学科或相近学科专家组成）对教师进行听课，按照《课堂教学质量评价标准》独立评价并填写《课堂教学质量评价表》。

第二，参评者说课质量。为更加客观、全面衡量教师的课堂教学水平，从而对教学人员职称聘任中教学质量进行评价，要求参评者任选一门主讲课程进行说课。说课是介于备课和上课之间的一种教学研究活动，对于备课是一种深化和检验，能使备课理性化，对于讲课是一种更为严密的科学准备。说课有利于教师提高备课质量、教学效率和自身素质，已成为课堂教学质量评价的主要形式。评价小组听取教师说课并依据《说课评分标准》进行评分。

第三，教学文件（材料）质量。申报职称教师要提交包括教学大纲、教学日历、纸质版教案、课件、课程教学小结、平时成绩记录册、学生成绩报告单、试卷、配套教材等与说课课程一致的所有教学文件（材料）。每份材料由不少于3人的同一学科或相近学科的专家按照相应的评价标准独立评价，然后专家填表记录并且签署书面意见。

第四，教学研究质量。对参评者的教学研究成果进行评价。对本学科专业所授课程的教学研究从一个侧面体现教学效果质量，因此在对参评者的教学质量进行评价时，课堂教学研究成果是一项重要指标。

第五，学生网上评教评价。根据教务处提供的近3年学生网上评教信息，中心统计授课教师近3年的学生网上评教平均分及教师所在系（部）平均分。对于个人平均分低于系（部）平均分的，在上报的汇总材料中给予明确标注。

4. 科研能力与水平

在目前的职称评定中，专业学术水平评价基本上都是从发表学术论文、出版学术专著和完成各种类别的科研项目等方面来进行的。这种盲目的科研评价模式无法得出一个客观、合理、公正的，并且符合高等教育学科发展要求的专业学术评价结果。实际上，高等院校的专业学术水平应体现在对学科建设中科研目标的贡献程度上。知识生产与创新是高等教育的一项重要任务，如何实现和评价这项任务是通过高校的学科规划建设来进行的。一般来说，高校是根据学科发展目标要求来引入专业人才，也是根据学科各个专业的科研规划目标来设定岗位人才聘用与管理目标的，因此，每个岗位的教师都有明确的专业科研目标，可以根据对本专业科研目标的实现程度来评定专业学术水平。

参评者的科研能力是任职资格的一项重要条件。在选择与确定参评者应当具备哪些科研能力时，一个基本前提就是，哪些条件是体现参评者的科研能力的必备条件。研究发现，可以选择常规的方法，通过科研立项、获奖、学术论文、著作等科研成果的形式体现参评者的科研能力。在任职资格的条件选择中，体现参评者科研成果的表现形式以及在质量与数量方面，应该符合不同学科专业的科研性质、特点和表现形式。例如，教学研究型院校与教学应用型院校在科学研究方面就具有不同的特点和侧重，并且在同一所院校中，自然科学与社会科学、基础研究与应用研究在对科研成果的认定形式与标准方面也有一定的差别。

在实际科研能力指标设计中，将本学科专业的学术论文或著作作为任职资格认定的必备要素是毫无疑问的，但是，在设计与确定反映科研能力的选择要素时，不同学科专业在获得科研立项与获奖的条件及机会是有差别的。因此，可以根据学科专业的不同而设计与确定选择要素。例如，对于属于特殊学科领域、新兴学科领域、应用实践型学科专业，科研立项、获奖的条件不能与其他普通学科专业相比。

5. 社会实践能力与水平

高等院校的另一项重要职能是社会实践(社会服务)，基于公安高等教育的应用性和实践性的特点，公安高校教师的警务实践和公安一线的服务性工作就显得尤为重要。因此，教师实践学术水平应该成为职称评定体系中的一项重要指标。那么，如何衡量教师的警务实践与公安服务的学术水平？通过对公安一线部门的调查研究表明，实践学术水平体现在两个方面：

一是教师专业研究成果与技能应用在警务工作中所产生的效果，在具体的实际操作中，应对不同的公安应用学科设计相应的评价指标。例如，①专业知识技能应用的范围与数量；②是否被纳入警务工作的流程，确定为警务工作的规范与标准；③对提高警务工作效率与效果方面的贡献量。

二是指导学生警务实践与公安一线服务的业绩，在具体的实际操作中，应对不同的公安应用学科研究设计出相应的实践知识体系和实践效果指标。例如，①专业知识实践比较与评价研究；②警务能力的获取与掌握程度。

研究表明，职称评审制度与运行模式是高校制度建设的一项重要的工作，它不仅关系到高校教师的学术发展，还直接影响到高校办学目标的实现。将教学学术、专业研究学术和实践学术纳入职称评审中，是对高校学术评价制度与模式的初步探索，需要研究者与管理者根据不同院校的实际，在研究和实际操作中得出科学的、合理的、可实现的职称评审理念和运行模式。

第十一章

公安高校教学质量管理优化

在高等教育系统研究中，高校管理系统是一个重要的子系统，它决定了高等教育系统目标的实现水平，同时，从系统的角度研究高校管理问题，并将它作为一门科学，正处在从经验向理性、定性向定量的发展过程中。特别是信息时代大数据的牵引下，高校管理必须面向信息化、科学化，从而达到可信优化的目标。

第一节　基于数量化的教学质量管理

一、教学质量管理意义与存在的问题

高校管理的中心是教学管理，教学管理的核心是教学质量管理，高等院校作为实现高等教育的运行系统，其教学质量管理是决定高等教育质量的关键。作为一种管理活动，教学质量本身也有一个管理的质量问题。我们知道，教学质量管理就是通过控制影响教学质量的因素，从而把教学质量提高到一定的水平之上。当由于教学活动受到内部或外部种种因素的影响，导致教学质量有所降低或未能达到预定水准的时候，管理系统就要采取相应的措施，对教学活动产生校正作用。不同的管理系统产生的校正作用不同。管理的科学水平高，它对教学活动产生的校正作用就强；反之，它的校正作用就弱。因此，不断提高教学质量管理系统的科学水平，即不断提高本身的管理质量，是有效地提高教学活动质量的一个保证，因而，也是教学质量管理部门所努力追求的目标。

当然，教学质量管理活动科学水平的全面提高，依赖于管理系统各个方面的全面改进。运用数量化方法作为其中的一方面，它的作用是有限的。但是，这个有限的作用却是重要的作用，并且，从实际情况来看，正是在这方面，我们的管理工作还存在许多薄弱的环节。这些薄弱的环节在很大程度上影响了管

理的质量，并且，拖住了其他工作的开展。看一看目前我们高校在这一方面存在的实际问题，可能会有助于我们对这个问题的理解。

1. 缺乏对实际教学活动状况数量的分析，导致了管理的一定盲目性

在谈到数量分析的重要性时，毛泽东同志曾经指出："对情况和问题一定要注意到它们的数量方面，要有基本的数量的分析。任何质量都表现为一定的数量，没有数量也就没有质量。"(《毛泽东选集》第4卷，第1380页)这一见解是很深刻的，任何质量都表现为一定的数量，教学质量也要通过一定的数量才能得到体现。但是，正如毛泽东同志接着批评的："我们的许多同志至今不懂得注意事物的数量方面，不懂得注意基本的统计，主要的百分比，不懂得注意决定事物质量的数量界限，一切都胸中无'数'，结果就不能不犯错误。"(同上)从实际情况来看，我们的高校管理部门对教学活动的情况，常常是若明若暗，管理决策带有一定的盲目性，其根源就在于缺乏对实际发现情况的数量分析，往往只抓住个别的事例，或者只抓住整个活动的个别侧面，因而就很难避免指令的片面性与盲目性，很难有效地提高管理的水平，真正促进教学质量的提高。

2. 缺乏对教学系统活动的机理的认识，导致了管理中存在一定程度的主观性

何谓"系统的活动机理"？系统的活动机理，是系统变化过程中的必然趋势与内在规律。系统的活动机理是客观的，就是说它是必然的，不以人的意志为转移的。但是，任何系统活动机理的实现又都是有条件的。因此，人们虽然不能改变系统的活动机理，但是他能够通过控制各种条件，使系统符合规律地按人的预定目标进行变化。有效的教学质量管理需要我们对教学系统活动的机理，对影响教学活动诸因素与它活动结果之间的关系有明确的认识，这样才能从必然中获得主动性，才能极大地减少管理系统决策的盲目性。但实际上，对影响教学活动的诸因素与它的结果之间的关系，我们还缺乏必要的研究，更谈不上量的分析，因而实际的管理活动都不同程度地存在着主观性。主观的设想不符合客观的规律，这样就不可能极大地提高管理的质量。这里还应该指出的是，随着系统论、控制论、信息论向各门学科的渗透，近年来，教学控制论理论工作者已经提出了不少教学系统最优控制的数学模型，其中不少达到了较高的水平。但是，总的来说目前还停留在形式地建立教学模型的阶段，当然，形式地建立教学系统最优控制的模型确实也为进一步研究提供了基础。然而，教学是具体的行为活动，因而，揭示这一具体活动中的各因素的具体函数关系，揭示各种变化着的条件与结果之间真实的因果关系不是很容易的事，是不可能在短期内就指望得到圆满解决的，它需要我们长期的艰苦的努力。

3. 缺乏对教学效果的数量分析，挫伤了教师工作的积极性，影响了教学质量的提高

发展大学生的个性化的职业能力在高校是一件具有重要意义的工作。广大教师对它的意义也有越来越深刻的认识，有不少研究者正在积极地探索在教学过程中发展学生这个能力的途径。但是，传统的考试方法偏重于学生知识的积累，不太重视考查学生这方面能力的发展水平。事实上，教学测量学界至今还未能提供一套较为科学的、完整的、有效的能力测量的方法。这样，教师在这方面的实际工作的效果得不到反映，这就严重地挫伤了他们的积极性，影响了以能力培养为核心的教学质量管理目标。目前在高校部分教师中有种说法：“知识积累是硬任务，能力发展是软任务。”

此外，教师的教学质量存在着一定的差异，如何评价这种差异是教学质量管理的关键。因而，有效地控制教学质量也需要对教师工作质量的差异，对他们的工作效果作数量分析。否则就会影响教师提高教学质量的积极性。

二、基于数量化的教学质量管理

应用数量化方法对于提高教学质量管理的管理水平是很重要的，我们在这方面还存在很多薄弱之处。因而，研究这一问题也具有深刻的现实意义。当前，可以毫不夸张地说，它已成了带有某种紧迫性的课题。数量化问题不解决，管理的科学化就是空中楼阁。

在教学质量管理中运用数量化方法，其目的是为了促进教学质量管理科学水平的提高，因此，它所要解决的问题必须从影响教学质量管理的管理质量的因素中去寻找。

设我们教学活动的目标是将教学质量维持在一定的水平 X_0 上。如果教学是理想的，那么教学质量可实现的值 $X \geqslant X_0$ 。此时，我们认为教学系统对目标的偏离等于零。

但事实上，在各种内外扰动的影响下，教学活动实际达到的质量水平 X 常常会低于目标值 X_0 ，从而导致结果对目标一定程度的偏离。这一偏离量，把它记为 $H(X)$ ，$H(X) = X_0 - X$ 。如果这时管理系统具有某种校正作用，它将产生控制力 Y ，以减少 X 对 X_0 的偏离。这时在 Y 的作用下，结果对目标的偏离量降低到 $H(X,Y)$ ，括号中 X ，Y 表示 H 受 X 与 Y 两个因素的影响。这样，系统实际获得的补偿 $M(Y,X)$ 等于这两项之差：

$$M(Y,X) = H(X) - H(X,Y)$$

如果系统获得补偿量与系统对目标的初始偏离量之比 $T(Y,X)$ 为管理系统

的管理质量。

$$T(Y,X) = M(Y,X)/H(X) \tag{1}$$

由(1)式可知：

$$T(Y,X) = 1 - H(X,Y)/H(X) \tag{2}$$

(2)式即为教学管理系统管理质量的数学表示。$T(Y,X)$ 值的大小反映了管理系统管理质量的高低。关于 $T(Y,X)$ 的性质，还可以进一步分析。由(2)式可知：

(1)管理质量 $T(Y,X)$ 取值在(0，1)之间。如果在控制力 Y 的作用下，对目标的偏离量降低到零，此时 $T(Y,X)$ 达最大值为 1；如果实际状况未能得到改善，$H(X,Y) = H(X)$，管理是无效的，$T(Y,X) = 0$。

(2)在补偿作用 $M(Y,X)$ 相同的情况下，对目标的初始偏离量 $H(X)$ 越小，$T(Y,X)$ 的值就越大，管理的质量就高。事实上，在企业管理中，所谓"无缺点计划"(zero defects program)得到广泛的推行，原因就在于此。无缺点计划的推行者提出的口号是：为提高价值与效果，应在第一次就把工作做好(Do it right initially for value and effectiveness)。由此可见，在教学活动进行的过程中，一开始就严格地控制各种因素，以降低对目标的初始偏离量是提高管理质量的有效措施。在教学活动中，初始偏离量 $H(X)$ 取决于新生的质量，学生在学习某门学科前先期获得的知识、智力基础、动机与态度，教师在业务与教学水平，教学条件等多种因素。严格地控制新生的质量，健全严格的学籍管理制度，精心选择优秀教师任课，不断改善教学条件是提高教学质量，也是管理质量的重要方面。

(3)在原始偏离量 $H(X)$ 相向的情况下，校正后的偏离量 $H(X,Y)$ 越小，则管理越有效。努力降低 $H(X,Y)$ 实际上是教学质量过程管理的中心环节，也是我们所要讨论的主要问题。根据控制论的观点来看，动态过程的控调无非就是根据反馈的信息，给出补偿性的指令，以消除系统对目标的偏离，动态系统的有效调控取决于以下几个条件：①有足够的反馈信息，即对教学系统状态有全面的了解，它需要数量的分析；②对系统活动机理，即对系统状态变化中的因果关系、内在规律的真正掌握，其途径主要为建立各种具体的函数关系；③指令不确定性的消除，即指令是具体的，确实能够生效的。这三个条件对于有效的管理来说是缺一不可的。尤其前两个条件是第三个条件的基础，对教学系统的状态不了解或了解得不全面，对系统活动的机理不掌握或掌握得很肤浅，就不可能避免管理的主观性与盲目性，就不可能有效地指导实际的教学活动。

影响教学质量管理需要明确两方面的问题：

一是寻求科学地描述教学系统状态的数学方法；

二是建立系统活动各因素之间的函数关系，实现优化管理。

这两个问题的解决意义是相当重大的，是避免管理盲目性的基础，也是提高管理水平的重要措施。

第二节　教学质量系统状态的基本原理

一、教学系统状态的概念

研究状态，先要对状态的概念有一个清楚的了解。何谓“状态”？状态与过程相对，是系统变化中相对静止的某一瞬间真实存在的状况。一个动态系统，它的各个因素或各种性能随时间发生着变化。比如：一个学生随着年级的升高，智力在不断增长，体力得到发展，一定的世界观也逐步形成。系统的这些变化性能可以用一种变量来加以描述，这些变量称为系统的状态变量。给这组变量赋予一组确定的值，我们就说系统处于一个确定的状态，反之，如果系统处于一个确定的状态，我们就可以用一组确定的值来表示。由表征系统性能独立变量组成的向量，称为状态向量。状态向量是数学中用来表示状态的一个方法，也是定量地分析状态变化的基础。苏联学者列尔涅尔曾经指出：“任何系统的状态，都可以在一定的精确度上，用决定它的行为的一组值来描写。借助于这些值，就能比较各个系统的状态，并判断它们之间的差别。这些值还可以用来比较同一系统在不同时刻的状态，以便解说系统的变化程度。”①这就是对状态描述的这一方法的作用作了较为透彻的阐述。

在教学质量管理中，对教学系统状态的描述可以有多种方法：一是微观描述法。这种方法着眼于学生个体的变化。比如，可以用 $S=(X_1, X_2, X_3)$ 这样一个三维向量来表示学生德智体三方面发展的状况。式中 X_1 表示思想道德品质的发展水平，X_2 表示学生智力发展水平，X_3 表示学生身体发展水平。这样就可以较全面地反映出学生的发展变化；二是宏观描述法。这种方法着眼于集体的发展，可用来研究集体的发展水平，以及用来研究集体的发展水平与外部条件的关系。按其着眼点不同，教学系统状态宏观描述法又可分为多种。比如，*XE*

① ［苏联］列尔涅尔著，刘定一译：《控制论的基础》，北京：科学出版社，1980 年版，第 13 页。

描述法、比例描述法。*XE* 描述法以学生某门学科或某一方面的平均成绩 X，与标准差 E 作为两个独立变量，从而用以表征该集体学生学习的总体情况。比例描述法是用一个集体中优、良、中、及格、不及格的人数占总人数的比例作为状态变量。以向量 $S=(X_1, X_2, X_3, X_4, X_5)$ 来反映随外部条件的变化，在该集体中各部分人员的变化情况。这里需要指出，在实际应用中，应注意选取可测量的量作为系统的状态变量，否则，在状态向量中某些变量无法赋值，因而也就无法进行定量的分析。

二、状态变量与教育测量

测量是对状态变量赋值的过程，因此，也成了定量分析的基础。什么叫测量？美国物理学家默根（M. Merken）在谈到物体物理测量时指出："度量（Measurement，即测量）就是对某一物理量与一个选定的标准进行比较。例如，想要决定一张桌子的长度就要选定一个合适的参照标准，并把它一次接一次地摆下去，直到比较完毕。"①这就指出了测量是一种与标准物相比较，以对被测物体的某一属性量进行赋值的过程。

无斤两无以知轻重，无尺寸难以定长短。任何测量都存在一定的标准。在物体物理和几何性质的测量中，这些单位被确定为克、厘米等众所周知的单位。离开了这些确定的单位，测量的结果就很难为大家所接受和承认。美国学者荷尔顿（G. Holton）说："大体说来，几乎每项在实验室做出的测量，在某种意义上都是可观测事物和他全体同行所接受的若干闻名的标准二者之间的比较。科学中许多成功和飞速发展都依赖于这些简单的真理，因为显然只有在这样的情况下，研究人员的精力才不至于经常耗费在对定义和程序规则进行毫无结果的争辩上。"②事实上，在教育科学的研究中，人们常常进行着许多毫无结果的争辩，缺乏这种约定的标准恐怕是一个重要的原因。

教育测量是测量的一种形式，同样它也是以一定的方式将受教育者的某种心理品质或者学力等的变化与一个选定的目标进行比较，并依照这一标准对变量赋值的过程。由于人的行为、心理品质的复杂性，虽然在教育与心理测量中人们也定义了像 IQ 这样的单位，然而，从目前的情况上看，教育与心理测量所

---

① ［美］M. 默根著，暴永宁等译：《物理学及其现代应用》，北京：科学出版社，1983 年版，第 79 页。

② ［美］G. 荷尔顿著，张大卫译：《物理科学的概念与理论导论》，上卷，北京：人民教育出版社，1982 年版，第 264 页。

涉及的大多数变量的单位还没有达到物理单位那样的精确性，对某些单位的解释还是很混乱。甚至在某些测量中，至今还没有统一的标准。这种状况的存在严重地影响了教育测量的科学性。

教育测量与教育评价是一对有密切关系的概念。评价是在测量基础上进行的，但它却超出了描述而试图确定行为的价值，这是区别测量与评价这两个概念的关键。有人把测量看作是“某些经验量的评价”，而把评价的对象看作是“经验的质”[K. H. Hoover “College Teaching Today”，(1980)，p. 279]，这是片面的。事实上，测量关心量，评价关心质，这是测量与评价的一个重要区别。但是，测量是一种比较活动，科学的测量排除一切标准的主观意见，它不管行为的价值；评价通常是在测量的基础上，确定行为的价值，它当然与评价者的价值观有关，这是区别测量与评价的关键。看不到测量与评价的这一区别，在测量过程中，按个人的好恶、倾向，离开了既定标准进行测量，恐怕是导致测量不精确的一个原因。当然，这里需要指出的是，教育测量往往带有个人判断的成分。比如，论文式测验对试卷的评分就不可能离开个人的判断，这种评分机械化是不可能的。实际上，个人的判断总是带有主观性，并且这一事实决定了教育测量要比物理测量复杂得多。但是，这里同时有必要强调：在教育测量中，任何个人的判断都应该恪守对试卷作出合理的判断，即按既定的标准，判断被试达到标准的程度，而把价值判断包容在标准的制定之中，进而，通过谋求标准逐步趋于一致，使得测量的结果能被大家接受，促使教育测量的客观化。个人的事实判断也可能导致某些误差。在以精确著称的物理测量中误差也不可避免。因此，有误差不足为奇。然而，把个人的价值判断也纳入测量过程，那么，教育测量就永远不会达到客观化，它的结果就不可能被大家接受。

三、量表与计分方程

为了对教育测量的本质有更进一步的理解，有必要探讨教育测量中的几种主要的量表(Scale)与计分法。如前所述，在物体物理性质的测量中，单位充当了所测变量的质、等距物。长度可以比较，是因为有米或厘米作为基本单位，100 米是 50 米的两倍，所以物体甲的长度是物体乙的两倍。这样，我们可以不实际地把两物体放在一起，而通过米或厘米这样的中介进行比较。变量以这种等质、等距物进行数值描述是物理测量得以客观化和精确化的前提。在教育测量中，情况就比较复杂了，“分”作为教育测量的一个常用单位是否具有等质等距的性质？由不同测验所得出的“分”能否求其加和，在怎样的条件下，它们才能相加？这些问题在教育测量学界还是颇有争议的。我们认为，“分”作为教育测量的基本单位，它的性质与它的尺度，所使用的量表，以及有用的计分法有着重要的联系。为了认识“分”的本质，先要简要地考察教育测量中常用的量表与有关的计分法问题。

1. 量表

量表是测量的尺度，是测量活动据以进行的标准。关于量表，斯帝文斯(Stevens)的研究工作是有名的。1946 年，在题为《论测量量表》(*On the Theory of Scale of Measurement*)一文中，斯帝文斯依据量表本身所具有的属性，对量表作了区分，提出量表可分为名义的、位次的、间距的、比率的四种类型。由于斯帝文斯的分类抓住了各类量表的本质，因而它问世后，不久就被心理与教育学界广泛接受，产生了重要的影响，以至我们今天进一步研究量表，就不能不对斯帝文斯的分类先作番研究。

(1)名义量表(Nominal Scale)。这是一种最低水平的量表，但却是在目前心理与教育测量中应用最广泛的量表。它与分类有紧密的联系。在这一水平上，被测变量只能加以定性的描述。比如，在客观式测验中选择题就是采用了这种变量的描述法。对于每一题而言，其可供选择的答案虽多，但考生的答案只按对或错两类加以区分。

(2)位次量表(Ordinal Scale)。用反映事物相对关系(顺序关系)的数值来表示的量表称作位次量表。比如：按学生的身高，确定第一名，第二名，第三名等。这种量表的数值按次序统计是可能的，但不能进行加减运算。

(3)间距量表(Interval Scale)。在这种量表上，单位间的距离是确定的，但变量不具有零点，因此，用间距量表表示的数值可以做加减运算，但不表示倍数关系。

(4)比率量表(Ratio Scale)。测量中最高水平的量表，具有等距、等质的性质，且具有零点，因此，可做加减乘除四则运算。它在物理学中被广泛运用。

斯蒂文斯对量表的这一分类，启迪了人们的思维，对实际的测量活动是很有指导意义的。但是，由于局限于当时数学的发展，斯蒂文斯指出的这四个量表还未能把测量人的行为与心理品质的另一类重要量表区别出来，因而，它在事实上就很难解释教育测量中的许多事实。比如，在论文的测验中，“分”如何确定？显然，人们给一篇论文打分，并不是按名义量表所提供的尺度进行评定的，也不是按其他三种量表进行测量的。事实上，为了把这种测量的量表包括进去，必须要引进一种模糊量表(Fuzzy Scale)。

模糊量表事实上自有测验以来就一直被人们广泛地运用着，虽然在美国数学家扎德(L. A. Zadeh)1965 年提出模糊数学之前，人们并没有自觉地意识到他是在对变量进行模糊描述。认识这类变量的描述法，对于认识论文式的测验和行为评定中的打分方法很有意义，学习和心理变量的模糊关系描述法是分类描述的推广。在变量的分类描述中，被测变量按“非此即彼”的原则进行分类。但在现实生活中，存在许多现象并不具有非此即彼的性质，往往存在着许多亦此亦彼的中间过渡状态。比如，描述学生的学习动机就不能按不是好就是坏这种简单的方法进行。通常人们在用自然语言描述动机的时候，常说某人的动机很明确、明确、不太明确、不明确。这就说明了这种变量本身就包含着若干模糊性，明确地按要么全部，要么全无(All or None)进行描述是有困难的。用模糊数学来描述变量是根据现象存在亦彼亦此的中间过渡状态的事实，确定变量属于一状态的程度。比如，教学状态就是一边界不确定的模糊概念。在描述一位教师的教学态度时，可以根据他的现实表现，认定他的教学态度比较好，这就是确定了这一教师教学态度好的程度，然后，再用一数值来表示这一程度，这一过程就是对变量的模糊描述，本质上它是确定变量所处的状态的程度。

关于量表，这里还有必要进一步指出，实际进行的测量活动是可以按上述五种量表进行分类的。但是，这种分类只有相对的意义。随着人们对事物属性认识的深入，测量工具的完善，对一事物属性的描述，人们可以从使用低水平的量表进而使用高水平的量表。比如，在一班学生中测定患近视眼的学生的总人数，这就又按比率量表进行了。恐怕没有人会否认患近视眼的学生总数具有可加性和可除性的。看不到测量活动的这一特性，有时就会对实际进行的测量活动产生不正确的认识。

2. 计分法与计分方程

计分法与测量所使用的量表有关。根据教育测量的实际需要，这里只讨论与名义量表和模糊量表有关的两种计分法。

变量分类描述的计分法根据名义量表的性质，它用特征函数来描述分类的结果：

$$P(X) = \begin{cases} 1 & X \in C \quad C{:}Correct \\ 0 & X \in E \quad I{:}Incorrect \end{cases}$$

即在测量中，对试卷的每一题，若学生答对，变量取值为1，否则为0，因此，经一次考试，学生的总成绩由下式计算：

$$S = \sum P(x_i)W_i$$

其中 W_i 为第 i 题的加权分，它的确定问题下面再作讨论。$P(x_i)$ 为上面的特征函数。

变量模糊描述的计分法是上面分类描述计分法的推广。它用隶属函数来代替特征函数 $P(X)$ 。隶属函数一般记为：$\mu(X)$ 。它根据模糊概念并不遵守非此即彼的这一事实，用(0，1)区间上的连续值对变量进行赋值：比如，上面提到的某位教师教学态度较好，表明它的教学态度并不是一点都不好，如果一点都不好，我们就对它赋值为0；也不是好到了极点，好到了极点就把它记为1。在模糊数学中，隶属函数$\mu(X)$ 常是根据经验或统计确定的，并且它带有约定的性质，这就不可避免地带来了某些不精确性，但是，由此它却为我们提供了处理复杂事务的可能性。隶属函数确定了以后，学生的总成绩就可由下式计算：

$$S = \sum W_i \mu(x_i), \mu(x_i) \in (0,1)$$

其中 W_i的意义同上。

上述两式，我们可以把它统一起来，用一式表示：

$$S = \sum T(x_i), T(x_i) \in (0,1)$$

$$S = \sum T(x_i) W_i$$

$$T(x_i) = \begin{cases} P(x_i) x_i \in Nominal\ scale \\ \mu(x_i) x_i \in Fuzzy\ scale \end{cases}$$

以上的式子可称为教育测验的计分方程。

四、教育评价中“分”的本质

前面讨论了教育测量中两种常见的计分法。然而，“分”是什么？这一问题还没有得到解答。“分”这一被教育工作者和社会上各界人士亿万次使用着的概念，它的内涵究竟是什么？恐怕许多人是不清楚的。众所周知，马克思主义的政治经济学揭示了货币作为商品的价值尺度，它所体现的是凝聚在商品中的社会必要劳动时间。“分”背后隐藏着的究竟是什么，这是一个很值得探讨的问题。回答这一问题，看来有必要分目标参照测验与常模两种情况加以讨论。

在目标参照测验中，“分”表示受教育者达到预定的目标的程度，它通过受教育者实际增加的知识量与教学目标规定必须增加的知识量之比来表示。可写成下式：

分 = 目标达到程度 = 实际知识增量/目标知识增量 ×100

对上式我们稍作变换有：

$$分 = \frac{实际知识增量 \times 掌握单位知识量所需的社会必要学习时间}{目标知识增量 \times 掌握单位知识量所需的社会必要学习时间} \times 100$$

$$= \frac{实际完成的社会必要学习时间数}{大纲规定的学科学时数} \times 100$$

由此可见，“分”是学生实际完成的社会必要学习时间数与学科时数之比。因此，就知识、技能测验中获得的“分”而言，它乘上学科时数所体现的本质上学生实际完成的社会必要学习时间数。在同样一个学期或一个学年中，不同的学生在校学习的有效时间是不一样的，有人勤奋，有人懈怠；有人方法好，效率高，有人方法笨，效率低，如此等等。因此，他们实际完成的社会必要学习时间是不一样的。“分”的差别反映了这一差别。

“分”的这一本质，从计分方程中可以得到证实。在计分方程 $S = \sum T(x_i)W_i$ 中，W_i 作为权重分它的确定不是任意的。一般来说，它反映了试题所代表的那部分教学内容所用的学时数占大纲规定的学科学时总数的比重。比如，非数学专业高等数学基础部分一般包括极限、微分数、不定积分、定积分这四部分内容。如果大纲规定的总学时为50学时，极限部分为10学时，那么在有关的试题中，极限部分试题的权重总分就可确定为 $100 \times 10/50 = 20$ 分。应该指出，这是一种简化的描述，复杂的情况需要考虑更多的因素。但这些因素都与时间因素有一定的联系。特征函数或隶属函数在计分方程中具有特别重要的意义，它把学生学习活动中的有效部分，把它所包含的社会必要学习时间数投影到学生所实际完成的社会必要学习活动中去。$P(x_i) = 1$，说明学生的这部分学习是有效的，$P(x_i) = 0$，说明他的这部分学习是无效的。$\mu(x_i)$ 则表明学生的学习在多大程度上有效，在多大程度上无效。

在欧美各国实行的学分制中，一门学科的学分一般由教学计划规定的该学科的周学时节数确定，这是很有道理的，学生取得学分说明了什么？说明他们的这些脑力劳动得到了学校的承认，这些劳动是有效的，学分可以积累，说明有效学习时间可以累加。学生能否获得学分，通常由“分”来决定，实得分大于等于及格分获得学分。学分与“分”的这一天然联系也暗示了“分”的本质。“分”由各门不同的学科的考试确定，但它已经舍弃了各门学科的具体知识内容，而抓住了它的本质，乘上学时数，它反映了学生实际完成的社会必要学习时间数。

在常模参照测验中，经过类似的推导我们也可得到分的文字表达式：

$$\frac{\text{考生得分}}{\text{集体平均分}} = \frac{\text{个体实际完成的社会必要学习时间数}}{\text{集体平均完成的社会必要学习时间数}}$$

因为在一门学科，一个集体中大纲规定的学时数和集体平均完成的社会必要学习时间数对一次测验而言是一常数，所以，我们可以方便地把“分”看成学生实际完成的社会必要学习时间数的量度。有人以为分不具有等质性与等距性，比如，原哥伦比亚大学教授葛雷德（H. E. Ganret）在其所著的《心理与教育之统计法》一书中就提出：“百分差在量表上，悉与等距。但此假设不无可疑之处，故百分法虽切实用，理论上颇多缺点。”①因此，他提出以百分的标准差 σ 作为分的单位。事实上，在他之前美国心理学家麦柯尔(W. A. Mc Call)所著的《怎样进行教育测量》(*How to Measure in Education*)中就提出了以 0.1σ 为 1 分，零点为 -5σ 分，100 点为 5σ，这就是著名的 T 量表。以后有人又提出了标准分的概念，标准分被定义为：

$$(\text{标准分}) = Z = \frac{S - \bar{S}}{\sigma}$$

几乎所有提倡使用标准分的人都认为原始分的等距性是可疑的，因而有必要重新确定一个作为教育测量基本单位的“分”。这种观点值得进一步的商榷。这里再作进一步的分析：

(1)统计学认为，统计量具有实际意义的前提是被统计量是等质的、等距的。如果被统计量本身不具有等质、等距性，那么，由统计求得的平均数、标准差就说明不了任何问题，不具有任何实际意义。日本学者岩崎允胤等人在谈到统计学的有效性时指出：统计学“它的对象应该是可以等质化和数量化的，即应该等质化和数量化不失其本质的那种对象”,② 这就提出了这一条件。有人一方面否认原始分数具有等质性、等距性，另一方面又以原始分数作为被统计量，实际上等于又承认了原始分具有等质、等距的性质，这就陷入了自相矛盾之中。

(2)如果标准分具有等质、等距的性质，则不难推知，原始分数是等距的。由标准分数的求算公式：$Z = \frac{S - \bar{S}}{\sigma}$ 经简单的数学推导可证明，若 Z 具有等距性，则 S 也是等距的。

因为在一次测验中，σ 为一常数，因而本式表明 Z 的变化率与 S 的变化率仅差一个常数因子，这就像把一小时化成 60 分钟一样，只是不同单位的换算而已，不改变 Z 或 S 的其他性质。因此原始分的等距性在同一测验像 Z 分一样可靠。

但是，这里仍然还存在一个不同的学科的测验分相加的条件问题。不少研究者认为，不同学科的原始分只有化成标准分才是可加的。目前研究的结果表明，这一结论也是可能讨论的。

麦柯尔假设一切智力分数与教育成绩结果均为常态分配。但是，这个假设至少尚有讨论余地。若事实是非常态的，欲按常态分配与横距关系化为 T 分是

---

① [美]葛雷德著，朱君译：《心理与教育之统计法》，北京：商务印书馆，1935 年版。

② [日]岩崎允胤、官原将平著，于书亭等译：《科学认识论》，哈尔滨：黑龙江人民出版社，1984 年版，第 417 页。

张冠李戴。① 事实上，布鲁姆(B. S. Blomm)也说过：“正态曲线不是什么神圣的东西，它不过是最偶然的、随机的活动的分布曲线而已。但是，教学是有目的的活动，在这一活动中，教师力图掌握传授给学生的知识。所以，如果教学活动是有效的话，学力的分布就将很不同于正态曲线。实际上，我们几乎可以这么说，学力分布接近正态分布的程度表明教育效果低下的程度。”[B. S. Blomm., T. Hastings, G. F. Madaus: “Handbook on Formative and Summative Evaluation of Student Learning” (1971) P45]学生的学力服从正态分布这一假设不成立，标准分可加性的基础就动摇了。因此，对标准分可加性的条件应有一个正确认识。从我国的实际情况来看，中华人民共和国成立后，各级学校一直采用的是绝对评分制，它的基础与正态分布的假设是不同的，看不清这一点，确实会犯张冠李戴的错误。根据我国的实际情况，用不同学科的“分”乘上该学科的学时数，然后求其加和，意义是明确的，而且简单易行。不少高校目前采用的这一做法是可行的。

当然，由操行评定等测量活动得出的“分”情况比较复杂，还有待更深入的讨论。此外，有些教师不负责任随意降低大纲要求，乱送“分”导致分数贬值，这使“分”失去了它原来应有的意义，这种现象也应看清。

前面，我们讨论了教学系统状态的两种描述法与教育测量中量表与计分方程问题，对“分”的本质也作了探讨，这对于进一步讨论学习质量与教师工作质量的数量化方法都是必要的。

第三节　学生学习质量的评价方法

学习质量数量化是内涵式发展中教育质量管理的一个基本问题，这一问题是通过进行教育测量的这一概念表现出来的。如前所述，教育测量是数量化教育质量的主要手段，它以“分”的形式，对学生的学习质量赋值，从而成为学习质量化的一个方法。但是，由于能力培养与教书育人的问题受到了越来越多的重视，学生能力与思想发展水平的定量描述也提到议事日程上来了。因此，能力的测量与思想道德的评定也是教育测量的重要问题，说明学生发展水平的状态向量也有进一步的分化。学生发展水平的状态向量不再仅是一个单变量的单维向量，包括德、智、体、美、劳五方面，在学生德、智、体、美、劳发展中

① 王书林：《心理与教育测量》，北京：商务印书馆，1935 年版，第 587—588 页。

又包括学生的知识积累与能力发展这两个因素。学生发展水平的状态向量日益分化是问题的一个方面，然而，与此同时，伴随着这一分化过程综合评定，即对学生整体发展水平的评定，也由于实际需要逐步成了教育工作者必须研究的重要课题。这一问题不属于教育测量的范围，而是与教育测量并列，需要我们探讨的学习质量数量化的第二个问题。

一、教育测量的历史发展概述

教育测量作为选拔人才的一种手段，在我国已有千余年的历史。自隋炀帝设置进士科举，在我国封建社会延续了1300年之久的封建科举制度就是以考试为主选拔官吏的制度。但作为测量手段，考试向科学化的发展是从19世纪后半叶开始的。

在19世纪上半叶和更早的时期，在学校广泛流行的考试缺乏标准，因而就缺乏考试应有的客观性。针对这种情况，1864年英国格林威治大学教师收集了许多学生的成绩，汇编成了成绩量表，试图为当时的考试提供一个可供参考的标准。但是，由于种种原因，这一工作没有引起教育界的注意，因而未能产生多大的影响。

在教育界引起人们对考试问题极大关注的是著名的莱斯(J. M. Rice)拼字测验。1897年，莱斯发表了他对20个学校，16000名学生的拼字测验的效果。莱斯测验表明：8年中每天用45分钟时间进行拼写练习的同每天用15分钟进行练习的成绩没有多大区别。莱斯的这一结论震惊了教育界。他的结论遭到了不少人的反对，但是引起了人们对测验方法的普遍关心。

与此同时，随着心理学的发展，心理测量的兴起，对教育测量的发展也起到了很大的推动作用。在心理学界，1869年高尔登出版了《遗传的天才》一书。在这本书中，高尔登提出了一个由他主观构想出来的量表。他认为，人的能力分配是常态的。世界上人的能力一般的有一半，另一半是异常的。在异常的人中又有二分之一是超常，二分之一是低常。高尔登的这一思想对当年的心理学界颇有影响。美国著名的心理学家卡特尔早年留学德国受学于冯德，以后受高尔登的影响也很大。1890年他的《心理测验与测量》一文发表。在该文中卡特尔认为："心理学若不建立根基于实验的测量上，决不能够有自然科学之准确。"在这一思想指导下，他十分注意对心理测验的研究。1894年后，卡特尔在哥伦比亚大学执教。从这时开始，他就用各种测验考核本校的一年级与四年级的大学生。在19世纪的最后10年里，各种心理测验随着心理实验的发展受到了人们越来越多的重视。

20 世纪以来，心理测量的研究在最初的几年中就取得了重要的进展。1903 年克莱发表了《平常和异常儿童心理与身体的测验》一文，该文中已有以智龄作为常模的倾向。1904 年美国著名心理学家桑代克发表了一篇对教育与心理测量有重要影响的文章《心理与社会测量导论》。文中桑代克系统地介绍了统计方法以及编制测验的基本原理。1905 年比奈提出了他的第一个智力量表，这个量表指出了 3 岁、5 岁、7 岁，以及 9 岁的儿童在量表上可做到什么。以后比奈又于 1908 年和 1911 年两次修改了他的智力量表。其中 1908 年的量表引入了智力年龄的概念。1916 年美国斯坦福大学教授推孟主持修订了比奈量表，正式引入了智商的概念。

在 19 世纪末与 20 世纪初交替的这些年中，心理测量取得的这些成绩对教育测量是一个推动。教育实践的需要和心理测量的发展这两方面合在一起有力地促进了教育测量学的发展，促进了对教育测量的研究。尤其是第一次世界大战后，各种标准化的教育测验被大量地编制了出来，以后教育测量学的发展首先是向着客观化的方向运动的。所谓客观化表现在两个方面：第一，标准客观化。每一测验都在较大的范围内进行实测，从而确定集体常模，由此获得客观的等距性的标准。第二，定分客观化。陈一百在谈到这一时期测验的特点时指出："这种测验的突出之点是题式方面不要求考生长篇大论的书面回答，要求明确，答法单纯，定分客观、准确。"所谓客观测验和常模参照测验就是这一时期教育测量实践活动发展的产物。

20 世纪 50 年代以后，教育测量学进入一个新的发展阶段，这一时期教育测量的发展是以其功能向多元化方向发展为标志的。它的表现就是目标参照测验的兴起。我们知道，常模参照测验以区别学生为目的，具有考核和监督学生，预测学生在特殊的课程学习中情况的作用，但它不能起到诊断教学问题，调节教学计划与进程的作用。第二次世界大战后，控制论这门新兴学科的出现对教育测量学界也有一定的影响。控制论以目标、反馈作为基本观念，提出了一套控制复杂系统活动的科学方法。这些思想也逐步渗透到了教育测量学界，目标参照测验是它的产物。目标参照测验以一定的教学目标为标准，从测验所反馈的信息中获取关于目标完成的情况。它具有三方面的功能：一是调节教学的计划与进程；二是诊断教学活动中存在的问题，有助于改进教学；三是考核和监督学习。新西兰威灵顿大学教学与研究中心克莱伏特教授与他人合著的《学生评估与教学评定》就把教育测量的历史发展分为三个阶段，第一阶段，他们把它称作"测量运动"阶段，它是以"确定个体所具有的能力、知识或理解水平"为目的，"这一信息的用途曾经被看作是，而且至今仍然被看成是对这些学生能否在特殊的课程中取得成功是很重要的”。第二阶段是“评价运动”阶段。它被当作质量控制的方法，它通过评价学生能力的提高，从而“测量教学的有效性”。第三阶段是“评估运动”阶段。它是“任何有效的教学过程整体中的一个组成部分，它应被包含在教学的计划中”。这就指出了这一时期教育测量的发展是从仅仅只为选拔、筛选服务逐步转移到为教学，为促进学生的发展服务，由于上述优点，它成了一股强大的潮流，大有取代常模参照测验之势。

教育测量学在当前的发展是向着内容的整体化方向发展的。它以论文测验和行为评定重新受到重视为标志，它的特点在于重视评估在复杂的情景中考生表现出来的应用知识的能力，从而把对学生知识水平的测量同对学生能力发展水平的测量结合起来。以语言为例，语言的发展同整个社会的文化背景有关，具体的运用又同特定条件下的地点，讲话人的心理态度等因素有关。单纯地考语法、词汇不能反映出考生真正的语言水平。因而国外在选拔外交人员的外语测验中通常需要外加口试，口试的主要内容不是考查学生词汇、语法或者听力的情况，而是考查他们对语言社会背景的理解，以及在复杂的情景中应用语言的能力。

当然，教育测量实践活动中的每一步发展，都是在保留了上一阶段的全部成就的基础上进行的。论文式测验和行为评定在当前的发展也必须吸引客观式考试的标准客观、定分客观的全部优点，使其本身也逐步具有必要的客观性和精确性。

二、论文式测验和行为评定中的数量化方法

论文式测验有着客观式测验不可代替的作用，尤其在高等学校，其具有特殊重要的意义。高等教育是专业教育，各个专业的培养目标不同，对学生的某些特殊能力也有特殊的要求。比如，有些工科院校要求学生必须具有较强的实际操作能力；公安院校要求学生有较高水平的警务实践能力；综合性大学则要求学生有较高的创造性的思维能力。客观式测量是很难反映出学生的这些水平的，而论文测验与行为评定就能较好地解决这个问题。比如，上海交大应用数学研究室要求学生了解爱因斯坦对布朗运动研究的历史功绩和他卓越的洞察力的同时，指出爱因斯坦在论证过程中所犯的逻辑循环的错误。这种测量就只能用论文式测验，只有它才能为学生创造性的见解的发挥提供机会，这样才能真正地反映出学生的实际水平。行为评定其实不限于动手操作能力的测量，在思想品质发展水平的评定中，它也是不可缺少的工具和手段。总之，论文式测验与行为评定教育测量的地位是不可低估的，并且，在今后的教育测量中它会有

更大的作用。

但是，从目前的实际情况来看，论文式测验和操作评定都存在着标准不客观、评分不客观的弊病。这些问题的存在严重影响了它们作用的发挥。因而，这些问题是要正视的，要认真研究的。

为什么论文式测验不可能由客观式测验完全替代，我们认为，搞清这一问题有助于上述问题的解决。事实上，学生的评价能力等高层次的心理品质不具有非此即彼的属性，它不能用分类关系来描述，不能用经典数学来处理，因此，客观式测验只能把这些测量的任务留给论文式测验。这就说明论文式测验本性中包含着模糊的概念。以往人们试图用传统的数学来解决论文式测验的评分问题，结果一次一次地失败了，它的根源就在于此。这就启发了我们用模糊数学这一新的工具去研究论文式测验的评分问题。

用模糊数学去处理论文式测验与行为评定中的评分问题，说到底就是用模糊量表作为测量的工具。前面，我们已经介绍了模糊量表的性质，下面，对它的运用再作些具体的探讨。

运用模糊量表处理论文式测验与行为评定学生的成绩一般可有以下几个步骤：

(1)建立指标体系，给出权重因数。测验的客观性是测验质量的内在指标。论文式测验与行为操作评定的客观化，首先需要客观的标准。这一问题是通过建立指标体系得到解决的。以化学实验为例，一次实验它包括下列要求：一是熟练地操作各种仪器，其中可以包括成功地制作和改进必要的辅助器材；二是精确地观察实验中的现象，其中包括各种异常现象；三是正确地理解教材，有步骤地进行操作；四是灵活地运用所学的知识解决实验中的具体问题等。通过指标体系的建立，从而把实验的目标具体化，使其成为可测量的目标。在此基础上，进一步确定每一项要求的权重。权重通常可视具体情况不同而由不同的方法确定。比如可根据每一项具体要求在整个测验中的地位确定，也可根据每一基本训练所需的时间所占的比重来确定。

(2)用自然语言进行描述。用自然语言来进行描述就是根据观察的结果，用非常A、很A、A、较A、较不A、很不A去描述对象。其中A代表了各种具体场合下的评语，比如，好、熟悉等。由这些评语加上程度副词就构成了很好、较好、较不好或熟悉、较熟悉等判断。这里需要指出的是，用自然语言去描述变量仅是对对象作事实判断，是根据已建立的指标体系规定的要求，逐项考查评价对象目标达到的程度。

(3)对自然语言进行赋值。对自然语言进行赋值就是对模糊语言进行定量刻画，用隶属函数来规定上述模糊判断在(0，1)区间的值。对自然语言进行赋值可有很多方法，其中较简单的是运用算子关系。所谓算子关系就是把程度副词当作对评语施行某种运算。这里，可以具体规定如下关系：

μ_s(非常 A) $= \mu_s(A^{\frac{1}{4}})$

μ_s(很 A) $= \mu_s(A^{\frac{1}{2}})$

$\mu_s(A) = \mu_s(A)$

μ_s(较 A) $= \mu_s(A^{\frac{3}{2}})$

μ_s(较不 A) $= \mu_s(A^2)$

μ_s(很不 A) $= \mu_s(A^{\frac{5}{1}})$

μ_s(非常不 A) $= \mu_s(A^3)$

由此我们只要确定出 A 的隶属函数，其他的隶属函数也就确定了。这里 A 的隶属函数的规定具有约定的性质，这正是模糊数学具有模糊性的表现。这里假设把 A 的隶属函数确定为0.64，这样推导出的全部结果与人们的习惯比较相符。由计算求得：

μ_s(非常 A) $= 0.9$

μ_s(很 A) $= 0.8$

$\mu_s(A) = 0.64$

μ_s(较 A) $= 0.51$

μ_s(较不 A) $= 0.41$

μ_s(很不 A) $= 0.33$

μ_s(非常不 A) $= 0.26$

如果上述建议可接受的话，那么，对自然语言赋值就可以根据以上方法把自然语言换算成数值了。

(4)求算总分。在上面的步骤全部完成后，按式 $S = \sum W_i \mu_i$ 计算评价对象的全部成绩。

上述模糊量表运用的基本步骤对论文式测验也同样是适用的。论文式测验有着客观式测验不可代替的作用，但是还必须看到，论文式测验(行为评定也有同样的弱点)由于容纳的试题少，覆盖面小，因而在测试学生实际水平方面可信度对于客观式测试来说就比较低。英国科学家贝尔纳指出了这一事实："假如我们以科研作为考试方法的话，我们可以找到更加可靠的理想的方法，来了解应测者在理解和运用科学方面有多大能力。如果这种方法不经过长期的检验，就完全不可能把一个人天生的才能和反常的偶然表现区别开来。"这是一个科学家对教育测量观察的结果。

第四节 教学质量的最优控制

教学质量管理的目的是使教学质量系统在最优状态中运行，通常的方法是建立一个教学系统状态方程。建立教学系统状态方程的重要目的之一，是为了揭示教学质量系统的活动规律。但是，仅仅只建立状态向量还不能达到这一目的，此外，还需要把它与外部条件，与教学系统内的各种因素联系起来，建立数学模型，以揭示它们之间的数量关系。英国学者莱顿(J. M. Layton)指出："无论研究什么系统，在数学方式把系统的各物理量之间即它们与外部输入之间的关系描述出来之前，任何定量的分析都是不可能的。"①事实上，不仅物理系统是如此，教学作为人为系统，不揭示教学活动内部各因素与外部条件之间的数学关系，就不可能作深入的数量分析，也不可能揭示教学活动的任何机理。当然，教学作为一种人文系统要比一般物理系统复杂得多，并且多年来我们也缺乏必要的数据积累，因而，在目前情况下，试图将教学系统各变量的关系以十分确定的形式描述出来看来是困难的。但是，根据实际工作的需要，作一些近似的处理，建立一些简化的方程式是可能的，也是有必要的。

一、教学系统的ΔS方程

教学系统的状态变化，前面我们已经提到，它与教师的工作质量、教学管理的质量，以及教学系统内部与外部的条件都有关。这一关系用数学式表示可写成下式：

$$S=f(T,\ M,\ C) \tag{1}$$

式(1)中，S：教学系统的宏观状态向量；T：Teaching(教学)；M：Management(管理)；C：Condition(条件)。

式(1)表示教学系统的宏观状态与上述三方面的因素有关，是上述三方面因素的函数。

对式(1)两边求全微分，我们有：

$$dS=\left(\frac{\partial f}{\partial T}\right)_{M,C}dT+\left(\frac{\partial f}{\partial M}\right)_{T,C}dM+\left(\frac{\partial f}{\partial C}\right)_{T,M}dC$$

---

① ［英］J. M. 莱顿著，黎鸣译：《多变量控制理论》，北京：科学出版社，1982年版，第2页。

若在一个不太长的时间内，教学条件与管理质量没有显著的变化，因而我们可以近似地认为 T，C 在这段时间内保持为一常数。这一近似的条件，即为：

$dm = dc = 0$

在这一近似下，微分式可简化为：

$$dS = \left(\frac{\partial f}{\partial T}\right)_{M,C} dT$$

对上式求积，并令：

$$F_{M,C}(T) = \int\left(\frac{\partial f}{\partial T}\right)_{M,C} dT$$

因而就得到：

$$F(T) = \Delta S = S_1 - S_0$$

假设教学系统的宏观态向量 $S = (X_1，\cdots，X_n)$，这就有：

$$F(T) = \Delta S = (X_1^1，\cdots，X_n^{\ 1}) - (X_1^0，\cdots，X_n^0)$$

同样，如果在一短时期内，近似地认为 T，C 不变，或 T，M 不变，经过类似的处理，我们也可分别得到函数是：

$$F(M) = \Delta S \text{ 与 } F(C) = \Delta S$$

这些简化的教学系统方程，当然是很不精确的，然而它却使我们获得从学生的宏观状态的变化中，分析教师工作质量或管理质量的可能性。如上分析可称为教学系统的 ΔS(增量)方程。

二、行为评定方法与效果评定方法

教学是由教师的教和学生的学所组成的双边活动。教学质量的高低无疑对学生最终学习的效果有着重要的影响。教学工作质量评定是促进教学工作质量不断提高的一个重要措施，因此，教学工作质量评定这一工作已经引起了教育界人士日益增加的兴趣，美国马萨诸塞州大学(University of Massachusetts)成立了一个专门的“教学问题诊断中心”(A Teaching Improvement Clinic)从事教学工作质量的资料收集与研究工作，试图通过教学评定工作，有效地影响教学工作的改进。

教学工作质量的评定通常称作教学评定(Appraise of Teaching)。它不同于对某一学校综合教学质量的评价。在国外有人提出一所高校综合教学质量水平的高低可由下式计算：

$$K_M = \sum_i a_i K_i$$

式中 K_M 表示综合教学质量水平；K_i 包括专业课、人文学科、毕业设计及各门类课程、各种教学环节学时数与总学时数之比值；a_i为加权系数。

教师教学工作质量的评定与此不同，它着眼于实际的教学活动，是对实际进行着的教学活动中、教师的行为以及由此产生的效果的评定。它的目的是帮助教师克服薄弱环节，不断提高教学水平。教学工作质量的评定按评定的直接对象来分，可分为两类：一是行为评定法；二是效果评定法。

教学工作质量的行为评定法是目前研究得较多，使用得也较广泛的教学评定的方法。行为评定法以教师在教学活动中的行为作为直接的评定对象。教师的行为通常由他的教学态度、教学能力、教学方法的选择等方面得到反映。教学工作质量的行为评定法按其评价者的不同又可分为：①学生评定；②同事的评定；③领导人的评定；④自我评定等多种方法。奥汉伦(J. Ohanlon)和莫尔斯坦森(L. Morslensen)在他们合作的《对教师的教学进行评价》一文中对上述方面的作用与局限性有过较深入的分析。

教学工作质量的效果评定法是以教学工作的最终效果——学生的学习成绩作为信息源，以学生经过一个阶段的教学，他们的行为变化、能力的增长、学习水平的提高作为教学工作质量水平的依据，通过教学的效果来评定教师工作的一种方法。行为法直接以教师的工作为评定对象，而效果法则从学生的效果中去评定教师的工作。从这点上说，教学工作质量效果评定法是一间接的方法。但是应该看到，在教学过程中，学生的学习是在教师指导下进行的，因此，学生通过一门课程学习以后的收获和提高是反映教学效果的最直接、最有权威的论据。虽然，围绕教学工作，我们可以建立一些指标用以判断教师行为的优劣，但是，建立这些指标的标准，最根本的仍然要从如何促进学生的学习，从教学效果中去寻找。因此，从这个意义上我们又可以说，效果法是一种直接法，而行为法是一种间接的方法。

从学生的学习效果去评定教师的教学工作质量还存在一些技术上的困难，其中主要是：学生的学习效果是多因素的综合。除了教师的工作外，如前所述，管理的质量、内部外部的条件以及学生的基础都要对学生学习的最终结果产生影响。此外，评定所依据的学生成绩能否反映学生的真实水平也是一个问题。这些困难的存在妨碍了效果法的应用。但是，正如美国 D. 鲍里奇指出的："学生的学习效果，总是全面地体现了教学的效果。"①由于教学工作质量行为评定法往往存在着仁者见仁智者见智，缺乏客观性，而效果评定法在这方面具有它特有的长处，所以寻求适当的途径，克服上述困难，不断完善教学工作质量的

① ［美］D. 鲍里奇：《有效教学方法》，易东平译，南京：江苏教育出版社，2002.

效果评定法，使其能够实际地加以运用是很有现实意义的。我们找到的途径就是运用教学系统的 ΔS 方程。

三、ΔS 方程及其在效果评定法中的应用

(一)在效果评定法中应用 ΔS 方程的控制论基础

表示教学系统的输入与输出，如图 11－1 所示：

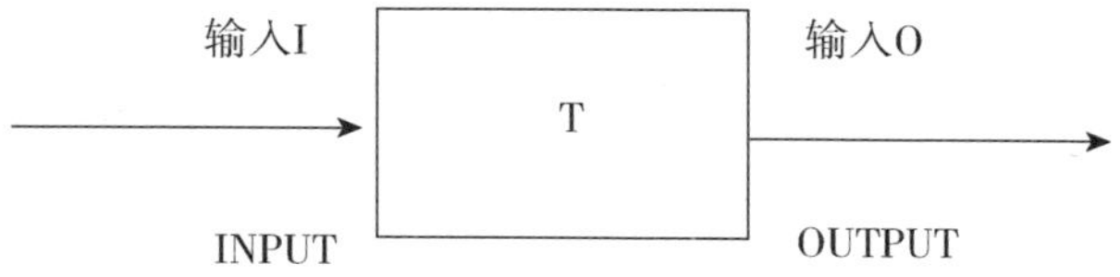

图 11－1　教学系统输入、输出示意图

图 11－1 中，T 表示教学系统，I 表示对系统的输入，O 表示对系统的输出。如果一个系统我们只知道它的输入值与输出值，而它的内部结构是未知的，则把它称为“黑箱”。控制论的研究结果表明：“只观察输入变化引起的输出反应，也可以推出关于系统行为的许多重要结论。”由于我们对系统的内部结构不是很清楚，因而我们只能根据系统的输入与输出来分析系统的功能，判明系统的行为，这种方法通常称作“黑箱分析法”。黑箱分析法是研究内部结构不是很清楚的复杂系统的一种重要的方法。在系统工程中已得到了广泛的应用。运用 ΔS 方程来研究教学工作质量本质上是一种黑箱分析法。在 ΔS 方程的表达式中如果我们把 S_0 看作是教学系统的输入值，S_1 看作是教学系统的输出值，那么运用 ΔS 方程来分析教学工作质量就是根据数据的输入、输出来研究系统行为。

(二)ΔS 方程与教学工作质量的几种分析法

前面已经指出，在 ΔS 方程中教学系统的状态向量 S 是用宏观描述法来表征的。在实际的应用中，根据宏观状态向量 S 的内容不同，教学工作质量的效果分析也可以分为 XE 分析、马尔可夫过程分析与综合分析法。

(1)教学工作质量的 XE 分析法。教学工作质量的 XE 分析法用每班学生学习成绩的平均值 X 和该班学生与平均值的偏距程度作为教学质量效果的指标。X 和 E 分别由下式计算：

$$\bar{x} = \frac{1}{n}\sum X_i$$

$$E = \frac{1}{n}\sum |X_i - \bar{X}|$$

然后，考察两不同时期的 X 和 E，根据它们的变化情况对教学工作作出不同的评价。事实上，这里我们把 X 和 E 作为状态向量的独立变量，由 $\Delta S=(X_1\ E_1)-(X^0-E^0)$ 求得 ΔX 和 ΔE，然后评定教学工作。评定按表 11－1 进行。

表 11－1

ΔX	ΔE	教学质量
>0	>0	优
>0	0	较优
>0	<0	良
=0	>0	较差
=0	0	一般
=0	<0	较差
<0	>0	差
<0	0	很差
<0	<0	最差

(2)教学工作质量的马尔可夫过程分析。教学质量的 XE 分析法简单明了，易于应用，但是，这种分析法也有其不足之处。第一，最终评定的标准是主观的。比如，为什么 E 增加就一定要比 E 减少好，这点并没有得到令人信服的证明。第二，这种分析的方法丢失了大量的信息，不可能给实际的教学活动以更多的指导。因此，有必要再引进教学质量的马尔可夫过程分析法。

俄国数学家马尔可夫指出，在自然界和社会中有一类事物它们的变化与它们近期的状态有关。事物过去状态对它们变化的影响全部体现在它们的近期状态上，即事物 T 时期的状态取决于$(T-1)$时刻的状态，它在$(T+1)$时刻的状态取决于 T 时期的状态。并且，马尔可夫对具有这种性质的过程作了数学分析。由于这个原因，后来人们把具有这种性质的过程称为马尔可夫过程，把这种运用动态的随机数学模型来分析马尔可夫过程的方法称为马尔分析法。

教学工作质量的马尔可夫过程分析法是一种统计分析法。它把一个集体(一个班级或一个年级)中学生获得优、良、中、及格以及不及格各种学生人数占总人数的比例作为状态变量，并用向量 $S(t)$ 表示之。

$S(t)=X_1(t)\quad X_2(t)\quad X_3(t)\quad X_4(t)\quad X_5(t)$

比如，经一次考试，一个班级 50 名学生中，获得优的学生有 9 人，良的有 18 人，中的有 15 人，及格的有 6 人，不及格的 2 人，那么，状态向量就可写成：

$S(1)=(9/50,\quad 18/50,\quad 15/50,\quad 6/50,\quad 2/50)$

$=(0.18\quad 0.36\quad 0.3\quad 0.12\quad 0.4)$

教学系统的 ΔS 方程由不同时刻的两状态间的变化来确定，再拿上面的例子来说，经第二次考试，原来获得优成绩的 9 名学生继续保持优的有 6 人，下降为良的有 2 人，下降为中的有 1 人。由此我们得到了第一次考试中获得优成绩的 9 名学生转移情况：

$(6/9\quad 2/9\quad 1/9\quad 0\quad 0)$

原来 18 名获得良的同学，在第二次考试中上升为优的有 3 人，保持良好的有 9 人，下降为中的有 6 人，中以下的为 0，那么，这部分同学的转移情况可表示为：

$(3/18\quad 9/18\quad 6/18\quad 0\quad 0)$

由同样的方法，我们求得其余部分同学状态变化的情况分别为：

$(1/15\quad 3/15\quad 6/15\quad 4/15\quad 1/15)$

$(0\quad 1/6\quad 1/6\quad 3/6\quad 1/6)$

$(0\quad 0\quad 0\quad 1/2\quad 1/2)$

这一变化用矩阵来表示有：

$$G=\begin{bmatrix}6/9 & 2/9 & 2/9 & 0 & 0\\ 3/18 & 9/18 & 6/18 & 0 & 0\\ 1/15 & 3/15 & 6/15 & 4/15 & 1/15\\ 0 & 1/6 & 1/6 & 3/6 & 1/6\\ 0 & 0 & 0 & 1/2 & 1/2\end{bmatrix}$$

并且在 S(2) 与 S(1) 之间有：

$S(2)=S(1)\cdot G$

在我们的例子中即为

$$S(2)=(0.18\quad 0.36\quad 0.3\quad 0.12\quad 0.04)\cdot\begin{bmatrix}6/9 & 2/9 & 1/9 & 0 & 0\\ 3/18 & 9/18 & 6/18 & 0 & 0\\ 1/15 & 3/15 & 6/15 & 4/15 & 1/15\\ 0 & 1/6 & 1/6 & 3/6 & 1/6\\ 0 & 0 & 0 & 1/2 & 1/2\end{bmatrix}$$

$=(0.2\quad 0.3\quad 0.28\quad 0.16\quad 0.06)$

这一关系可以写成更普遍的形式：

$S(t+1) = S(t) \cdot G$

上述关系决定了马尔可夫过程教学系统的 ΔS 方程是一矩阵方程：

$$\begin{aligned}\Delta S &= S(t+1) - S(t) = S(t) \cdot G - S(t) \\ &= [G - I]S(t)\end{aligned}$$

式中 I 为单位矩阵，即：

$$I = \begin{bmatrix} 1 & 0 & 0 & 0 & 0 \\ 0 & 1 & 0 & 0 & 0 \\ 0 & 0 & 1 & 0 & 0 \\ 0 & 0 & 0 & 1 & 0 \\ 0 & 0 & 0 & 0 & 1 \end{bmatrix}$$

在马尔可夫过程中，G 称为转移矩阵。根据马尔可夫过程的性质，我们可以根据 G 推测再下一次考试的情况。

在数学上，转移矩阵有一重要的性质：若 $S(0)$ 为初始向量，则存在 K，在 G 的作用下，状态经过 K 次转移后可达到一平衡状态，即在宏观上状态不再发生变化，成立：

$S(K) = S(K+1) = S(\text{平衡})$

当然，应该指出的是，在平衡状态系统内部各部分人员之间的微观变动仍然存在，但是各部分人员的相对比例不再变化。这一平衡态一般称为极限状态。尤其重要的是，如果 G 不是分块对角的（在这里意味着每一等级的人员都可向任一级变动）那么体系的极限状态与体系的初始状态没有关系，即与 $S(0)$ 没有关系，而只与转移矩阵 G 有关，完全由 G 决定。从教学工作质量评定的角度研究马尔可夫过程转移矩阵的这一性质很有意义。学生学习成绩的变化反映了经过教学活动的学生成绩的提高，因此，转移矩阵是教学工作质量、一定教学条件等因素的反映。马尔可夫过程的极限状态则表明，学生学习成绩在这些条件下总体上可能达到的程度。这一可能达到的程度是与学生的基础无关的。因此，我们就找到了用马尔可夫过程的极限分布作为教学工作质量指标的方法，并解决了从学生的成绩去评价教学工作质量时学生的基础存在差异的困难。

教学质量的数量化是教学质量管理科学化的重要一环。缺乏对教学质量分析，是造成当前高校教学质量管理存在一定程度的主观性与盲目性的根源之一，是影响教师教改积极性的一个重要因素。因此，为了促进教学质量的极大提高，需要深入地研究教学质量管理中的数量化方法问题。

因此，对教学质量的数量分析需要建立反映这一性质的多维向量。这一向量中的每一变量由教育测量赋值。根据人的心理品质往往具有亦此亦彼的模糊性这一事实，在教育测量中，把模糊量表引入到常用的量表中来是有意义的。模糊量表作为一种尺度，它是论文式测验与行为评定客观化不可缺少的工具，是论文测验与行为评定标准化的主要手段。由教育测量得出的“分”，它的本质是什么？这一问题的答案决定了“分”的加和条件。作为反映各门学科知识与技能掌握情况的测验分，本质上是学生实际的社会必要学习时间数与学科学时数之比。因此，乘上学时数后是可加的。当然，由操行评定等测量活动得出的“分”情况较为复杂，需要作更深入的讨论。

反映学生学习状态的多维向量不仅为正确地评价学生的发展水平提供了依据，同时，为了科学地评定教师的教学工作质量提供了有用的信息，或者根据学生学习的平均成绩和离散差进行分析；或者根据优、良、中、及格与不及格各部分学生人数的变动情况进行分析。从不同的侧面分析教学工作质量，需要运用不同的方法。这些方法本质上反映了教学过程中教和学活动之间紧密的联系。总之，教学质量管理中的数量化方法是由教学活动本身决定的。

但是，由于问题的复杂性，关于教学系统各因素的函数关系，除了讨论了近似的 ΔS 方程以外，目前还没有对它的具体函数关系作更深入的讨论。事实上，这个问题的解决不经长期的教学实验，没有大量的研究基础是根本不可能获得成功的，短期的、个别的研究也不能奏效。

教学质量管理数量化的方法，是教学质量管理实现科学化、现代化的重要内容。它同教学质量管理的信息化有重要的联系，以计算机为信息中心，实现教学质量管理的科学化的一个条件是实现管理的数量化。反过来，教育信息化的广泛应用与深入，又为实现教学质量的量化管理创造了极为有利的条件。这两个相互之间有着重要联系的因素的结合，即教学质量的数量化管理与以计算机为中心的教育信息化的结合，必将极大地改变我们高等学校教学质量管理的面貌，必将极大地促进我们高等学校教学质量管理的科学化。

第十二章

大数据与公安高等教育优化

教育大数据已经上升到国家战略层面，引起社会各界的广泛关注和高度重视。教育大数据将首先破解传统教育面临的六大难题(发展不均衡难题、方式单调化难题、信息隐形化难题、决策粗放化难题、择校感性化难题、就业盲目化难题)，助推高等教育的全方位变革与创新发展。确立教育大数据在我国教育事业发展与改革中的战略地位，已是国家教育现代化建设的必然要求。教育大数据是重要的国家战略资产、教育领域综合改革的科学力量与发展智慧教育的基石。利用大数据能够深化公安院校的教育教学管理创新与优化，促进公安高等教育改革与发展，同时，构建并使用大数据平台能够提高公安院校教学、科研与管理水平，既是当前所面临的重要任务，也是新时代公安高等教育发展的战略机遇。

第一节　挑战、意义与变革

一、高校管理决策面临的挑战

科学管理决策对于我国高校的健康发展具有举足轻重的作用，传统的高校管理决策模式已经不能适应新时代高等教育对高校管理的新需求，基于此信息时代要求管理者和被管理者都要运用新的行动思维和管理思维。因此，高校管理决策面临着新的挑战。

挑战一：观念方面的挑战。现有的高校管理决策中缺乏系统思维，要深刻认识大数据为改进高等教育管理的历史机遇，逐步建立起用数据说话的习惯，大数据的思维方式就是系统的思维方式。高校管理决策系统是多目标系统，业务流程驱动的决策可能导致顾此失彼；决策者倾向于过高估计行动的正向作用，对于负向作用缺乏有效预测，未充分考虑管理决策系统的大数据特征。

挑战二：数据方面的挑战。高校管理决策中数据支持不足，因此数据来源是大数据驱动高校管理决策的最大难题，当前我国数据开放的总体现状还不乐观：数据孤岛，缺乏内外整合机制；数据垄断，缺乏开放共享机制；重视数据收集，忽视数据分析；不用、少用或不会用数据支持决策。大数据驱动的管理决策，要求观念、思维、技术和数据的整合，开辟了一种更好认识高等教育的新路径。

挑战三：管理决策中动态反馈不够。事后评价多，过程监测少，缺乏及时反馈和纠偏；对非结构化、交互性数据缺乏动态采集和实时处理；对快速变革的外部环境适应力不足。

挑战四：技术方面的挑战。将大数据相关技术与高校教育管理决策的具体问题相结合，提出适切的模型、算法与工具。

二、大数据平台建设的意义与作用

（一）正确认识与理解大数据

对大数据的概念目前尚未有统一的定义。一般认为，大数据主要具有以下特征，即数据规模庞大、数据生成快、数据体系具有动态性、数据类型具有多样性以及数据具有价值性且利用密度低。从表面上看，“大数据”一词是用来定义和表征信息时代所产生的海量数据。实质上，大数据的最终意义在于获得洞察力和价值，通过处理和分析大数据而发掘的价值，具有差异性和稀缺性。通俗地说，就是把信号转化为数据，把数据分析为信息，把信息提炼为知识，以知识促成决策和行动。基于数据分析作出的判断与决策已经成为组织和个人的基本技能，大数据转变着人们看待世界的方式。

（二）大数据平台建设的意义

1. 大数据将改变教育评估和教育研究的方式

推动定量研究与定性研究从尖锐对立走向新融合；推动教育评估与教育研究向科学主义的新转向；推动评估活动从更为看重主观判断转向更为依赖客观判断。

2. 大数据将创新高校管理决策的方式

改变教育管理决策者的思维方式，通过大数据分析直接了解事实，减少决策中的主观臆断，为科学决策提供客观证据，建立起用数据说话、依靠数据决策的常态机制。

(1)实现个性化学习。集成教育数据挖掘与学习分析技术，持续采集学习行为数据，智能分析，推送适合的学习资源并进行个性化学习的建议。

(2)实现教育评价体系重构。采集教与学的全过程数据，全面客观记录学生成长轨迹，引导学生培养模式和教育质量管理方式科学健康发展。

(3)实现科学研究范式转型。解决科研经费等科研管理难题，提供便捷的技术支撑与人性化服务，提高研究的效率和结果的可信度。

(4)开启“大数据创客”新模式。完成创新应用及发布，完善高校信息化建设，提升学校实力，加速创新成果转化，推动创意实现产业化，打造具有影响力的“创客校园”。

(5)实现教学模式改革。教学数据分析与预测，改变教学模式，实现个性化教育，调整教学方案，优化教学方法，提高教学质量。

(6)实现科学化教育管理。注重相关关系识别，强调因果关系的确定，发现隐藏的、有用的信息，做好教育管理和决策工作的数据支持。

(三)大数据在科研管理中的作用

1. 提高高校科研水平和效率

大数据科研平台提供多场景数据计算和分析挖掘的科研基础环境，充分结合行业课题的相关数据，利用大数据技术深入挖掘分析，满足行业大数据的科研工作需求，进一步提升高校的大数据科研水平，借助完善的产学研体系，实现科研成果向业务价值的转化。

2. 实现高校科研选题科学化

挖掘社会公众、工商企业、政府和事业单位以及其他非营利机构对科学知识和技术的需求情况，辨别哪些科学知识和技术需求是最为迫切和社会经济效益极为突出的，提高科研选题的针对性，实现科研选题的科学化。

3. 避免重复研究

挖掘不同层级、不同类别和不同区域之间科研选题申报和立项情况，结合科研选题申报高校及其研究团队的研究特长与特色，监控科研项目重复立项风险，避免重复研究，节约科研经费，减少资源浪费。

4. 实现研究数据共享复用

实现不同层级、类别和区域研究项目之间数据共享复用，节约数据采集成本，加快项目研究进展，提高效益及效率。

5. 推动高校研究成果转化

搭建开放式大数据科研平台，充分融合教师的科研需求，提升教师的科研创新能力，充分提高“研”的成效，提供行业数据及案例解剖用于基础研究，提供数据分析方案及流程，提供数据更新接口，为科研工作提供数据支撑。

6. 监督学术道德和诚信

高校科研管理人员在课题申报阶段，对申请书进行学术道德与诚信的监督，避免学术不端行为的发生。

(四)基于大数据的高等教育创新

基于大数据的高等教育创新有如下几方面：教育教学创新、科研创新、管理创新等。

1. 大数据教育教学创新

(1)教学质量评估：对学生给予教师的评价、学生活跃程度、学生成绩和教师授课情况等数据进行分析研究，帮助教师更好地进行教学活动。

(2)上网行为：对各年级同学上线次数、上网时间段、总流量以及在线课程的欢迎程度等数据进行分析研究，引导学生合理运用网络资源，树立健康的上网理念。

(3)学生成绩分析：对学生成绩以及排名等数据进行分析研究，更加清晰地了解学生成绩的整体分布状况以及学生的学习状况。

2. 大数据科研创新

(1)科研成果：对科研成果的获奖比例、科研成果的学科背景和科研成果的论文质量等数据进行分析研究，清晰统计科研获奖情况。

(2)科研项目：对科研项目的负责人年龄、学历以及院系等高校科研项目信息进行分析研究，更全面地了解学校科研项目情况。

(3)科研经费：对科研经费的投入、科研论著的发表数量以及各学院经费的投入和支出等数据进行分析研究，直观地了解科研经费、科研成果以及科研奖励等方面的信息。

3. 大数据管理创新

(1)招生分析：对学生的生源地以及招生的学生类型等数据进行分析研究，发现哪几个地区的考生是历年招生的主力军，进而为学校做到有重点、有突出、有成果的招生指导。

(2)就业分析：对学生就业的地区分布、就业行业以及就业专业排名等数据进行分析研究，为高校决策者提供指导或数据支持，改进现有的教育模式，提高对毕业生就业指导的实效性。

(3)资产数据统计分析：对资产的数量、资产的分类以及资产的年增长率等数据进行分析研究，为各类资产的购置和合理分配提供决策支持，便于学校领导从全局上把握资产信息，加强成本核算，对固定资产进行系统的规划、建设和管理。

(4)学生状况分析：一是学生轨迹分析。对学生各学年的成绩、餐厅消费、购物、进出图书馆的次数、借阅图书以及吃早餐的次数等数据进行分析研究，利用这些数据，不仅能预测出学生的学习状况，而且学校还可以依此引导他们更好地规划各自的学业和就业方向。二是学生画像。对学生在校生活和学习状况等数据进行分析研究，掌握学生的目标动向，无论是学习还是参与社会活动，都能够有的放矢地帮助学生做进一步规划。

三、基于大数据的高校管理决策

(一)大数据对高校管理决策的影响

大数据对高校管理决策环境产生了重要影响，使教育信息收集方式、教育决策方案的制订及其选择与评估等决策要素发生嬗变，推动了传统教育管理决策方式的变革。高校管理决策离不开大量的数据。根据数据的来源，高校大数据可以分为两类：一类来自学校系统内部，与教育教学有关的数据，这是高校大数据的主要来源；二是来自外部数据源的数据，特别是互联网和社交媒体产生的数据。相对传统的信息内容，大数据表现得更为原始、复杂、零散，有明显的碎片化特征；不少数据仅仅停留在原始数据层面，杂乱无章，真假难辨，而数据背后反映着复杂的现实世界无明显规律的行为。大数据使高校行政组织所采集的数据的深度、广度以及细分度不断地延伸，高校管理数据越来越呈现出多层化、多元化、非结构化的表征。如何收集整理这些海量数据，从繁杂的教育管理数据中提取出有利于高校发展的信息，并利用这些信息指导高校管理实践，以数据说话，让数据产生真正的价值成为摆在高校管理者面前必须跨越的鸿沟。与此同时，大数据的价值特性使得高校管理者对数据的真正意义更加认识，对数据在管理过程中的价值期望更高。要实现从高校管理数据到教育决策价值的转化，要求高校管理者更深刻地了解高等教育大数据及其特征，创建高效可控的大数据处理流程与分析方法，这需要高等教育管理者具备更为全面、综合的素质和能力。

大数据的核心是预测。数据记录信息，信息来源于数据，并生成知识。数据激增意味着人类的记录范围、测量范围和分析范围在不断扩大，知识的边界在不断延伸。人类可以“分析和使用”的数据在大量增加，通过这些数据的交换、整合和分析，人类可以发现新的知识，创造新的价值。在大数据的背景下，相关关系大放异彩。通过应用相关关系，探寻“是什么”，我们可以比以前更容易、更快捷、更清楚地分析事物，捕捉现在和预测未来。以数据来驱动决策是大数据时代的重要特征。如何以数据来驱动高校管理决策，提高高校管理科学化水平，提升办学效益，是决定未来高校能否赢得发展优势的主要因素。一言以蔽之，大数据时代决定高校管理决策的价值之核心在于数据。

（二）大数据带来了高校管理决策的变革

大数据时代，高校行政组织的核心资产就是数据。教育管理决策流程的有效优化，明智决策的作出，都需要以数据为基石。对数据的管理、开发和利用，给决策者的优化创造了新的发展契机。

第一，在大数据环境之下，数据结构复杂，规模宏大，数据更多、更乱。现有的、基于传统数据模式的高校信息管理系统已经无法适应大数据时代发展的要求。要管理好这些多元化、结构复杂的数据，挖掘它们的潜在价值，要求高校有关部门必须重新评估原有的学校信息化基础架构，加强存储设施建设，这是大数据环境下院校数据管理的基础。

第二，传统的高校管理决策流程是：出现了问题，首先进行逻辑分析，其次再去探寻因果关系，最后推出解决方案。大数据时代，数据呈现几何数级快速增长，促使高校决策管理的应用场景由离线变为在线，并产生实时处理的需求。相对传统的数据信息处理方式，大数据时代高校管理者更重视收集数据，然后量化分析，找出相互关系之后，提出优化方案。高校管理者需要更加注重利用大数据技术和方法，实时洞察管理对象真正的需求，积极主动了解哪些需求优先被需要，排除不可预见的障碍。

第三，传统教育管理决策一般采取教育行政部门调查研究、会议讨论，经过相关程序最后形成政策，往往造成一些教育管理政策脱离现实，不接地气。大数据的发展丰富了教育管理决策中事实数据的来源和内容、媒体形态等要素。公众和媒体的参与，不同事实数据相互印证、互相补充，为教育管理决策水平和决策质量的提高奠定了坚实的数据基础。大数据的发展使教育管理决策的知识含量、决策技术含量大为提高，使教育管理决策的定量分析方法得以充分体现，决策数据被广泛而深入挖掘，决策信息完备性越来越高，理性决策迅速扩大，“拍脑袋”式的盲目决策急剧缩小，理性选择与感性选择加速融合，从而使决策既摆脱了主观主义的偏见，回归客观理性，又不排斥感性判断和直觉判断。

第四，大数据决策催生了许多过去难以想象的教育管理解决方案。比如，做学校的人才培养投入与人力产出收益测算，需要获得经济社会发展、教育与人力资源开发以及政府的相关决策与行为等方面的海量数据，才能生成最优决策方案。

随着数据越积越多，这些数据会“说话”，能在办学中派上更大的用场。当然，数据也有一定的局限性。假如一味依赖数据，则可能偏离实际轨道。作为人类智慧结晶的“方法+工具”必须与人类智慧本身有机结合，而不能偏离定性思维和人类的洞察力，否则，纯粹“唯数据论”没有真正的意义。

四、亟待研究的关键问题

(1)大数据与高校治理的关系研究。国内外高校治理有哪些新的发展趋势？大数据与高校治理有何内在关系？大数据为什么能够转变高校治理方式？

(2)大数据驱动的高校管理决策理论问题研究。大数据在新时期高校管理决策中的角色和作用；大数据驱动的高校管理决策的目的、内涵、特征、分类；大数据驱动的高校管理决策的构成要素；大数据驱动的高校管理决策的基本模式；大数据驱动的高校管理决策的信息安全与隐私保护问题。

(3)大数据驱动的高校管理决策方法研究。高校管理决策大数据的来源与获取方法；高校管理决策中主观数据与客观数据的各自作用、整合规则与连接方法；高校管理决策中非结构化数据(如图文影音数据)处理方法与技术；高校管理决策中实时流数据处理方法与技术。

(4)大数据驱动的高校管理决策平台研究。宏观(国家)、中观(区域)和微观(院校)层面的决策支持平台的架构；基于多维数据挖掘的高校监测、预测和预警模型构建；基于云计算的高校管理决策主题数据仓库构建；支持实时分析和定制分析的可视化平台构建。

在以上要重点解决的管理决策问题基础上，还要关注高校大数据应用的发展的战略、路径和保障机制研究；院校大数据联盟的构建与实现研究；院校招生管理、就业管理、教学管理、科研管理、人事管理、财务管理、学科建设、后勤管理决策中的大数据应用实例研究。高校管理实践是最鲜活的问题来源，大家都有可能对建立大数据驱动的高校管理决策新方式，发展院校智能作出贡献。希望将来能够建立起院校数据联盟，以共建共享的理念推动高校管理决策平台的建设。

第二节 基于大数据挖掘的公安院校管理

随着教育信息化建设的不断深入，现代信息技术的发展对高校教育管理与决策又提出了新的要求。从高等教育的现状与发展角度可以发现，无论是教育与教学的计划与管理、教育与教学的质量评价，还是在各个时期所反映的教育与教学决策信息等，都具有不同层面、不同角度和不同意义上的数据特征。要从这些大量的数据中挖掘教育的因果关系、发现有效的教学模式乃是高校管理的当务之急。为了适应我国高等教育的改革与创新，高校教育管理需要有新的、更为有效的手段对各种信息资源进行挖掘以发挥其应有的教育决策潜能。在这种背景的牵引下，教育 OLAP 技术、教育数据挖掘与知识发现应运而生。正是这三种基于大数据的新型数据分析技术，为高校教育决策领域提供了新的研究方法论和分析工具，从而能够有利于提高高校教育决策的正确性、及时性，以及降低教育与教学决策的风险。

本节在前面研究基础上，从高校教育目标决策的实际需求角度，介绍了教育大数据挖掘的意义、特点和作用，提出了基于数据映射与知识反演的学习机理，并且通过经验与知识融合过程验证了这种数据挖掘的可信度，分析与探讨了基于大数据挖掘的高校教育管理可信模式。

一、教育数据挖掘的现实意义与作用

（一）从数据到知识的教育决策理念

高等院校中的教育与教学信息效用决定了教育决策的可信度，其中教育数据分析发挥着至关重要的作用。在现今高校教育管理中，不论是学科专业设置分析、课程信息价值分析还是教学与学习质量评价等教育管理问题，都已经跳出了单纯的教育数据分析，而将教育教学与社会发展关系、与学习者的需求等多方面的数据特征以及教育系统内外环境的信息属性综合加以分析，构成了基于教育大数据挖掘与知识发现的新教育管理理念。

教育数据挖掘是近年来随着教育管理信息化的时代需求而形成的热点议题。根据一些文献对该问题的理解，可将教育数据挖掘定义为：从教育数据中挖掘出非明显的、未知的及潜在的教育模式过程。由此可得知，教育数据挖掘的主要目的体现在庞大、海量的教育数据量中，获取与教育管理相关或具有意义的信息，以助于教育决策的制定及有效提升教育质量。在体现教育过程的数据范畴中，数据的知识属性、数据的经验属性、数据的教育属性、数据的管理属性，以及数据的个体行为属性和社会属性，这些都充分反映了教育行为的不确定性特征、非线性特征和多元复杂性特征。在教育数据挖掘的研究与实践中，如果盲目采用普通数据挖掘方法，例如，数据的聚类与分类，关联规则、数据循序特征、数据的时间序列(Time Series)分析等，并不能真正实现教育决策的信息支持。因此，教育数据挖掘必须具有特有的方法论和研究框架。

诚然，教育实验与统计分析是进行数据挖掘的基础。因为，传统的教育统计可以让教育管理者知道，通过各种教育统计报表可以得到教育管理所需要的确定性内容，称它为教育过程知识。但是，就教育信息质量来说，这种教育知识仅仅反映了教育信息的确定性属性，而教育大数据挖掘所关心的是，教育管理者通过数据挖掘要形成一种知识与模式的学习能力，能够从隐含的关联特征中得到处理不确定性教育信息的规则与模式。这些规则或模式运用传统数据分析方法是无法实现的，因此教育大数据挖掘则是解决这一问题的有效途径。

另外，传统教育分析是在数据统计分析基础上对教育运行过程与结果的信息反映。虽然这些相关性结果可以为教育管理者提供有一定价值的决策信息，但是，它仅仅反映了教育管理中形式化、相关性的数据意义，而实际教育管理者所需要的是能够满足教育质量要求，达到教育管理目标要求的因果知识。在教育管理中运用大数据挖掘，不仅能够获得教育管理属性的因果关系，并且还能为教育决策提供可信的教育管理规则和运行模式。

(二)教育决策中应用数据挖掘的作用

在教育管理过程中，教育决策发挥着较为重要的作用，一个可信的教育决策都是建立在数据分析与事实论证的基础上的，并且，教育决策的可信度取决于数据分析与事实论证的可信度。随着我国市场经济对教育竞争机制的非平衡作用，教育决策数据化的多维性、广泛性、复杂性、不确定性和动态性的系统特征也变得越来越明显，表现了大数据运行状态，因此，在教育决策领域应用大数据挖掘是教育系统良性存在与可信发展的需要。具体的作用有如下几方面：

1. 强化了教育信息处理功能

传统的教育决策主要依据教育统计信息，基于教育统计的数据查询是一种事务处理，它是面向感性的教育管理过程，支持形式化的日常操作，从教育统计得到的信息缺乏分析能力，教育决策者无法在大量历史数据的支持下对某教育与教学的相关数据进行多角度的比较、分析，得出科学的分析结果。因此，教育决策所具有的多维性、广泛性、不确定性和动态性驱动了大数据挖掘在其领域中的应用，从而强化了教育信息处理的正能量。

2. 有利于降低教育决策风险

教育信息多维、广泛和动态特征给教育决策带来了较大的不确定性，例如，反映教育目标、教育与教学运行过程等内部情况的数据称为内部信息，反映社会领域人才需求、知识发现与更新等教育关联方的数据称为外部信息。另外，与教育系统相关的社会经济要素的数据特征称为环境信息。这些多维数据的不确定性会形成教育决策的风险。如何诊断与控制这种风险，其关键是通过多维的教育数据分析减少教育决策中的不确定性，但是，传统的教育数据分析无法对这种多维数据的不确定性特征进行分析，这时就需要高效、多维和可拓的分析方法——大数据挖掘，通过对教育系统中多维信息流的分辨、析取、整理、挖掘，得出对教育决策有用的不确定性信息的度量与评价，从而减少教育决策的风险。

3. 有利于适应教育信息智能化的发展要求

针对不同的教育数据来说，不同的教育管理目标对教育数据的认识与理解是不同的。另外，由于教育决策者本身对教育数据的认知具有不同程度的偏差和多样性，不同的教育理念下的数据体现出不同的意义。传统的教育数据分析仅仅体现在数据形式化方面。随着教育分析数据选择领域扩展和增大，教育决策要具备对数据进行学习的能力，也就是智能化教育决策能力。实际上，在教育分析决策中，不仅能对已知的教育数据进行判断和评价，还能对未知的并且需要的教育数据进行假设与预判。大数据挖掘能够利用现有的教育数据来获取新的有用信息，支持查询、存储的优化，使信息的析取具有较强的自我学习功能，满足教育决策信息智能化的需求。

二、教育大数据挖掘模型与决策系统

（一）教育大数据挖掘基本模型

教育大数据挖掘是在普通的教育数据挖掘基础上扩展了数据的属性范围，将数据挖掘建立在多因素空间环境下，并且，将映射与反演学习机理作为教育大数据挖掘模型。

1. 数据映射与知识反演学习机理

所谓教育数据映射是教育信息中对各类教育状态实现过程的反映，在教育数据映射下，不同的教育系统在不同的教育决策环境与目标的条件下会产生相应的教育运行规则和模式，这种背景下的规则与模式称为教育知识反演。实际上，一个有效的教育决策是在数据映射与知识反演的学习中确定的，其基本运行框架如图 12－1 所示。

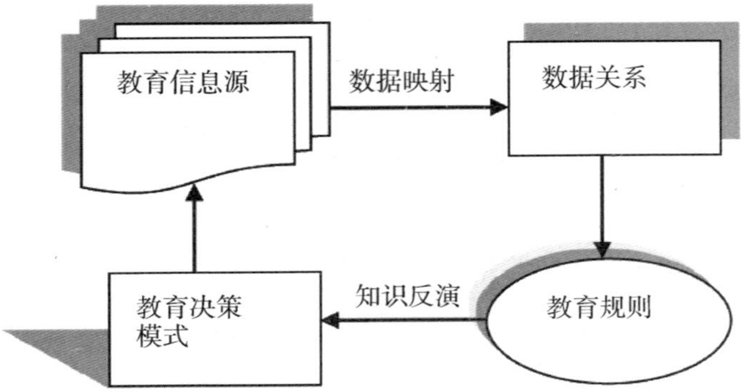

图 12－1　教育数据映射与知识反演学习结构

在信息化与决策科学化管理背景下的现代教育系统，要实现科学、有效的教育决策，必须要建立教育数据映射与知识反演的学习机理。实际上，一个教育系统之所以能够有效运行的主要原因之一是具有完备的教育决策体系，而这种有效的教育决策体系是从经验中实现了教育数据映射与知识反演（简称映射与反演）的学习过程。

将“映射与反演”（Mapping and Inversion，MAI）学习机理作为大数据挖掘的模型，可以有效地应用到教育决策中，从而建立了一种比较实际的教育数据挖掘方法。同时，在教育大数据挖掘中，也可以将普通的数据挖掘模型有机地运用到 MAI 中。

2. 教育决策知识发现方法

教育知识发现可以分为参量发现和模型发现两种。在 MAI 模型建立和运行过程中，教育大数据挖掘就完全变成了一个教育目标优化任务，即从教育数据的分析中可以发现最适合高校教育教学目标实现的数据指标。

教育大数据挖掘的深度大体可分为两个层次，在较浅的层次是利用现有高校数据库管理系统的查询/检索、报表功能与多维分析、统计分析方法相结合，进行所谓的在线分析处理（OLAP：On－Line Analytical Processing），从而得出可供教育决策参考的统计分析数据。在较深层上，要求从 MAI 层面的教育数据中发现隐含的前所未知的教育决策属性知识。严格来说，在线分析在教育数据挖掘这一新观念产生之前及发展初期，不属于数据挖掘的范畴，但是就决策支持的需要而言，二者可起到相辅相成的作用。

（二）教育大数据挖掘的基本过程

教育大数据挖掘的过程一般由4个主要的阶段组成：数据层级分类、数据准备、MAI学习、结果表述和解释。教育大数据挖掘与知识发现的基本流程如图12－2所示：

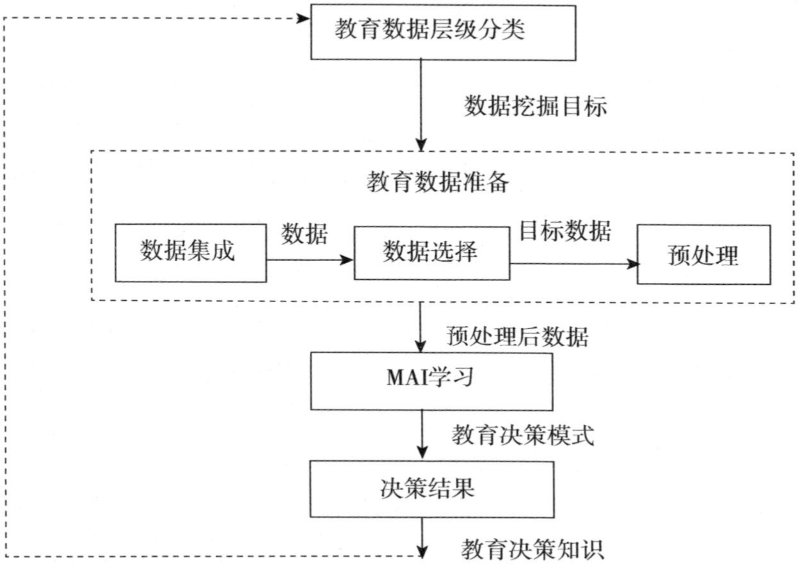

图12－2 教育大数据挖掘与知识发现流程

图12－2中各个模块的实际意义如下：

1. 教育数据层级分类

教育大数据包括高校教育教学性质、动态相关特征、影响变化因素等教育决策数据。因此，对这种教育教学大数据挖掘的前提是有效地将教育教学数据按其教育因素空间的属性特征进行分类。

2. 教育数据准备

这个阶段又可以分成3个子步骤：教育数据集成、数据选择、数据预处理。数据集成将多文件或多数据库运行环境中的数据进行合并处理。数据选择的目的是辨别出需要分析的数据集合，缩小处理范围，提高教育数据挖掘的质量。预处理是为了克服目前教育数据挖掘工具的局限性。

3. MAI学习机理

这个阶段进行实际的教育数据映射与反演学习过程。包括的要点有：

（1）先要决定如何产生MAI学习假设，一是从各类教育报表中为教育决策者产生分析假设，二是让教育决策者对于教育数据中可能包含的知识提出假设。前一种为发现型的教育数据挖掘；后一种为验证型的教育数据挖掘；

(2)选择合适的教育关系分析工具；

(3)从教育数据关系表中得出教育规则；

(4)基于知识的教育决策模式分析。

4. 决策结果的表述和解释

根据教育管理目的对提取的信息进行分析，把最有价值的信息区分出来，并且通过决策支持工具提交给决策者。因此，这一步骤的任务不仅是把结果表达出来，还要对信息进行过滤处理，如果不能让教育决策者接受，需要重复以上 MAI 的过程。

(三)基于大数据挖掘的教育决策支持系统框架

教育大数据挖掘的目的，在于从大量数据中发现那些让教育决策者感兴趣的规则，一般地讲，这些决策规则在表现形式上应比较简洁，并且具有一定程度的概括性。

本节提出的教育大数据挖掘决策模型的思路是，给定教育决策目标规则的置信度，从教育信息源的样本数据出发找出每个时期的教育信息质量评价结果；通过 MAI 学习机理形成教育决策系统；选择合适的数据挖掘方法，去发现教育决策系统在不同简化层次上符合置信度要求的规则；应用得到的规则进行推理或决策，由于教育系统实际运行过程中教育信息的非完备性，所以，可以根据教育信息的实际状况确定教育决策的目标。图 12－3 给出了基于大数据挖掘的教育决策系统框架。其中各项模块的意义如下：

教育管理知识和数据输入：有关的领域知识应事先输入知识库，供教育数据挖掘方法使用。教育数据的输入用于控制挖掘过程的进行。

数据分类控制：由于教育数据具有不同的教育教学属性，因此，必须根据高校教育系统特点和管理目标对教育数据进行分类。

教育数据库：产生和处理数据库查询。使用查询从数据库管理系统中提取数据。教育数据库管理系统接口是数据库查询产生的地方。

确定教育目标：这要求指明决策系统需要访问的教育数据库、教育报表，以及需检索的教育记录。

教育知识提取：教育知识是指教育数据库的要素、字段和值之间的任何关系。用于提取的知识组成了教育决策系统的核心。教育决策系统可使用各种决策分析和统计分析方法。

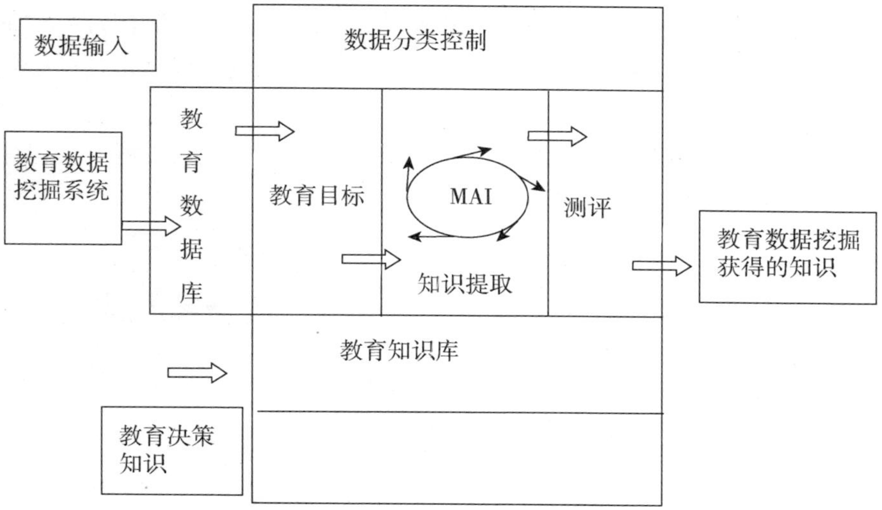

图 12－3　基于大数据挖掘的教育决策系统框架

评测部分：如果一个教育决策模式是正确的、新的、就教育决策的知识和目标来说是有用的，那么说明这个决策模式是可信的。

一般来说，教育决策系统必须具备一定条件下的经验与数据交互式学习协同功能，这样教育决策系统才能从理性走向实际应用。

三、基于经验诊断的协同教育决策

（一）基本思想与方法

传统教育数据挖掘与知识发现基本上是建立在教育数据分析基础上的，分析过程与结果完全依赖于数学演算与知识推理，从已有的研究结果可以发现，教育数据挖掘过于强调理性分析，从而出现了与教育管理与决策实际相偏离的现象。

我们提出的教育经验诊断过程是将教育数据挖掘中的知识发现看作是一个基于 MAI 学习机理的经验诊断过程。在教育管理过程中，教育决策经验是管理的一个不可忽视的问题，因此，在教育大数据挖掘中也必须将不同教育运行过程中的经验诊断结果纳入教育决策系统中，在此称为基于经验诊断过程的协同教育决策。

从现代教育管理最新的理论与实践研究可知，一个可信的教育管理模式是基于理性与感性的协同过程。因此，一个可信的教育决策也应依据这种理性与感性的协同过程，也就是说，教育决策分析中普通的数据挖掘是理性分析，教育决策领域的专家经验是感知分析，如果将数据挖掘过程中纳入经验诊断(专家经验解释与评价)这样的协同过程，所得到的教育决策就可以确定为可信教育决策。

如下设计了一种面向经验诊断过程的教育决策知识发现处理模型(或者称可信的教育决策分析系统)，如图 12-4 所示：

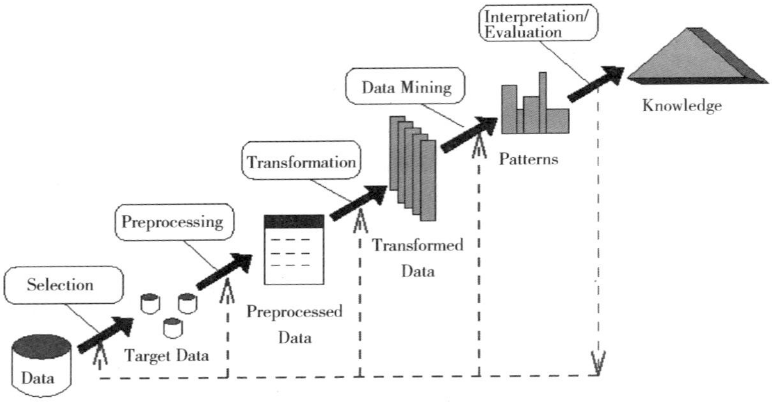

图 12-4　经验诊断过程的教育数据挖掘与知识发现

针对图 12-4 给出的教育分析与决策过程中经验反馈意义，为了体现图示表达的简单化和直观特点，表示每个模块的实际意义分别以英文单词加以替代，其内容解释如下：

基于经验的数据选择(简称 Selection)，教育目标与分类数据(简称 Target Data)，经过经验处理与验证(简称 Preprocessing)，教育报表预处理(简称 Preprocessed Data)，经验与统计的数据转换(简称 Transformation)，转换后的决策数据(简称 Transformed Data)，对数据挖掘的解释与评价(简称 Data Mining)，教育决策模式(简称 Patterns)，经验解释评价过程(简称 Interpretation Evaluation)，教育可信知识(简称 Knowledge)。如下分别给出了各个模块的实际意义：

(1) Data(数据准备)：教育系统存在着两种教育数据，一是反映了系统的经济属性和运行状态的教育报表数据，二是教育决策者长期积累的教育特征的教育感知数据，这两种数据是教育决策分析的基础。

(2) Selection(基于经验的数据选择)：根据教育决策者的经验和教育系统的实际状况从教育数据库中提取与决策知识相关的数据，并且结合教育决策者的感知来不断选择教育统计数据，然后对教育数据进行协同性处理。

(3) Target Data(教育目标与分类数据)：在教育报表的基础上，根据教育决策目标的需要对数据进行分类，建立教育决策数据的属性范围。

(4) Preprocessing(经过经验处理与验证)：根据教育系统的管理属性对教育性质的经验分析对产生的教育数据进行加工，检查数据的完整性以及与教育系统感知数据的一致性，对其中产生的数据偏差(经验感知的数据与统计数据)进行处理。

(5) Preprocessed Data(教育报表预处理)：对经过预处理的教育数据，根据决策知识发现的任务对数据进行再处理，主要通过图 12 - 3 中的运行框架进行操作。

(6) Transformation(经验与统计的数据转换)：在这一过程中，将教育统计数据与经验分析数据进行比较分析，从而得出教育决策所需要的数据属性。

(7) Transformed Data(转换后的决策数据)：确定教育决策 KDD 的目标，根据教育管理目标的要求，确定教育知识的类型，因为对教育知识的不同要求会在具体的数据挖掘过程中采用不同的教育知识发现模式。

(8) Data Mining(对数据挖掘的解释与评价)：运用选定的教育决策知识发现模式，从数据中提取出决策者所需要的知识(规则)，这些知识可以用一种特定的方式表示或使用一些常用的表示方式，教育系统运行模式与管理规则等。

(9) Patterns(教育决策模式)：通过教育数据挖掘得到的知识确定了教育决策的模式，这些模式需要教育决策领域的专家经验来验证。

(10) Interpretation Evaluation(经验解释评价过程)：对发现的模式进行解释，在此过程中，为了取得更为有效的教育决策知识，可能会返回前面处理步骤中的某些步以反复进行解释与评价，从而提取出更有效的可信的教育决策知识。

(11) Knowledge(教育可信知识)：将发现的知识以教育决策者能了解的方式呈现，这期间也包含对知识的一致性的检查，以确信本次发现的知识不与以前发现的知识相抵触。

在上述的每个基于经验协同的处理过程中，核心的问题体现在统计数据与经验感知数据的协同特点。在对大数据挖掘的知识进行评测后，可以根据教育管理与运行特点来确定统计分析与经验诊断的偏差程度。

(二)基于经验诊断的协同教育决策

实际上，基于经验诊断的协同教育决策强调由教育数据挖掘人员和领域专家共同参与教育决策的全过程。教育领域专家对该领域内需要解决的问题非常清楚，在问题的定义阶段由教育决策专家向数据挖掘人员解释，数据挖掘人员将数据挖掘采用的技术及能解决问题的种类介绍给教育决策专家。双方经过互相了解，对要解决的问题有一致的处理意见，包括问题的定义及数据的处理方式。

在教育数据挖掘人员得到准确的问题定义和分析后，开始收集需要使用的数据，进行再加工以使得数据更适合后面的挖掘算法使用。根据解决问题的需要选择合适的挖掘算法，提取出来的知识需要向教育领域专家进行解释，以对教育决策知识及整个过程进行评价。

这里从教育管理的角度对大数据挖掘进行了分析。实际上，教育数据库中的知识发现应该更着重于对教育管理进行知识发现的整个过程的支持，而不是仅仅限于在数据挖掘的一个方面上。通过对教育系统不同的时期教育决策实际工作中遇到的具体问题研究发现，教育决策的很大一部分工作量是与各种教育数据报表的交互上。所以在开发教育大数据挖掘系统时，特别强调对教育管理与数据库交互的支持。

基于经验诊断的教育决策模型特别注重对决策人员与数据库交互的支持，在实际进行中，教育决策者根据数据库中的数据，提出一种假设模型，然后选择有关数据进行教育决策知识的挖掘，并不断对模型的数据进行调整优化。整个处理过程分为下面一些步骤：

(1)教育任务定义。在这一过程中，要建立教育系统不同角度的决策者与教育决策者的交流，确切了解需要处理的任务。教育任务定义是为了明确需要发现的知识的类别及相关数据。

(2)教育数据发现。了解教育任务所涉及的主要内容是：基于原始教育数据的数据结构及数据所代表的意义，并从教育数据库中提取相关的决策数据。

(3)教育数据清理。对学校的教育数据进行清理以使其适于后续的数据处理。这需要教育管理的背景知识，同时也应该根据实际的任务确定清理规则。

(4)教育决策模型的确定。通过对教育数据的分析选择一个初始的教育决策模型。模型定义一般分为三个步骤：协同数据提取(统计与经验感知的交互)、决策模型选择和可信决策指标的选择。

(5)教育数据分析。包括四个处理阶段：对选中的教育决策模型进行详细定义，确定模型的类型及有关数据和管理属性；通过对相关教育数据的计算，计算模型的有关可信指标，得到模型的各教育属性值；通过测试数据对得到的教育决策模型进行测试和评价；根据评价结果对教育决策模型进行优化。

(6)输出结果生成。教育大数据分析的结果一般都比较复杂，很难被人理解，将决策分析结果以文档或图表形式表现出来则易于被人接受。

该处理过程模型以教育管理工作为中心，通过对教育决策人员在进行数据挖掘过程时的工作方式分析，在设计教育决策系统时更注重于对整个大数据挖掘的全过程提供支持。

教育数据库中的教育决策知识发现是一个基于经验诊断的 MAI 学习过程，作为进行教育决策知识提取的大数据挖掘在整个过程中起着很大的作用，但其他处理阶段对于教育决策知识发现的任务来说也是非常重要的。这种大数据挖掘的教育决策处理过程，描述了教育决策中各个属性之间的关系，它对于设计实现以及使用教育知识系统都是非常重要的。目前关于教育数据库中的知识发现的研究大多局限于普通数据挖掘方法的研究，这种情况不利于教育决策信息化和最优化。应该看到教育数据库中的决策知识发现是面向实际应用并最终服务于教育决策，这就需要不仅在大数据挖掘方法方面进行大量的研究，而且，从总体上要对教育数据多维特征和经验诊断进行深入的研究，设计出适合实现并易于使用的教育决策模式，这样才能构建一个具有现实意义和应用价值的教育决策支持系统。

第十三章

公安高校校局联盟与优化建设

第一节　背景与意义

随着我国公安高等教育的快速发展，基于应用技能型公安人才培养的行业领域特殊性，公安高校办学模式的改革能否适应我国公安队伍建设与发展，已经成为亟待解决的问题。近些年来，公安院校在校局合作方面进行了有针对性的理论研究和实践探索，从一定角度为公安院校办学模式改革建立了一种可行路径。实际上，校局合作是高校联盟的一种形式，它不仅仅是单纯借鉴传统大学联盟、校企联盟的通常模式，而是要在此基础上的有效运用与发展。通过对公安高等教育内容、过程和人才培养的可实现性进行分析与评价，我们发现，单一的院校教育模式已经不能完全适应公安人才需求目标。原因主要有两个方面：第一方面，应用技能型高校具有应用学术性和实践学术性特点，基于这两个特点的高等教育只有通过应用与实践对象才能实现其作用与价值。第二方面，应用技能型高校不需要也很难形成研究型高校那种完备的学术资源体系，从所实现的教育目标和质量需求来看，必须要有不同学科领域的应用基础学术资源和实践基础学术资源来支撑，但是，在这方面各个高校的发展与建设是不平衡的，因此，要实现教育资源的合理配置就必须进行基于实践基础上的高校联盟。

近些年来，随着我国高等教育从大众化向适应社会需要的协同教育转变，如何在有限的教育资源条件下，寻求高等教育的可信质量，乃是现阶段高等教育亟待解决的问题之一。本章针对我国高校联盟的教育属性与社会行为功能实现特点，以应用技能型高校为研究背景，构建了主校(高校主体)、合作高校、社会客体(社会企业、部门等职业群体)的三维联盟坐标架。运用可拓教育思想与方法，对高校联盟协同系统结构进行了探讨，并且在这种可拓、协同的联盟框架下分别对人才培养的合作功能、教育教学的合作模式、课程与实践的实现过程，以及教师、学校和社会联盟对象协同发展进行了综合设计与评价。

研究表明，基于可拓思想下的高校联盟，能够实现个体与组织在有限理性条件下，教育资源合理利用和教育目标实现的满意度。同时，系统性合作能得到高等教育过程的优化，合理性竞争会促进高等教育的发展。这里所采用的“系统性”“合理性”并不是一个单一的概念描述，而是论及深刻的教育系统运行机理。

在探索应用技能型高校建设模式过程中，焦点问题之一是现有高校系统的体制机制改革。也有学者提出了建设“多元联盟”的想法。毫无疑问，应用技能型高校的联盟建设，包括为什么建设联盟、建设什么样的联盟以及怎么建设联盟等，不仅涉及应用技能型高校内部体制的构建问题，而且涉及应用技能型高校如何搭建其外部合作体系的问题，值得认真思考。

第二节　高校联盟的本质、作用与发展

在讨论应用技能型高校建设什么样的联盟以及如何建设联盟之前，我们有必要先对联盟概念的起源和发展，特别是高校联盟的内涵和模式进行一番梳理。

一、联盟的概念

在汉语中“盟”字的本义是在神前发誓缔约。在《说文》中则称：“割牛耳盛朱盘，取其血歃于玉敦。”而《周礼》谓之“盟诅，主于要誓。大事曰盟，小事曰诅”。在中国古代则有“盟文”“盟契”“盟坛”“盟会”“盟主”等说法。

在《辞海》中将所谓“联盟”界定为：“两个或两个以上国家为共同行动而订立盟约所结成的集团。亦指个人或集体、阶级的联合。”实际上，联盟(Alliance)概念最早产生于我国春秋战国时期，当时各个诸侯国之间就经常结盟又不断毁盟。国外产生“联盟”是在第二次世界大战期间，当时的“同盟国”和“协约国”，就是典型的国家间的联盟形式。从早期的联盟目的来看，通常的联盟是指战略联盟和战术联盟两种形式，战略联盟侧重于长期发展目标，战术联盟侧重于短期共同利益。

二、“联盟”概念的发展

随着大规模战争的消失和经济竞争时代的到来，现代意义上的联盟早已超出了国家政治的层面，开始向企业、行业和高等教育等领域拓展和转移，人们

开始借用“联盟”这个概念来描述企业、行业和高校等利益主体之间的合作关系。首先，在企业管理学界提出的战略联盟，当时被称为20世纪最重要的组织制度创新，对现今的联盟合作理论与实践的研究影响深远。

企业战略联盟是由两个或两个以上有着对等实力或者互补资源的企业之间，出于对整个市场的预期和企业总体经营目标的考虑，为达到共同拥有市场、合作研究与开发、共享资源和增强竞争能力等目的，通过各种协议而结成的优势相长、风险共担的松散型合作竞争组织。不同领域的战略联盟，其具体形式可以千差万别，但在企业领域，根据成员之间的依赖程度，可以分为股权式的战略联盟和契约式的战略联盟；根据价值取向在产业链中的位置，可分为联合研制、资源补缺和市场营销三种战略联盟。在当前的企业发展报告和各种报刊上，我们经常看到的，就是如此这般的各种企业战略联盟。

三、高校联盟的现状与面临的挑战

（一）高校联盟现状分析

在教育领域，我们更关注高校战略联盟。高校战略联盟通常是指两个或者两个以上的高校（包括高校之间以及高校与企业、科研院所、政府以及其他组织之间）为了一定的目的或战略目标，通过一定方式组成的优势互补、风险共担、要素双向或多向流动的松散型网络组织。首先，从实践来看，最常见的，可能也是最早出现的，是大学和大学外部机构如企业等的联盟，其目的是为了实现“产学研”的结合。有学者总结说：“20世纪中叶以来，世界主要发达国家和地区纷纷把促进产学合作提升到国家创新的战略高度，强调企业与大学的合作可以促进研究成果的应用，带动产业的成长以及提升国家的竞争力。以美国硅谷和128公路地区、英国剑桥科技园、日本筑波科学城、韩国大德科学城、中国台湾新竹科学工业园和印度班加罗尔软件园等为代表的高新技术产业发展模式，充分验证了产学合作的重要性。”其次，则是大学间的联盟。高校战略联盟的具体形式是多种多样的，一些学者结合国内外高校联盟的具体实践，基于联盟主体的特性及其合作的广度、深度，将其概括为以下三种模式：双向合作模式（联合培养、课程开发、合作研究、师资和设备共享、学分互认、产学研一体化），多元合作模式（国际型大学联盟、我国普通高校联盟、全国教师教育网络联盟），以及第三大学模式。

这里需要指出的是，相比于双向合作联盟一对一或一对多的协作方式，多元合作联盟在合作广度上有优势，但在合作深度上不够。多元合作联盟大多是由政府主导、由项目驱动的，主要由共同的理事会(或董事会、委员会)进行合作的协调，联盟主体之间缺乏直接的合作需求和专门、系统的协调管理机构，因此很难在操作层面进行实质性的合作。第三大学模式通常是在广泛合作的基础上，在加盟成员外部组建“虚拟”实体，通常是虚拟大学。第三大学联盟能够跨越不同层级的教育机构开展纵向联合，将不同类型的教育机构、行业、企业等整合在一起，形成“一站式”教育超市，为学习者提供更多学习机会，促进教育公平。

这两种形式的高等教育联盟的出现，是和当前知识经济背景下高等教育的日益市场化、产业化以及当今时代正在迈向学习型社会紧密联系的，是高等教育进入大变革时代的重要表征之一。

(二)面临的挑战

伴随着高等教育改革与发展历程，高校联盟在推进高等教育质量、完善教育的社会功能以及创新大学办学模式等方面都发挥了一定的作用。为什么要进行大学联盟？选择什么样的联盟？如何构建大学联盟运行机制？如何评价大学联盟质量、效果和所实现的目标？这些问题都是近些年来高校联盟研究的热点。从许多文献所反映的研究与实践状况来看，高校联盟还没有成熟的理论体系，还没有形成公认的运行机制和评价准则。因此，对高校联盟问题仅仅局限于概念化、形式化和理论模式方面的探讨。

诚然，由于高校联盟是一种教育联盟，教育行为属性存在于社会行为选择与功能实现上，并且，行为属性的合理组织、资源的有效利用、个体与组织目标实现的最大化构成了人类社会所寻求的目标。人们通过长期研究和探索，这些问题还是没有最终解决。但是，在社会选择与经济行为研究与实践中，为解决这些问题提供了有价值的思想与方法。例如，在合作与竞争研究方面已经形成了较为完整的理论体系。高校联盟正是这种合作与竞争模式下的产物，它不仅适应于不同高等教育系统环境的需求，同时也促进了高等教育自身的发展。

四、高校联盟可拓－协同理论的构建

(一)可拓－协同教育理论的内涵及其假说

在传统的高校联盟研究与实践过程中，不论是校与校联盟还是校与企联盟都是基于单纯的教育合作，并且这种教育合作具体反映在有形与无形资源的合理利用方面。实际上，高等教育人才培养的目标是最有效地实现其社会功能，这种社会功能的实现反映在高校在其所对应的社会行业领域中发挥的作用。具体来说，这种作用包括知识创新、人才培养、技术与技能服务。但是，不论是哪种社会领域，对知识与人才的需求是多维的，这种需求不是一所高校就能实现的，因此，这就产生了在社会需求的平台上多个高校的联盟形式。我们称作可拓联盟。我们以公安院校为例讨论可拓联盟的基本结构，如图 13－1 所示：

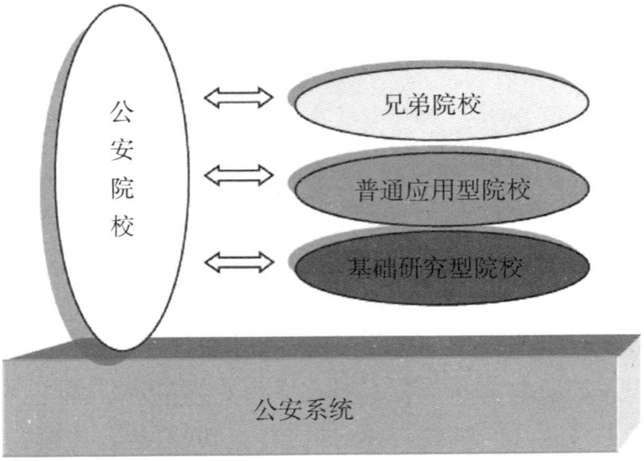

图 13－1　高校可拓联盟的结构

高校或高校、高校与社会所对应的领域在激烈的竞争环境中完全依靠自有资源和能力取得的办学效果与其人才需求目标之间存在着一定的偏差，在传统联盟意义上，这种一对一结构下的校与校、校与企（或校与局）联盟是一种简单合作形式，也可称为简单协同。但是，如果是多对一结构下的合作形式，则称为可拓联盟。如果在形式与结构上，强调合作的效用与目标的实现，这种合作所呈现的是可拓－协同。高校联盟所实现的可拓－协同教育是推动高校与高校、高校与企业之间人才竞争方面的重要动力，也是“调整”教育与社会偏差的重要手段。

在面向社会功能实现方面，大学的知识创新、人才培养和社会服务不是独立存在的，而是一种面向对象的教育功能扩展（可拓）。并且在知识创新、人才培养和社会服务三者间是相互影响与促进的。比如，社会行业领域中的创新是针对完善行业功能，体现在行为特征、活动方式以及工作效用方面的改变，并且这种改变需要以知识为基础，以应用为途径。所以，这种教育过程不是校与校这种简单联盟形式能够实现的，必须在确定的对象框架下实现多种教育功能的可拓形式。即面对公安领域的联盟系统是一个以公安院校为中心，联盟其他兄弟院校、基础研究型院校、应用型院校的可拓－协同系统。

（二）现有校局协同联盟的特点与意义

公安院校之间与普通高校的联盟是可拓－协同教育的重要特点，它是从教育功能实现的完备性方面达到教育联盟的目标，而现有的公安高校联盟的主要形式是可拓－协同联盟的基础。

1. 现有校局联盟的系统特征

校局联盟协同教育是指在现代公安教育指导思想下，公安院校与公安部门的资源、教育力量主动协调、积极合作、形成合力，对学生实施同步教育，以实现公安教育效果的最优化，克服公安院校在培养公安适应性人才方面与公安工作要求之间存在的差距。系统协同教育是深化公安教育改革，推动公安教育与公安工作紧密结合的战略举措，其理论依据就是“可拓－协同效应”。校局联盟可拓－协同教育假说如图 13－2 所示：

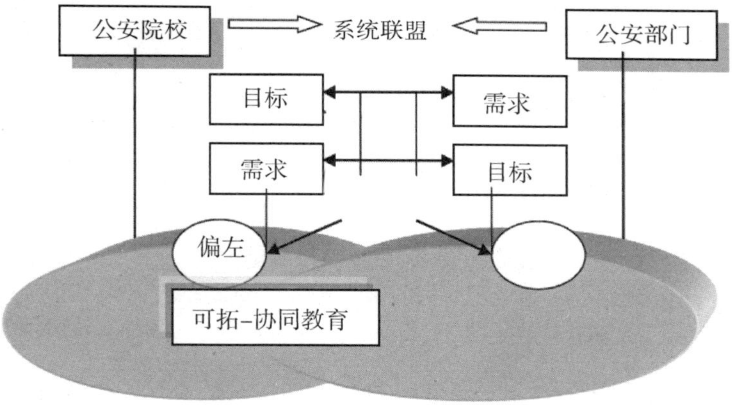

图 13－2　校局联盟的系统结构

据此理论，双方的“需求偏差”越大，参与系统联盟进行协同教育的动力就越强烈。公安院校是培养公安适应性强的应用型人才的主体，公安部门是使用人才、储备人才的主体，双方都是为了达到最大效益而选择系统联盟进行协同教育，以此克服单方资源、能力有限和实现费用太高的弊病，促进资源互补，有效降低成本，达成各自的需求和目标。

2. 校局联盟协同教育的动因

校局联盟协同教育培养公安适应性人才的提出主要基于以下背景：一是公安院校毕业生存在比较严重的与公安工作不适应问题。具体表现在公安院校大学生警察职业适应性较差、动手能力不强、不能很快融入公安工作岗位和警务工作、对自己的能力和定位不清晰等方面。二是随着知识经济与信息化对公安工作的需求牵引，满足公安工作需要的警务技能人才、特殊领域的专向人才严重短缺，急需公安行业适应性强的高学历应用型人才。究其根本原因在于人才需求与人才培养不匹配，公安部门与公安院校缺乏人才培养的本质性沟通配合；公安院校的学生缺少将理论应用于实践的机会；教师难以有效掌握公安工作的实际需求，也就难以传授学生相应的知识和技能。

校局联盟的动因具体而言有以下几点：

一是协同教育可以满足双方各自的目标。可将公安院校实现教育效用最大化和公安工作目标满意度两者有机紧密地结合在一起。

二是通过协同完成联盟的任务，加深彼此依赖程度，增强协调解决问题的能力，获得自身原先不具有的知识、技能和资源，为公安队伍的发展和创新打下坚实的基础。

三是协同可以使双方文化互相渗透。公安院校可以把警务文化融入教学和实践中，按照警务文化的要求培养学生；公安部门可以通过公安院校提炼核心文化、丰富文化内涵。

四是通过协同教育，借助公安部门的力量，以获取资源和平台，根据公安工作提出的数量、质量和警务文化等要求，“量身定制”安排教学计划，培养高素质的公安适应性应用型人才，实现人才的“无缝对接”，公安部门通过建立联盟可拓－协同教育，能为公安人员提供再学习机会。

校局联盟在可拓－协同发展过程中，受内外部环境的影响，表现出以下几方面特征：

(1)动态性。外部环境的不断变化会使联盟成员的目标发生调整，有可能减少联盟成员的共同利益点，改变联盟对校局各方的价值，从而改变联盟成员对联盟的依赖程度或“热度”。

(2)双向性。由于可拓－协同教育的需要，诉求方式将从以学校单向诉求为主逐步转为双向诉求，从学校强烈、公安部门冷淡逐步转为共同意愿。因为在一般校局合作中，院校对公安部门的依赖是显在的、易识别的；而公安部门对院校的依赖则是相对隐性的、较难识别的。

(3)全面性。校局双方的合作由原来“点对点”“点对面”转为“面对面”的全面协同合作，实现校局双方知识相互流动，促进校局联盟向高水平发展。校局合作中一般只是单方面将学生作为连接双方的桥梁和纽带，这是造成校局合作在低水平徘徊的重要原因。

(4)战略性。校局联盟是高校和公安部门双方因共同战略利益和各具特色的实体，为达到共同拥有人才、资源等战略目标。校局联盟是校局之间深度合作的一种形式，这种合作有利于校局各方长期获得联盟伙伴的优质资源，促进资源尤其是知识和技能资源的双向流动和深度融合，提升已有能力并产生新的能力。同时，联盟各方仍保持着原有各自的独立性，有各自不同的利益和目标，只是两个不同知识源间的知识、技能和资源的互补、利用与再造，是一种战略性的合作。

第三节　可拓－协同联盟模式

可拓－协同教育是未来公安高等教育的主流，是公安教育传播与技术研究的新领域，是公安院校培养人才和繁荣发展的内在要求。校局联盟可拓－协同教育是指在现代教育思想与理论的指导下，公安院校与公安部门资源、教育力量主动协调、积极合作、形成合力，对学生实施同步教育，以实现教育效果的最优化，克服公安院校在培养警察适应性人才方面与公安工作要求之间存在的差距。运用战略联盟这一平台，校局可拓－协同教育坚持以学校为基础，以公安实战部门为主导，充分利用学校、实战部门两种资源，整合学校教师、公安部门专家两支队伍，开辟学校基础教学、公安实战部门实践教学两种课堂，协同培养应用型人才，可以增强学生警察职业适应性，缓解人才培养与需求的不匹配现象。

一、校局联盟可拓－协同教育的形式

校局联盟可拓－协同教育有基本形式、延伸形式和拓展形式，三种形式的分析和归纳详见表 13－1。

表 13－1　校局联盟可拓－协同教育的形式

合作内容	基本形式	延伸形式	拓展形式
发展规划	协同成立联盟指导小组，搭建沟通平台	校局共建战略联盟伙伴关系，协同教育	校局协同共建技能人才培养、培训联合体
专业建设	成立专业协同建设小组	校局协同共建重点专业和新专业	建立由公安部门主导的专业建设协调机制

续表

合作内容	基本形式	延伸形式	拓展形式
课程建设	校局协同制定专业教学大纲和计划	校局协同确定专业课程体系	校局共商专业课程开发
师资建设	校局协同共建师资队伍	公安部门培养兼职师资，公安部门专家培训教师	公安人员到学校实行“阶段性脱产”教学
		学校培养培训师资，教师对公安人员进行培训	学校教师参与指导公安部门的课题研发计划
实习教学	校局协同共建实习基地	校外实习基地	校局一体化管理
		校内基地“准实习”	
教学评价	校局协同共建教学评价标准和体系	学校邀公安部门参与综合考核	公安部门对学生警察职业能力评价
		公安用人单位满意度调查	
		毕业生就业跟踪调查	
研究开发	校局协同共建专门研发机构	学校参与公安部门项目研发或技术服务	公安部门在学校建立研发中心
招生就业	学校制订招生、就业培训计划	校局双方共同制订招生、就业培训计划	公安部门组织招聘和专项培训

二、校局联盟协同培养的具体内容

培养警察职业适应性人才就是利用学校与公安实战部门两种不同的教育环境和教育资源，采取课堂教学与学生参加警务实践有机结合的方式，培养适合不同公安工作需要、具有素质能力、社会治理综合能力与警务专门技能的人才，可以采用以下三种协同方式：

1. 教师与警务专家的“协同”

通过学校专任教师与警务专家角色“互换”，实施“教师融入公安实际工作、警务专家进课堂”协同，打造一支专兼结合的教学团队。专任教师开展警务技能培训，借此了解公安工作需求，收集教学素材，积累实践经验，提高教学能力，并使公安工作的技术与管理创新能力得到增强。警务专家担任学校兼职教师，既为公安工作导向课程体系的实施提供教学团队支撑；也通过他们实践经验的传授，有效促进学生技能水平的提高。

2. 教学与实践的“协同”

通过教学环境与工作环境协同建设实训基地，为工作过程导向课程体系的实施提供教学环境支撑，既解决校内基地资源的不足，也使公安工作在知识创新、公安人员技能提升和培训师资等方面得到扩展。两者的“协同”，一是可以与实训基地合作，融合公安工作与警务流程标准制定课程标准；二是引入警务案例为教学载体开发课程和教材内容；三是由基地提供稳定的实习岗位，由导师在基地建立教学及讨论场所，实现校外基地教学化。

3. 实训与培训的“协同”

通过学生到实战部门顶岗实训，部分实战部门人员接受学校培训，协同开展实训与培训。学生实训岗位和指导导师由实战部门根据需要安排，学生以准警察身份接受实战部门管理，并通过设立学生“实践能力学分”(评定标准见表13－2)来进行考核。该学分包括学生课程学习和公安实战部门实践过程中对核心能力课程(项目)的掌握程度，成绩由校局共同评定，其中公安实战部门占70%，学校占30%。实战部门按工作量、工作满意率、职业素质、出勤率等评分；学校按工作态度、实习日记、总结及技能掌握程度等进行评分。成绩合格者由校局共同发放工作经历证书。

表13－2　能力学分的评定标准

分值等级	能力水平	岗位胜任	比例
5分(优秀)	具有能够解决学习和工作中复杂问题的水平，达到警察骨干工作能力	能胜任岗位工作	10%
4分(良好)	基本能够解决学习和工作中较为复杂的问题，达到人民警察熟练工作能力	基本胜任岗位工作	30%～40%
3分(中等)	能够解决学习和工作中的一般问题。接近人民警察熟练工作能力	初步胜任岗位工作	40%～50%

续表

分值等级	能力水平	岗位胜任	比例
2分(及格)	能够解决警务工作的简单问题	实习岗位工作	10%
1分(不及格)	学完规定的内容，但还不具备解决学习和工作中问题的能力	不胜任岗位工作	

公安实战部门可以借助高校的技术和人才优势，适当安排时间强化人员培训，包括开设专业知识讲座、警务人员接受短期理论培训等，通过刺激、激励，以潜移默化的方式转化为学习型部门；同时可借助高校的信息与技术服务进行新警务知识研制开发、新模式的引进和新理念的实施。

三、可拓-协同教育理论下公安人才培养路径

公安适应性人才培养可以有多种路径，例如，通过校局共同制定联盟可拓-协同教育流程、构建“层次-模块”的课程体系，“柔性”设置专业方向、实行“面-面”的培养形式，是实现联盟可拓-协同教育培养公安适应性人才的最佳模式。

(一)校局联盟可拓-协同教育流程

只要校局任何一方认识到了校局联盟的潜在收益以及对方的潜在需求，就会启动战略联盟的可拓-协同教育流程。校局双方从课程、教学、实践和师资等方面互相识别对方的需要，共同制定公安适应性人才可拓-协同教育培养目标、内容与方案，最终实施绩效评估、形成联盟可拓-协同教育公安适应性人才培养模式。

(二)构建“层次-模块”课程体系

公安适应性人才的培养，在课程设置上以通识理论研究课程为基础，以公安适应性技能培养为主线，同时关注学生全面素质的提高。基于此，应构建“层次-模块”结构的培养课程体系，该体系由基础层、支持层、核心层、特色层4个层次和6个模块的课程组成。各层各模块均在理论基础课程的基础上，紧紧围绕公安应用技能这个核心，再按核心课程的需要逐层服务于核心，形成一个围绕核心环环相扣的课程总体结构。

(1)基础层：课程设置以“必备、专业、前沿”为原则，主要为本科大学生提供必备的学科理论体系、专业科学、前沿课题等方面的基础知识，重视培育学生的人文素养和科学素养。

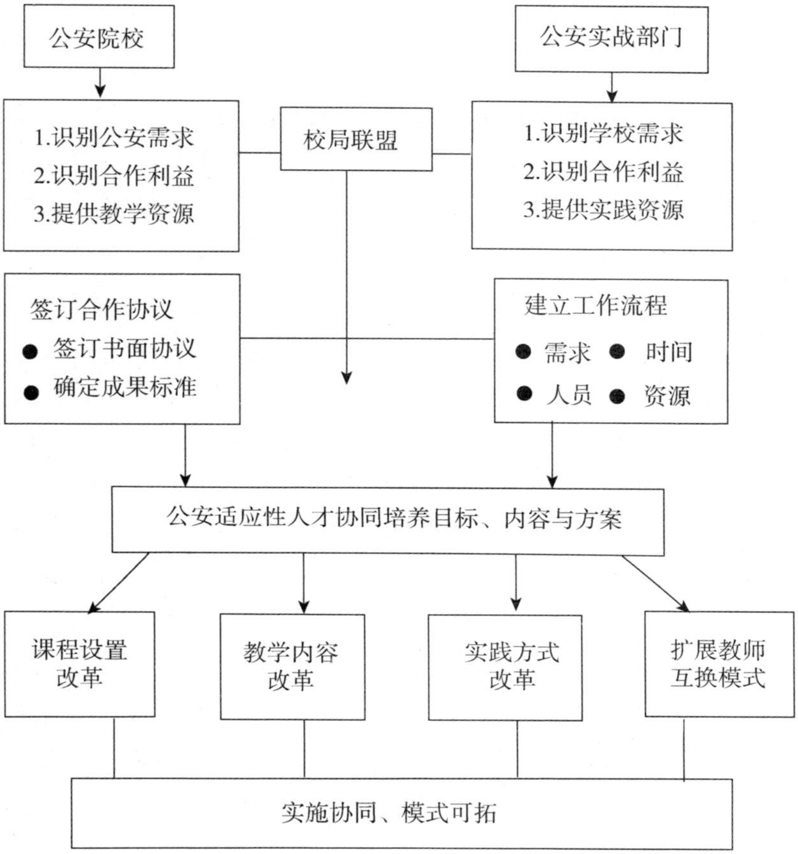

图 13－3　校局联盟可拓－协同教育流程图

(2)支持层：课程设置以“行业、职业所需”为原则，在专业技能知识课程的基础上开设公安职业培训、专业实践等课程，强化应用能力。为此，支持层中设计了旨在保证警察资格证书获取的“警察职业考证”模块及以当前警察职业岗位需求为依据进行专业设置的“职业方向”模块。

(3)核心层：课程设置以“警务技能掌握”为原则，在学科理论基础上，按照岗位群共有的基本技能整合而成，强化培养警察职业适应性人才的应用能力、操作技能等。

(4)特色层：课程设置以“延展提升”为原则，包括警察心理和职业指导课、相关选修课两大模块，主要目的是提升学生综合警察职业竞争力、拓展学生的知识面。

（三）“柔性”设置专业方向

目前我国公安部门对复合型人才的需求较多，而对特定岗位的人才需求较少。如此，若专业方向过于狭窄，则会过分限制学生的发展方向。因此，在协同教育培养公安适应性人才时，应尽量“柔性”设置专业方向，走“大专业小方向、宽专业精方向”的跨一级学科复合交融之路，突出复合型人才的培养需求。

（四）实行“面－面”订单培养形式

充分依托联盟平台，以校局互惠双赢为出发点，整合公安实战部门、院校及社会的优势资源，共同参与人才培养的全过程，形成多专业、标准化的培养体系。所有合作专业都严格按照公安适应性人才培养标准和方案进行教学和管理，实现专业开发与建设的彻底变革，以此促进专业办学质量的全方位提高，保障和提高人民警察培养质量和学生就业品质。

（五）公安适应性人才协同培养的保障措施

为了达到可拓－协同教育培养公安适应性人才的目标，校局战略联盟双方须参照以下实施方式：

1. 共定培养目标

校局协同培养的目标是以应用技能型能力培养为主线，依托公安队伍的发展，构建以公安工作为导向的“零距离”实践教学体系、与市场“零距离”接轨的教材体系、基于就业需求的“零距离”素质拓展培养体系。校局联合培养与传统高校培养的区别就在于人才培养的主体是高校和公安部门的共同参与。因此，公安院校对专业培养目标的制定，应在公安高等教育专业培养目标制定的基础上，同公安部门专家共同确定学生应达到的知识、能力与素质标准等更为翔实的培养目标，最大化地满足不同公安工作的需求。

2. 共订教学计划

实践教学计划的设置直接影响公安适应性人才培养的规格与质量。高校在制订相应教学计划时，应多听取公安实战部门专家的意见和建议，由校局双方协同确定实验、实训的内容、岗位以及毕业论文设计计划等。由于实践教学计划是校局双方共同制订的，可使公安部门感受到接受学生实习不仅不是负担，而且可以成为有效的警务生产力。

3. 共定课程体系

课程是教学改革的重点和难点，是学校最基本的教学载体和最集中展现实力的平台。公安院校要有效整合各方资源，对课程体系的结构和内容进行认真分析，根据警察职业岗位所需技能及标准、从业规范等内容，开发富有专业特色的校本课程，形成理论与实践一体化的优质核心课程体系。

4. 共同参与教学

教师的专业水平是学校专业特色最集中的体现，是学校核心价值所在。可拓－协同教育是校局联盟的理想教学模式，通过可拓－协同教育，有助于教师学习警务专家的专业经验，了解最新公安工作发展趋势，开阔视野，更新观念，不仅具备研究型教师的素质，也可成为"警务专家型"教师；不但有专业特长，还具备职业沟通能力和警察职业指导能力。校局双方根据各自人才优势，共建"警察专家型"师资队伍，引领校局联盟可拓－协同教育的发展。

5. 共融校警文化

文化融合是保证校局联盟合作持续稳定进行的润滑剂，对于实现公安适应性人才培养目标、加深学生对不同文化和多元社会的认识与理解、促进毕业生"无缝隙"就业、形成公安院校办学特色具有重要的现实意义。基于可拓－协同教育理论的视角，研究校局联盟建设"公安适应性"人才，不仅赋予公安高等教育以新的内容，还为公安院校的发展指明了新的方向。校局在战略层面建立持续稳定、有法律保障的协同合作关系，就要秉持新的理念，打破原有机制，创造新的机遇，从而使双方从合作伙伴关系中获得的收益远超过成本。合作和竞争是未来社会发展的两大动力，可拓－协同教育能够推动公安院校适应性人才的培养，促进技术创新体系的建设，实现公安高等教育的可持续发展。

参考文献

[1]李锦奇．基于可拓－协同教育的校局合作及实现模式[J]．辽宁警察学院学报，2017(2)：1－6.

[2]李锦奇，何平，李连梅．高等教育改革与社会治理体系构建协同发展研究[J]．高等农业教育，2014，23(12)：3－7.

[3]He Ping. Education Matter－element Analysis and Extension Model for the Control of Higher Education Quality. 2014 IEEE workshop on Advanced Research and Technology Industry Application [WARTIA]. Ottawa，Canada，2014，514－517.

[4]李锦奇，何平．我国公安院校毕业生警务能力培养的实证分析[J]．公安学刊，2014，23(2)：46－48.

[5]Li Jinqi，He Ping. A Research on Police Higher Education's Contribution to Social Management in China. World Congress on Education (WCE－2013)，2013：194－199.

[6]He Ping，Li Jinqi. Higher Education Extenics and Practice Research in China. World Congress on Education (WCE－2013)，2013，44－49.

[7]何平．公安高等教育可信规模理论与实践研究[J]．辽宁警专学报，2012，15(4)：1－6.

[8]李锦奇，何平．可信质量理论与公安高等教育质量评价[J]．辽宁警专学报，2012，15(5)：1－6.

[9]何平．我国警察高等教育可拓特点与协同发展模式[J]．辽宁警专学报，2011，14(1)：1－6.

[10]章晓麟，谭胜．公安高等教育学学科建设研究[J]．中国人民公安大学学报(自然科学版)，2008(4)：96－100.

[11]张凤娟．变革中的高等教育——浅析伯顿·克拉克的高等教育系统观及其启示[J]．高等农业教育，2006(1)：17－19.

[12]胡瑞琛．知识：影响高等教育系统运行的背后力量——浅析伯顿·克

拉克的知识观[J]. 科教文汇, 2018(7): 121-122.

[13]张颖超. 大数据对高等教育发展的影响研究[D]. 重庆大学公共管理学院, 2016.

[14]尹达, 徐凤. 高等教育现代化: 本质内涵、时代特征与实现路径[J]. 山东高等教育, 2015(11): 19-23.

[15]李润洲. 实践逻辑: 审视教育理论与实践关系的新视角[J]. 教育研究, 2006(5): 15-18.

[16]李国仓. 论中国高等教育现代化进程中的理论认识与实践选择[J]. 江苏大学学报(社会科学版), 2015, 17(3): 56-60.

[17]孔令帅. 当前美国研究型大学通识教育课程改革: 背景·困难·趋势[J]. 教育科学, 2007, 23(6): 82-86.

[18]王宪平, 唐玉光. 系统论视野下的高等教育管理[J]. 高等理科教育, 2005(3): 12-13.

[19]扈中平. 现代教育管理学(第2版)[M]. 北京: 高等教育出版社, 2005: 6.

[20]李晓燕. 教育法学(第2版)[M]. 北京: 高等教育出版社, 2006: 6.

[21]李稚勇. 社会科教育概论[M]. 北京: 高等教育出版社, 2005: 6.

[22]陈琦, 刘儒德. 教育心理学[M]. 北京: 高等教育出版社, 2005: 8.

[23]朱永新. 管理心理学(第2版)[M]. 北京: 高等教育出版社, 2006: 11.

[24]韩映雄. 高等教育质量精细分析[D]. 华东师范大学, 2003: 4.

[25]杨继霞. 英国高等教育质量保障体系发展研究[D]. 河北大学, 2006: 6.

[26]朱镜人. 英国高等教育质量理论研究评述[J]. 比较教育研究, 2003(6).

[27]雍德宽. 21世纪我国高等教育应确立的观念[J]. 东北大学学报, 2001(10).

[28]陈家逊. WTO与中国公安教育[J]. 公安教育, 2002(6).

[29]吴雪萍, 刘辉. 澳大利亚高等教育教学质量保障策略探究[J]. 比较教育研究, 2004(9).

[30]韦小元. 保障和提高公安教育质量之探究[J]. 公安教育, 2003(4).

[31]郭太生. 本科治安学专业课程教学改革初探[J]. 公安教育, 2007(1).

[32]胡晓东. 从“二十公”报告看我国公安教育未来发展的方向[J]. 吉林公

安高校专科学报，2005(2).

[33]陈春凯．从公安教育的发展谈对教师素质的要求[J]．铁道警官高等专科学校学报，2004(4).

[34]李龙．对当前公安院校建设的思考[J]．公安教育，2003(1).

[35]钟新文．对提高公安高校教育教学质量的思考[J]．现代教育科学，2006(6).

[36]王迎春，佟雅囡．多视角认识新时期高等教育质量观的转变[J]．航海教育研究，2005(1).

[37]王冀生．高等教育的科学内涵和学科建设[J]．高等教育研究，2001(9).

[38]龚放．高等教育多样化与质量观的重构[J]．理论与实践，2001(6).

[39]田恩舜．高等教育质量保证模式研究[D]．华中科技大学，2005：10.

[40]韩映雄，李华萍．高等教育质量的经济学分析[J]．高教发展与评估，2005(3).

[41]吴结．高等教育质量发展的多维性思考[J]．高教发展与评估，2005(3).

[42]曲铁华，朱永坤．高等教育质量观探析[J]．现代教育科学，2004(6).

[43]李志平．高等教育质量基本特征探究[J]．中国高教研究，2001(11).

[44]孙冶．高校教师综合素质的要素及内涵[J]．昆明理工大学学报，2003(3).

[45]程小白，曾隆满．公安高校专科教育人才培养模式研究与实践[J]．江西公安专科学校学报，2006(11).

[46]毛志斌．公安高校发展的六大矛盾[J]．公安教育，2002(1).

[47]公安部政治部专稿．公安教育发展十五规划[J]．公安教育，2002(7).

[48]谭正江．公安教育师资建设的思考[J]．政法学刊，2002(6).

[49]王丰．公安教育特色的学科建设问题探讨[J]．江苏警官学院学报，2004(7).

[50]苏惠民．关于高等教育质量内涵的思考[J]．南京林业大学学报，2004(12).

[51]肖海英．关于公安教育定位问题的思考[J]．公安教育，2005(7).

[52]李锡海．关于公安教育可持续发展的几个问题[J]．公安大学学报，2002(1).

[53]杨兆山．关于我国当前教育改革若干认识问题的思考[J]．东北师范大

学学报，2001(4).

[54]教育部、公安部关于举办公安类专业教育有关问题的意见[J]. 中国职业技术教育，2007(1).

[55]祝文生，张德庆. 大众化阶段高等教育质量保证问题研究[J]. 教育探索，2006(6).

[56]辛涛，申继亮. 论教师的教育观[J]. 北京师范大学学报，1999(1).

[57]衣金梅. 论大力推进公安教育创新[J]. 公安研究，2003(7).

[58]赵杰. 论高等教育改革中公安教育的发展方向[J]. 公安教育，2002(8).

[59]蒋冀骋. 论高等教育质量的内涵[J]. 湖南师范大学教育科学学报，2004(11).

[60]张晓玲. 美国 p－16 教育改革政策的研究——k－12 与高等教育的研究[D]. 北京师范大学，2005(5).

[61]王庆华. 浅析英国高等学校教育质量保证体系[J]. 教育发展研究，2003(7).

[62]吴兵，张凯. 试论公安高校的学科建设[J]. 公安教育，2007(1).

[63]程培杰，马健生. 论教育改革阻力的来源[J]. 比较教育研究，2001(6).

[64]郝德永. 试论教育观念现代化[J]. 东北师范大学学报. 1997(4).

[65]李家成，柳海民. 论教育质量的影响因素[J]. 教育科学. 1999(1).

[66]李怀宇. 我国高等教育质量保障研究[J]. 高教发展与评估，2006(9).

[67]张奎斌. 我国公安教育改革和发展的历史与展望[J]. 辽宁教育行政学院学报，2004(7).

[68]王世卿. 香港警察教育及其对公安教育的启示[J]. 河北公安警察职业学院学报，2002(12).

[69]潘懋元. 新时期中国高等教育质量的战略[J]. 国家教育行政学院学报，2005(3).

[70]罗中琼. 研究生教育质量影响因素分析与对策研究[D]. 西南交通大学，2004(3).

[71]刘凤娟. 大数据的教育应用研究综述[J]. 现代教育技术，2014，24(8)：13－19.

[72]张燕南，赵中建. 大数据时代思维方式对教育的启示[J]. 教育发展研究，2013(21)：1－5.

[73]李丽薇．基于 HyperMap 的多维数据可视化聚类方法及应用研究[D]．大连理工大学，2013：23－27.

[74]王小虎．关联规则挖掘综述[J]．计算机工程与应用，2003(33)：190.

[75]郭文政．通用数据挖掘系统平台的设计与实现[D]．南京信息工程大学，2011：73－77.

[76]蔡文，杨春燕，陈文伟，李兴森．可拓集与可拓数据挖掘[M]．北京：科学出版社，2008.

[77]马丽娜，刘弘，张希林．数据挖掘、OLAP 在决策支持系统中的应用[J]．计算机应用研究，2001(11)：10－12.

[78]胡彦．基于数据仓库的决策支持工具的比较研究[J]．计算机应用，2000，20(6)：20－24.

[79]喻钢，周定康．联机分析处理(OLAP)技术的研究[J]．计算机应用，2001，21(11)：80－84.

[80]张燕南，赵中建．大数据时代思维方式对教育的启示[J]．教育发展研究，2013(21)：1－5.

[81]喻长志．大数据时代教育的可能转向[J]．江淮论坛，2013(4)：188－192.

[82]张羽，李越．基于 MOOCs 大数据的学习分析和教育测量介绍[J]．清华大学教育研究，2013(4)：22－26.

[83] Romero & Ventura. Educational Data Mining: A Survey from 1995 to 2005. Expert Systems with Applications，2007，(33)：125－146.

[84]顾小青，李雪．信息化科学研究及其教育应用综述[J]．开放教育研究，2008(8)：17－21.

[85] Anthony G. Picciano. The Evolution of Big Data and Learning Analytics in American Higher Education. Journal of Asynchronous Learning Networks，2012(3)：9－20.